Lire la littérature à l'école

Pourquoi et comment conduire cet apprentissage spécifique ?

De la GS au CM2

Sous la direction de
Catherine TAUVERON

Christine Campoli, Daniel Claustre,
Denis Dormoy, Fabienne Gippet,
Bernadette Gromer, Jean-Paul Guichard,
Aline Karnauch, Danièle Marcoin, Pierre Sève

HATIER

Remerciements

Nous tenons à remercier l'ensemble des maîtres qui ont participé à notre recherche et contribué à en illustrer concrètement les principes :

- **Autour de Fabienne Calame-Gippet de l'IUFM de Lille**

Marie-Dominique Cruypenninck, IMF, CM1, École du Pont de Pierre, Gravelines
Martine Kieken, IMF, GS, École Lucien Maillard, Dunkerque
Véronique Pollet, IMF, École du Pont de Pierre, Gravelines

- **Autour de Christine Campoli de l'IUFM d'Amiens**

Mylène Bertoli, PEMF, CM1, École Jules Barni, Amiens
Nathalie Bézard, PEMF, CE1, École Voltaire, Amiens
Thérèse Coulmont, PEMF, IUFM, Amiens
Françoise Grenon, PEMF, IUFM, Amiens
Sylvie Guesdon, PE spécialisé, CREDA, Amiens

- **Autour de Daniel Claustre de l'IUFM de Mâcon**

Mireille Balland, IMF, École Vivant Denon, Châlon sur Saône
Pierre Boxberger, IMF, CE2, École annexe, Mâconde Sénozan
Martine Grand, IMF, École Les Perrières, Mâcon
Thérèse Kaïm, directrice d'école, Sennecey-Le-Grand
Pascale Vachet, IMF, CM1, École Les Perrières, Mâcon

- **Autour de Denis Dormoy de l'IUFM d'Amiens**

Shirley Martin, IMF, CP, École Launay, Beauvais
Florence Mercier, IMF, CE2, École Bossuet, Beauvais
Jean Midrier, DEA, CE1, École Jules Ferry, Beauvais

Conception maquette : Graphisme
Mise en pages : Christiane Bourbon

Patrick Potereau, IMF, CE2, CM1, CM2, École du Mont-St-Adrien, Le Mont-St-Adrien

• Autour de Bernadette Gromer de l'IUFM de Strasbourg
Régine Dautel, PEMF, grande section de maternelle, École d'application de La Meinau, Strasbourg
Nicole Nuss, PEMF, grande section de maternelle, École d'application de La Meinau, Strasbourg

• Autour de Jean-Paul Guichard de l'IUFM de Clermont-Ferrand et de Catherine Tauveron de l'INRP
Jean-Yves Alt, IMF, CM, École de Boisséjour
Jacqueline Boussion, conseillère pédagogique, Clermont-Ferrand
Régine Chaput, PEMF, CM, École Edgar Quinet, Clermont-Ferrand
Christophe Pébernet, IMF, CM, École Edgar Quinet, Clermont-Ferrand
Marie-Catherine Lavigne, IMF, CM, École Edgar Quinet, Clermont-Ferrand
Nicole Pinson, PEMF, CP, École Edgar Quinet, Clermont-Ferrand

• Autour d'Aline Karnauch de l'IUFM d'Orléans-Tours
Michelle Fourré, PEMF, CEI, École du grand Jardin, Chartres
Géraldine Cojan, PEMF, CM1, École du Grand jardin, Chartres
Françoise Pauchet, PEMF, GS, École maternelle du Grand Jardin, Chartres
Claire Petitdemange, PEMF, MS-GS, École maternelle St Exupéry, Luisant

• Autour de Danièle Marcoin de l'IUFM d'Arras
Christian Desailly, instituteur, cycle 3, École d'Hénin sur Cojeul
Michèle Fontaine, institutrice, CE2, École Jean Macé, Achicourt
Nathalie Garégnaux, IMF, CM1, École Jean Macé, Achicourt
Florence Hurbin, institutrice, CM1, École Jean Macé, Achicourt
Renée Leclercq, IMF, CP, École Jean Macé, Achicourt

• Autour de Pierre Sève de l'IUFM de Clermont-Ferrand
Marcelle Dulin, IMF, CE1, École Nestor Perret, Clermont-Ferrand
Véronique Sudre, IMF, CE2, École Nestor Perret, Clermont-Ferrand
Sylvie Vey, IMF, CM2, École Aristide Briand, Clermont-Ferrand

Sommaire

Partie II : Quels dispositifs de présentation et de questionnement des textes pour développer des conduites de lecture spécifiques ?

Introduction

Le présent ouvrage est le fruit d'un pari sur l'intelligence et la sensibilité des enfants. Issu d'une recherche menée à l'INRP, sous la direction de Catherine Tauveron, par un ensemble de formateurs d'IUFM et leurs équipes de maîtres associés, il prétend démontrer la nécessité de semer les graines de la lecture littéraire à la bonne saison, sur le terrain laissé en friche de l'école élémentaire. Il plaide pour une initiation précoce des jeunes enfants, dès leur premier contact avec l'écrit, à un moment où se fixent (souvent définitivement) les comportements adéquats ou inadéquats, où se forgent les représentations adéquates ou inadéquates de la part qui revient au sujet lecteur dans l'achèvement du texte littéraire et du plaisir que l'on peut tirer d'une recherche active du sens. Compte tenu de l'abondance de la matière, il s'en tient, par manque d'espace comme dans le souci de circonscrire avec précision son objet, à une description stricte des activités de lecture : parmi les activités d'écriture qui leur sont naturellement associées n'ont été retenues que celles qui concourent, sous la forme d'écrits de travail, à l'affinement de la compréhension et de l'interprétation. Pour le dire autrement, l'ouvrage explore l'action de l'écriture sur la lecture et laisse dans l'ombre l'action de la lecture sur l'écriture.

L'ouvrage s'adresse à tous les enseignants, de la grande section au premier cycle du collège, soucieux de rénover leurs pratiques de lecture, de leur conférer un enjeu symbolique fort, de construire dans la continuité un véritable enseignement de la compréhension et d'organiser les conditions didactiques d'un double dialogue : dialogue de chaque enfant et du texte, dialogue des enfants autour du texte. Il se présente comme une réponse - argumentée et abondamment illustrée d'exemples authentiques commentés - à un double ensemble de questions. Réponses à des questions issues de la recherche tout d'abord, d'ordre théorique (pourquoi repenser les pratiques traditionnelles de lecture et distinguer le texte littéraire ? quels types de postures de lecture appelle spécifiquement le texte littéraire ? qu'est-ce que comprendre et interpréter ?) et (surtout) d'ordre pratique (comment développer les savoir-faire repérés ? comment construire des savoirs culturels destinés à nourrir les savoir-faire ? quels support de lecture choisir dans la production de la littérature de jeunesse pour travailler la lecture littéraire ? quels dispositifs de présentation et de questionnement des textes retenus inventer ? pour quel effet attendu ?). Réponses aussi à des questions que nous avons présumé latentes chez nos lecteurs : des enfants d'école élémentaire sont-ils capables d'une lecture distanciée attentive au fonctionnement du texte et, secondairement, cette lecture distanciée est-elle compatible avec une lecture fusionnelle ? peuvent-ils accéder à une lecture symbolique ? peuvent-ils faire preuve d'un jugement esthétique et critique sur les œuvres ? enfin, et ce n'est pas la moindre des questions, des enfants en difficulté de lecture peuvent-ils tirer profit d'une initiation à la lecture littéraire ?

La littérature peut impressionner. Une longue tradition scolaire en a fait un objet de distinction sociale, un objet de luxe, difficilement accessible aux enfants, particulièrement aux enfants en difficulté pour lire. Mais nos propositions de travail ne s'adressent pas à une élite, loin de là. De fait, nous avons eu à cœur de travailler dans des situations variées - classes des écoles d'application, classes ordinaires et surtout classes de Z.E.P. réputées difficiles. Et notre constat est que les élèves démunis devant les activités de lecture habituelles ne sont pas les moins habiles en lecture littéraire. Ils sont même souvent ceux qui font les avancées les plus spectaculaires, si bien que les propositions que nous avançons peuvent être considérées comme une réponse possible à l'échec en lecture.

Un petit enfant qui apprend à lire est confronté à un magma de signes dont il ne sait pas rendre raison. Il n'a pour points d'appui que sa mémoire des rencontres précédentes avec des signes similaires, que l'attention de son entourage immédiat de co-lecteurs – et en particulier du maître -, que son envie d'accéder à une interaction qui le comblerait. La tâche est immense, infinie peut-être. Il ne le sait pas encore, mais il mettra des années à s'abstraire de ce livre-là, de ce maître-là, pour théoriser l'usage de tous ces signes et pour accéder à une autonomie de lecture de plus en plus assurée. Mais il n'y a pas de différence fondamentale entre l'attitude de l'apprenti lecteur et celle du lecteur confirmé qui se trouve ponctuellement en difficulté devant un texte qui le dépasse, sinon celle-ci : ce dernier sait ce que c'est que de comprendre un texte. Alors, il n'est pas rare que l'enfant, ne sachant pas ce qu'est comprendre un texte, se décourage, se sente en difficulté, finisse par le devenir.

Les pratiques habituelles ont pour volonté de simplifier la situation d'apprentissage, par exemple en sélectionnant des supports "simples", en élucidant le vocabulaire "difficile", en recourant à des questionnaires… Notre démarche, à l'inverse, postule qu'il est possible et nécessaire d'apprendre à comprendre et qu'on ne peut apprendre à comprendre que sur des textes qui posent des problèmes de compréhension ou d'interprétation. Elle met donc au centre la difficulté avec pour seul objectif d'apprendre à la surmonter. Une difficulté graduée et qui ne porte pas à réelle conséquence : il ne s'agit que d'histoires fictives, sans impact direct sur le réel, pas vraiment sérieuses ; en même temps des histoires qui ont toute la gravité des jeux de l'enfance. Autour de cette difficulté, traitée et vécue autant que possible comme un jeu de société, dans une véritable démarche de résolution de problèmes ouverts, nous souhaitons un authentique espace de parole tout aussi ouvert, où chacun puisse apporter son point de vue sans jugement prématuré, où le travail serre au plus proche la réalité de la lecture de chacun. Avec cette difficulté, nous espérons un maître qui aide les enfants à dire ce qu'ils comprennent, ce qui les touche, ce qui les rebute… puis à révoquer en doute leurs premières approches pour les reprendre et les travailler. Notre constat est alors que les élèves qui n'entraient pas dans les rituels traditionnels, les élèves qui se tenaient en retrait du travail, trouvent là l'occasion de s'impliquer dans la lecture. Sans doute parce que le maître dépose son pouvoir de valider les réponses au profit de la classe, sans doute parce que le travail se mène au plus près de la lecture réelle des enfants. Sûrement, parce que la difficulté affrontée est celle que vit tout lecteur aux prises avec un texte, dans toute sa complexité.

N. B : Il arrive à l'ouvrage de reprendre çà et là des éléments contenus dans divers articles publiés antérieurement, notamment :

Karnauch, A., (1999), “Quand nous croyons qu'ils comprennent… Quand nous croyons qu'ils n'ont pas compris”, *Repères* 19, Paris, INRP, 39-59

Marcoin, D., Calame-Gippet, F., (1999), “Des dispositifs didactiques et pédagogiques pour construire la lecture littéraire à l'école”, *Repères* 19, Paris, INRP, 61-101

Tauveron, C., (1999), “Comprendre et interpréter le littéraire à l'école : du texte réticent au texte proliférant”, *Repères*, 19, Paris, INRP, 9-38

Tauveron, C., (1999), « Des enfants de 6 à 10 ans en quête de sens”, *Enjeux* n° 46, Namur, CEDOCEF, 5-25

Tauveron, C., Sève, P., (1999), “Interpréter, comprendre, apprécier la littérature dans et par la confrontation des textes. Trois lectures en réseau à l'école”, *Repères*, 19, Paris, INRP, 103-134

Tauveron, C., (2000), “Relations conjugales dans le couple infernal compréhension / interprétation : un autre drame très parisien”, in C. Tauveron (dir.), *Comprendre et interpréter le littéraire à l'école et au-delà*, Paris, INRP

Partie I

La lecture Littéraire à l'école : pourquoi et pour quoi faire ?

Spécificités et enjeux de la lecture littéraire

1 *Apprendre à comprendre et donner le goût de lire : des intentions aux actes*

Lire, c'est comprendre, nous dit-on. En bonne logique, apprendre à lire devrait être apprendre à comprendre. En pratique, après avoir appris aux enfants de maternelle à se mouvoir dans le livre et le monde du livre, à reformuler l'intrigue d'un récit dans leurs propres mots, on apprend au cours préparatoire la technique qui permettra l'identification des mots et l'on cesse pour un temps, pas toujours mais bien souvent, de s'intéresser à la saisie de l'intrigue. Cessation d'activité qu'un présupposé justifie : on présume que la compréhension est un processus automatisé qui advient naturellement dès lors que tous les mots du texte ont été identifiés (il n'est donc pas nécessaire d'apprendre à comprendre, plus exactement apprendre à identifier les mots se confond avec apprendre à comprendre, d'où il découle que pour vérifier la compréhension, il suffit de vérifier l'identification correcte des mots) ; comme il arrive cependant que les apprentis lecteurs, contre le présupposé, identifient tous les mots et ne comprennent pas, on s'arrange pour leur donner des textes où il n'y a rien à comprendre, c'est-à-dire des textes sans épaisseur, sans portes secrètes, sans grenier et sans sous-sol, textes plats qui s'épuisent dans la littéralité de leur dit. Et l'on a beau proclamer qu'on n'a jamais fini d'apprendre à lire, au-delà du cours préparatoire, on se contente, croyant apprendre, de *faire lire* et de *vérifier* que le texte a été “compris”. Vérification qui repose sur une conception désormais un peu plus exigeante de la compréhension (on passe de la compréhension “littérale” à la compréhension dite “fine”) qui suppose que l'élève a été capable, après identification des mots, de faire quelques inférences, qui ne vont toutefois pas au-delà de la mobilisation de connaissances pragmatiques ou encyclopédiques en principe partagées (du comportement de tel personnage - il se ronge les ongles, il s'agite, il bafouille - on doit inférer qu'il est angoissé ; de tel ou tel détail descriptif - la présence de la Tour Eiffel, de la Seine - on doit inférer que l'intrigue se déroule à Paris). L'interprétation, quant à elle, est une opération postulée plus difficile que la "compréhension" et postérieure à elle. Comme telle, et parce qu'on ne conçoit pas l'apprentissage autrement que gradué dans la difficulté, elle est jugée hors de la portée des jeunes enfants et réservée au collège et au lycée.

Les textes officiels demandent parallèlement de développer le goût de lire. Il convient pour ce faire, nous dit-on, d'abord de multiplier les modes d'accès au livre, de construire des repères dans le foisonnement des maisons d'édition, des auteurs, des genres, des collections... Il est des situations où cet aspect du travail est l'essentiel, partout où le livre est rare ou étranger. Mais ce n'est pas là une spécificité de l'école : il existe des milieux sociaux où s'amorce ce travail ; on connaît des bibliothèques qui s'y emploient, des institutions, des associations qui œuvrent dans le même sens. Il convient ensuite, nous dit-on, de proposer aux élèves des livres qui opéreront une séduction telle que le plaisir ressenti une fois sera naturellement recherché par la suite. On compte sur la magie du livre (et du maître présentant le livre) sans dire que la magie ne peut opérer si le lecteur n'apporte une part importante de lui-même et sans penser qu'il puisse exister **un plaisir esthétique, intellectif et culturel qui, loin d'opérer par magie, se construit**. De tels soucis, quelle que soit leur légitimité, ne définissent pas là encore l'horizon de ce qu'il y a à *apprendre*. Comme le souligne avec quelque vigueur J.-M. Privat[1], "on ne saurait confondre magie des rapports affectifs et formation, incitation généreuse et construction personnelle, animation et apprentissages, intérêt passager et pratique autonome".

Dans ce contexte général, si la littérature fait l'objet d'une entreprise de séduction évidente, elle ne fait cependant pas l'objet d'un apprentissage spécifique. On lit la littérature mais on la lit comme on lirait un documentaire ou, pire parfois, comme on lirait une liste de commissions. On vérifie sa "compréhension" par le même type de questionnaire dont on use pour tous les autres écrits, un questionnaire centré d'abord sur la littéralité du texte. On ne met en place, la concernant, aucune posture de lecture particulière. L'attention se porte quasi exclusivement sur "ce que ça raconte ?" (la *fable* ou l'intrigue) dans une lecture référentielle qui laisse peu de place à la dimension symbolique et esthétique. On appréhende le récit littéraire comme un fait divers et non comme un produit artistique.

1. Privat, J.-M. (1995), "Socio-logiques des didactiques de la lecture", in J.-L. Chiss, J. David, Y. Reuter (Dir), *Didactique du français*, Paris, Nathan Pédagogie.

On tolère, en maternelle, qu'il puisse déclencher des réactions affectivo-identitaires, mais on les écarte par la suite.

2 *Le récit littéraire comme aire de jeu*

Le sens d'un texte quel qu'il soit, sauf précisément la liste de commissions, excède toujours la somme du/des sens des mots qui le composent. Tout texte exige des inférences pour être compris. Parce qu'ils n'ont que tardivement appris que lire implique de faire des inférences et qu'ils ont été peu entraînés à s'exercer, les élèves ayant suivi un cursus normal se montrent peu capables, au sortir de l'école primaire, de faire seuls des inférences simples[2]. Les élèves en difficulté de lecture, que l'on retrouve dans les SEGPA, croient que pour comprendre un texte il suffit d'identifier et de retenir chacun de ses mots et que de la somme de ces mots va naturellement jaillir du sens sans autre procédure, c'est-à-dire sans autre activité de leur part[3]. Ces comportements inadaptés, appuyés sur des représentations de l'acte de lire également inadaptées, trouvent leur origine dans les pratiques scolaires mêmes (qui, dans le cas des SEGPA, les renforcent au lieu de les infléchir). Ils constituent des obstacles particulièrement redoutables lorsqu'il s'agit de lire la littérature.

Le récit de fiction littéraire est en effet constitutivement lacunaire

> "Le monde que produit le texte littéraire narratif est un monde incomplet, même si certaines œuvres proposent des mondes plus complets que d'autres. Il serait plus juste de parler de fragments de mondes, constitués de parties de personnages et de dialogues, où des pans entiers de la réalité font défaut. Et, point essentiel, ces défaillances du monde de l'œuvre ne tiennent pas à un défaut d'information que le travail de recherche, comme en histoire, peut espérer combler un jour, mais à un défaut de structure, à savoir que ce monde ne souffre pas d'une complétude perdue, faute d'avoir jamais été complet."
>
> (P. Bayard, *Qui a tué Roger Ackroyd*, Les éditions de minuit, 1998, 127-128)

2. Enquête de Dominique Lafontaine (1998), "Le niveau en lecture à l'entrée du secondaire en Communauté française de Belgique : des compétences fragiles et si diverses", *Enjeux* 41/42, 129-160.

3. Enquête de Roland Goigoux (1999), "Apprendre à lire : de la pratique à la théorie", *Repères* 18, Paris, INRP, 147-162.

De ce fait, poursuit l'auteur, “le texte n’est pas lisible si le lecteur ne lui donne pas sa forme ultime, par exemple en imaginant, consciemment ou inconsciemment, une multitude de détails qui ne lui sont pas fournis. [...] Il n’existe pas de texte littéraire indépendamment de la subjectivité de celui qui le lit. [...] C’est le lecteur qui vient achever l’œuvre et refermer le monde qu’elle ouvre, et il le fait chaque fois de manière différente”. Le sens du texte ne préexiste pas à sa lecture. Le lecteur participe à sa finition (et à son ouverture).

Lacunaire constitutivement, le texte littéraire peut aussi l'être stratégiquement

Il construit volontairement des énigmes pour donner l'occasion au lecteur d'exercer sa sagacité et au besoin la mettre en défaut : le ressort du récit policier tient précisément dans le fait que des indices sont délibérément tus, qui pourraient trop tôt mettre le lecteur sur la piste du coupable, tandis que d'autres sont au contraire soulignés, qui le mettent à dessein sur une fausse piste.

On voit donc que le lecteur, loin de devoir faire seulement des inférences en s'appuyant sur le contexte, est invité à combler, souvent sans appui, des béances, souvent non signalées comme telles. En d'autres termes, il doit entendre, sans indicateurs précis, à partir du seul dit, qu'il y a du plein à mettre dans le vide et qu'au bout du compte il y a à comprendre davantage qu'il n’entend. Il doit donc se livrer à deux opérations : la détection et le comblement, deux opérations que les maîtres et les manuels opèrent bien souvent à la place de l’élève par leur questionnement.

Le texte littéraire peut aussi être stratégiquement ambigu (voire contradictoire)

Ambiguïté des personnages et de leurs motivations, ambiguïté de l'issue de leur parcours, ambiguïté de l'univers dans lequel ils évoluent, ambiguïté des mots mêmes choisis pour leur polysémie ; contradiction des intentions affichées et des actes des personnages, contradiction de leurs propos... **Le texte littéraire, d'une certaine manière, organise la confusion**. Il est “ensemble d'indéterminations, d'ouvertures de sens que seule une collaboration active du lecteur peut transformer en un système ordonné de significations”[4]. Dans un texte qui se veut informatif ou explicatif, l'auteur

4. Dufays, J.-L., Gemenne, L., Ledur, D., (1996), *Pour une lecture littéraire,* vol. 1, Bruxelles, De Boeck Duculot.

se doit de guider au mieux son lecteur en anticipant sur ses difficultés virtuelles de lecture (ne dire que ce qui est utile au propos ; ne pas omettre d'informations capitales ; ne pas se contredire ; organiser, hiérarchiser, connecter les informations ; manifester le plan ; éviter au maximum l'implicite ; expliquer les mots techniques ou scientifiques...). Le respect du principe de coopération est de rigueur. Il se peut bien entendu que l'intention de guidage connaisse des ratés mais si ratés il y a, ils n'ont en principe rien de volontaire. Il existe une littérature qui, à l'image du texte informatif ou explicatif, se donne pour projet de guider au maximum son lecteur, de surcroît là où ce lecteur désire être conduit. Il en existe aussi une autre, celle-là même que nous allons travailler, qui se veut problématique, construit délibérément des zones d'incompréhension ou de compréhension plurielle et de ce fait oblige le lecteur au défrichage puis au déchiffrage (plusieurs interprétations sont possibles, plusieurs niveaux d'interprétation sont possibles), tout en lui laissant le soin d'organiser son parcours. Cette littérature-là, **lieu textuel d'une "incompréhensibilité programmée"**[5], existe dans le domaine de la littérature de jeunesse comme ailleurs. Elle nous paraît constituer le **terrain privilégié pour initier les jeunes enfants à la lecture et à ses plaisirs.** Singulièrement pour leur apprendre que lire c'est comprendre et, en l'occurrence, comprendre d'une certaine façon, très spécifique.

Les textes littéraires que nous retenons comme supports de lecture sont des textes qui ont du jeu et le sens du jeu

Pour le dire autrement, leur territoire se présente comme une aire parcourue d'accidents sémantiques (silences, ambiguïtés, contradictions), d'allusions à un hors texte (ils sont en communication permanente avec d'autres textes qu'ils digèrent, camouflent, exhibent, selon, mais qui les nourrissent et invitent le lecteur à mobiliser sa culture), qui sont autant d'obstacles pensés et légitimes : leur présence est la condition du jeu et le signal pour le lecteur du début de la partie. Une aire de jeu ainsi conçue ne saurait se contenter d'un partenaire soumis : elle réclame un partenaire doté d'initiatives, d'autant que **la règle du jeu l'encourage par ailleurs à traiter chacun des éléments du texte comme un indice potentiel au nom du principe qui veut que tout puisse être signifiant dans un texte littéraire.**

5. Iser, W. (1985), *L'acte de lecture. Théorie de l'effet esthétique*, Bruxelles, Mardaga.

3 *La lecture littéraire comme "occupation d'un territoire" de jeu*

Il est bien entendu toujours possible de traverser le territoire en ligne droite sans prêter une attention particulière à chacun des ses éléments, sans s'arrêter sur les accidents sémantiques. Lire un récit de fiction littéraire comme un texte informatif du type "fait divers" n'est en rien illégitime - il est bien vrai que ce qui pousse *d'abord* le lecteur, c'est l'intrigue (qu'est-ce que ça raconte ?) et son devenir (comment ça va finir ?) - mais c'est perdre certaines de ses dimensions. Il est aussi possible de lire l'annuaire téléphonique comme un texte littéraire, mais c'est le détourner de sa fonction. Le récit de fiction littéraire est d'une certaine manière conçu pour appeler un type de lecture particulier, qu'on appellera lecture littéraire et qui peut prendre plusieurs formes.

Il existe une lecture littéraire savante (qu'on pratique au lycée et à l'université), qui a sa méthode et ses codes institutionnalisés. Ce n'est évidemment pas à cette forme-là que nous voulons initier les jeunes élèves dès leur entrée dans l'écrit. Pour poursuivre notre métaphore, nous dirons avec Bertrand Gervais[6] (à qui nous empruntons toutes les citations suivantes) que l'espace occupé par les textes littéraires, "même s'il paraît au premier abord une simple surface - taches noires sur papier blanc, mince ligne d'un récit qui se dévoile au fur et à mesure que nous progressons, comme un paysage -, est dense de toutes ces choses qu'ils ne disent pas et que nous pouvons et quelquefois devons chercher à retrouver". **La lecture littéraire peut alors être définie comme "une lecture qui fait de la densité du texte son territoire de prédilection"**. Il s'agit d'une lecture attentive au fonctionnement du texte et à sa dimension esthétique, d'une lecture soucieuse de débusquer des effets de sens non immédiats et de les faire proliférer, de débusquer des effets de non sens pour leur trouver du sens, toutes opérations qui supposent la mobilisation d'une culture antérieurement construite et la création d'une culture nouvelle. Dans la lecture littéraire, le texte littéraire fait en partie "don de soi au lecteur", mais parce que le jeu qu'il initie est un jeu interactif, il appelle

---

6. Gervais, B. (1998), *Lecture littéraire et explorations en littérature américaine*, Montréal, XYZ éditeur et Gervais, B. (2001), "Sans fin, les terres. L'occupation des sols au risque d'une définition des pratiques de lecture", in C. Tauveron (dir.), *Comprendre et interpréter le littéraire à l'école et au-delà*, Paris, INRP, 37-54.

symétriquement un don de soi du lecteur, sous la forme d'un **investissement** (le mot est à prendre dans tous ses sens), qui n'est pas seulement affectif, mais aussi intellectif et symbolique. Au-delà du simple échange, **la lecture littéraire exige du lecteur une véritable "occupation" des lieux, "un acte d'appropriation" : "lire, c'est prendre, ce qui n'est pas un geste simple", "c'est habiter le texte"** et donc **le "lotir", le soumettre "à des échafaudages de toutes sortes"**. Bien entendu, dans le jeu tous les coups ou tous les échafaudages ne sont pas permis : nous verrons qu'il existe des appropriations légitimes (qui seront reconnues plausibles par la communauté interprétative) et des appropriations abusives. Il ne s'agit pas d'un coup de force mais de la conquête aventureuse (et amoureuse) d'un texte complice.

4 *Les enjeux du jeu littéraire*

Notre hypothèse est que la lecture littéraire, ainsi comprise comme une conquête aventureuse (et amoureuse), est constitutive du savoir lire et que les jeunes enfants doivent y être initiés dès leur entrée en lecture, pour deux raisons au moins qui, au demeurant, n'en sont qu'une.

Nous posons que la lecture littéraire est à la portée des jeunes enfants, qu'elle est en outre l'une des voies scolaires possibles pour les réconcilier aujourd'hui avec la lecture

G. Chauveau[7] constate qu'à l'entrée en 6ème les élèves mauvais lecteurs sont ceux qui, au-delà de difficultés techniques, ne se représentent pas les "profits symboliques" qu'ils pourraient tirer de leur contact avec les livres d'histoires. "Lire, c'est faire sien", dit encore Bertrand Gervais. La lecture ne leur fait aucun don d'elle-même parce qu'on ne leur a pas appris que pour qu'il en soit ainsi il faut d'abord qu'ils fassent don d'eux-mêmes, parce qu'on ne leur a pas appris que lire "les livres d'histoires" pouvait être **l'acte volontaire et singulier d'appropriation d'un lecteur singulier.** Bien sûr l'aventure comporte une prise de risques, bien sûr elle fait appel à des opérations cognitives de haut niveau, mais c'est précisément - nous n'avons pas peur du paradoxe - parce que "le jeu interprétatif fait appel à des opérations cognitives de haut niveau, qu'il est le plus capable de

7. Chauveau, G. (1997), *Comment l'enfant devient lecteur. Pour une psychologie cognitive et culturelle*, Paris, Retz.

susciter l'intérêt de l'enfant"[8] : il lui permet enfin de sortir du rôle de réceptacle passif (de lecteur mort) dans lequel on le cantonne habituellement. Nous lui offrons en échange "une maison où [il] puisse entrer, jouer, grandir et rapetisser, découper avec les yeux comme avec les ciseaux, mélanger, recomposer et coller avec l'eau des rêves. Un univers où [il] puisse aller dans tous les sens de ses sens".[9] À ceux qui prétendraient qu'une lecture distanciée attentive aux indéterminations des mots du texte, à l'architecture de l'intrigue, aux subtilités d'un mode de narration, détruit le plaisir naïf de la découverte de l'intrigue, nous répondons qu'il existe des émotions esthétiques et que ces émotions esthétiques, ressenties par les enfants aussi bien que par les lecteurs lettrés, concourent pour une part non négligeable part au plaisir de la découverte de l'intrigue, plus exactement en sont inséparables. Nous ajoutons qu'on ne peut faire comme si tout récit littéraire n'était pas d'abord un acte de langage. Comme le remarque Jérôme Bruner[10], à propos d'*Othello* :

> "La pièce ne nous parle pas simplement d'un Maure pris au piège de sa jalousie par un subordonné comploteur, envieux et certainement psychopathe. La langue dans laquelle elle est écrite, l'habileté de son dispositif dramatique, l'attitude dans laquelle l'auteur installe ses personnages, ses actes du discours dramatique (au sens qu'Iser donne à cette expression), tout cela fait que le drame a un écho dans notre esprit".

C'est en outre parce que la lecture littéraire est un acte singulier d'appropriation d'un texte qu'elle peut être échangée et éventuellement partagée dans la communauté interprétative que constitue la classe. La lecture informatique traditionnelle centrée seulement sur le qui ? où ? quand ? comment ? est une lecture qui reste extérieure à l'élève. Elle ne s'échange pas parce qu'elle fait l'objet, la plupart du temps d'un consensus. Voilà sans doute pourquoi les moments de lecture sont classiquement des moments d'activité solitaire (... de réponse à des questionnaires). La lecture affectivo-identitaire (sorte de projection des affects du lecteur) telle qu'on la pratique en maternelle donne libre cours à la parole des enfants mais ne fait guère que juxtaposer (en marge du texte) des subjectivités qui ne s'entendent ni ne s'échangent vraiment.

---

8. Vandendorpe, Ch. (2001), "De la socialisation des stratégies interprétatives", in C. Tauveron (dir.), *Comprendre et interpréter le littéraire à l'école et au-delà*, Paris, INRP, 81-101.

9. Commentaire de Claude Ponti au sujet de son album, *L'album d'Adèle* (1986, Gallimard), rapporté par M.-P. Litaudon, dans "Cirques et jeux de lettres", *Cahiers Robinson*, n°8, 2000, 181-211.

10. J. Bruner, *Culture et mode de pensée. L'esprit humain dans ses œuvres*, Retz, 2000.

La lecture littéraire qui se tient au plus près du texte (des contraintes qu'il impose et des libertés qu'il offre), qui implique la mobilisation d'une culture partagée (ou à partager) dans la classe, qui se pose la question du "comment ça marche ?" en soi, aussi bien que sur moi et sur les autres, qui sollicite des interprétations diverses dont le degré de pertinence doit toujours être argumenté et évalué, appelle naturellement l'échange. La classe de lecture devient ainsi un lieu où "l'on objective dans le langage ce qu'on a pensé", où "l'on se penche sur ce que l'on a ainsi produit pour le considérer sous un jour nouveau"[11], un lieu de négociation de sens, **un lieu d'écoute de soi** et de l'autre, un lieu de tolérance mais aussi d'esprit critique toujours en éveil : **un lieu d'intersubjectivité**. Le plaisir, paradoxal lui aussi, de la lecture littéraire (paresseux en ce qu'il exige la lenteur de la dégustation, actif en ce qu'il exige un effort de collaboration avec le texte) est un plaisir de gourmet : un plaisir qui se savoure et qui se dit, qui se savoure d'autant mieux qu'il se dit et se partage avec d'autres.

Ajoutons que la littérature de jeunesse d'aujourd'hui (singulièrement dans le format album), parce qu'elle transforme des genres anciens ou en crée de nouveaux, parce qu'elle joue de plus en plus sur l'allusion culturelle, parce qu'elle recourt à des moyens de narration de plus en plus élaborés et éloignés des canons traditionnels, demande naturellement le concours actif du lecteur et s'accommode de moins en moins d'une seule lecture référentielle, sauf à admettre qu'elle vise deux lectorats : celui des enfants auxquels on ne demanderait que de comprendre superficiellement l'histoire ; celui des adultes, qui grâce à leur culture (des genres, des textes, des techniques narratives) pourraient jouir pleinement des jeux de point de vue, de citation, de démarquage, de renversement.

Si l'on considère maintenant l'élève en devenir et son cursus scolaire potentiel, nous posons qu'il est nécessaire d'introduire une continuité, de la maternelle au lycée, dans les modalités d'approche de la lecture du texte littéraire

En procédant par étapes (d'abord seulement "comprendre" à l'école avant d'être en mesure d'"interpréter" au collège, quand comprendre et interpréter sont deux opérations dialectiquement articulées), on organise pour les élèves lecteurs un parcours fait de ruptures radicales et d'attentes successives contradictoires qui ne peuvent que les déstabiliser. On leur

11. J.Bruner, *ibid.*

demande en particulier au sortir de l'école primaire un saut qualitatif que la plupart ne peuvent franchir, parce qu'on a construit chez eux à l'origine des représentations inopérantes et réductrices de l'acte lexique qui se sont enkystées. Ces représentations se retrouvent intactes au sortir du lycée, chez les faibles lecteurs, en dépit d'un enseignement institutionnalisé de l'interprétation. Annie Rouxel[12], enquêtant auprès de lycéens, leur demande : "D'où vient le sens d'un texte ?" Les réponses attestent, s'il en est besoin, que l'entrée en littérature réclame chez eux une révolution et une réorganisation des cadres mentaux, si douloureuse pour la majorité qu'elle n'a tout simplement pas lieu. Le sens du texte, caché perfidement quelque part dans les sous-entendus, est détenu par l'auteur. Le lecteur n'y a aucune part :

> "Finalement, il ressort de cette enquête qu'il n'y a pas de différence significative dans la répartition des réponses entre les classes de troisième et de première. Paradoxalement, malgré la mise en place de la lecture méthodique, la conscience de l'activité du lecteur dans la construction du sens progresse peu durant les deux années de lycée. Une majorité d'élèves ne se situent pas en tant que lecteurs actifs. Sans nécessairement interpréter ces données en termes d'échec, force est de constater que dans le domaine des représentations, les progrès sont lents et que la mise en place de nouvelles pratiques de lecture dans les classes ne suffit pas à les faire évoluer." (p. 58)

En l'occurrence, il s'agit probablement moins d'abord d'apprendre de nouvelles pratiques que de désapprendre les anciennes. Deux années de lycée ne sauraient suffire à la mutation. On ne peut impunément, sauf à fréquenter un milieu familial où la littérature parle et se parle, se déprendre d'habitudes créées par l'école même dès sa prise en main.

Pour pouvoir construire une didactique de la lecture littéraire de la maternelle au CM2, il convient tout d'abord de se poser la question du choix des textes donnés à lire et, en amont, afin de construire les critères de choix, de repenser la hiérarchisation traditionnelle entre "compréhension" et "interprétation". On posera **que comprendre un récit a minima, c'est pouvoir identifier les personnages en présence, leurs buts, leurs rôles respectifs dans l'action, leurs relations (familiales, affectives, sociales...) et pouvoir reformuler les grandes lignes de l'intrigue**. Dès la petite section de maternelle, on s'emploie à développer cette compétence-là mais sans toujours saisir ce qui peut faire obstacle à la reformulation demandée. Le point suivant se propose de distinguer les

12. Rouxel, A., (1996), *Enseigner la lecture littéraire*, Presses Universitaires de Rennes.

problèmes qui tiennent aux limites des capacités cognitives des élèves et ceux qui sont délibérément orchestrés par le texte et, parmi les problèmes délibérément orchestrés par le texte, ceux qu'on peut appeler “problèmes de compréhension” et ceux qu'on peut appeler “problèmes d'interprétation”. **Identifier clairement les problèmes de compréhension et d'interprétation que pose le récit littéraire aux élèves est une première étape indispensable si l'on se donne pour objectif d'apprendre aux élèves à les surmonter.**

Quels textes pour initier à la lecture littéraire ?

1 *Typologie des problèmes de compréhension et d'interprétation posés aux élèves par la littérature de jeunesse*

Des problèmes de compréhension, non programmés par le texte, imputables aux élèves mêmes

Des problèmes d'ordre cognitif

Les difficultés courantes que rencontrent les élèves dans la lecture de récits courants sont connues. On sait par exemple qu'ils ont tendance :

– à ne reconnaître l'existence d'un personnage que s'il est nommé et, si sa nomination est retardée, à ne pas mémoriser les informations données sur lui antérieurement à sa dénomination ;

– à comprendre toute nouvelle apparition d'un nom propre et tout substitut d'un nom antérieurement donné comme le signalement de l'entrée en scène d'un nouveau personnage.

Certains ont du mal :

– à accomplir, pour un personnage donné, la synthèse des informations discontinues le concernant tout au long du texte (par exemple, les informations descriptives éparses) et donc à en reconstituer la cohérence ;

– à distinguer le but et la quête secondaire d'un personnage de son but et de sa quête principale ;

– à lire les relations de l'ensemble des personnages autrement qu'en prenant le personnage principal comme référence.

Ces difficultés, bien décrites, font de plus en plus, dans les manuels et dans les classes, l'objet d'un traitement. Mais pour autant, on continue parfois de penser que la meilleure façon de traiter ces difficultés est de les épargner au jeune lecteur : pour ce faire, on ne lui donne en pâture que des textes jugés lisibles ou rendus lisibles par un travail d'"adaptation". Un récit atteint le degré maximal de lisibilité :

– quand le mobile et le but du personnage principal sont clairement affichés, quand le parcours que suit ce personnage est linéaire (sans quêtes secondaires), quand les autres personnages, en petit nombre, ont un positionnement évident et stable (on sait qui aide qui, qui s'oppose à qui, les camps opposés sont nettement tranchés et personne ne change de camp),

– quand le nom, la description physique et morale et le comportement dans l'action de chaque personnage sont dans un rapport logique, au besoin explicité,

– quand les termes qui reprennent les personnages (pronoms et périphrases) sont peu variés et peu susceptibles de confusion d'attribution,

– quand le récit est au plus près des normes du genre auquel il appartient,

– quand le monde de référence de la fiction est un monde connu et homogène,

– quand le narrateur, extérieur à l'histoire, adopte un point de vue unique et panoramique, se montre digne de confiance, marque nettement les valeurs et tire lui-même la morale de l'histoire, morale de surcroît admissible sur le plan des valeurs courantes.

Dans le travail de sélection ou d'adaptation des textes qu'opèrent les manuels (au cycle II surtout), on s'efforce de prendre en compte le plus grand nombre des critères cités, mais sans bien entendu les prendre tous en compte, tant il est vrai qu'un récit parfaitement "lisible" et "lisse" n'est plus qu'un récit "mort". C'est dire que les récits, aussi simples soient-ils, font courir des risques à certains jeunes enfants. Ce sont ces risques-là et seulement ceux-là qui font l'objet, dans le meilleur des cas, d'un traitement à l'école.

Des problèmes d'ordre culturel

À ces **risques cognitifs** bien connus s'ajoutent des **risques culturels** moins connus. Les récits les plus lisibles en apparence sont aussi ceux qui véhiculent le plus grand nombre de lieux communs culturels (stéréotypes de personnages, symboles courants, canons du genre...) qu'on suppose partagés quand on n'a jamais pris, en classe, la peine de les construire. On verra comment (Partie II, Des réseaux autour d'un personnage-stéréotype) un récit relevant de la paralittérature enfantine (*Monsieur Avare* de R. Hargreaves, paru chez Hachette), ne peut être *compris* d'enfants de CP sans construction parallèle du stéréotype de l'Avare, tel qu'il fonctionne dans notre imaginaire social et dans notre littérature. On verra comment la méconnaissance du genre qu'illustre canoniquement un texte (en l'occurrence le fantastique) peut aller jusqu'à empêcher des élèves de CM2 d'en saisir la *littéralité*. Les récits littéraires qui se démarquent des stéréotypes du genre supposent eux aussi, pour que leur originalité soit saisie et leur effet compris, la connaissance du stéréotype du genre. Au-delà de leur inscription dans ou contre un genre, ils se nourrissent de tous les récits écrits avant eux, récits qu'ils digèrent, évoquent, citent, malaxent, transforment... La littérature de jeunesse d'aujourd'hui ne cesse de s'alimenter au fonds culturel de l'enfance, dont il n'est pas sûr qu'il soit encore entretenu à l'école et dans les familles. Apprendre à lire ne saurait dans ces conditions se réduire à apprendre une technique. **La dimension culturelle de l'apprentissage est déterminante et devrait être une préoccupation constante des maîtres.**

Des problèmes de compréhension programmés délibérément par le texte

Dans la littérature de jeunesse, il existe des récits qui conduisent **délibérément** *le lecteur à une* **compréhension** *erronée*

Parce que ces récits adoptent la plupart du temps un point de vue biaisé non identifiable spontanément, pratiquent la rétention d'information, répartissent judicieusement à la surface du texte des indices ambigus, le lecteur est conduit sur une fausse piste qui lui sera brutalement révélée à la fin. Ce sont des textes parsemés de leurres qui invitent à une relecture Dans ce cas de figure, on ne peut comprendre (juste) qu'après avoir compris à tort ; la compréhension fausse est un passage obligé pour la compréhension juste.

Papa ! de Ph. Corentin (L'école des loisirs) est une bonne illustration du cas de figure. On citera aussi *in extenso* ce court récit d'école, traduit de "*A thief in the night*" (M. Charolles, J.S. Petofi, S. Sözer, Research, in *Text connexity and text coherence*, Hamburg, Buske-Verlag, 1986).

Un voleur dans la nuit

"Pendant la dernière grève des transports en commun, un jeune homme rentrait chez lui en passant par un jardin public. Il était tard et il était seul. À mi-chemin, il vit quelqu'un venir dans sa direction. Il y eut un moment de panique : il changea de côté, l'homme aussi changea de côté et, comme ils le firent en même temps et dans le même sens, ils se heurtèrent en se croisant.

Quelques instants plus tard, le jeune homme pensa que cet incident pouvait difficilement être fortuit. Il mit la main à la poche où était son portefeuille. Celui-ci avait disparu. La colère l'emporta : il fit demi-tour, rattrapa le pickpocket et lui demanda son portefeuille. L'homme le lui tendit.

Quand il arriva chez lui, la première chose qu'il vit, ce fut son portefeuille. Il n'y avait pas moyen de se cacher la vérité : il avait volé quelqu'un."

Double méprise : celle du volé voleur et celle du lecteur ! Jusqu'au dernier paragraphe le lecteur est conduit à penser que le premier jeune homme s'est fait voler par le second. Il fait confiance, comme il se doit, au narrateur et l'idée ne lui vient pas que la véracité des faits rapportés puisse être remise en cause. La scène est en réalité vécue du strict point de vue du jeune homme, un point de vue partial et partiel, mais soigneusement dissimulé. Une relecture permet de pointer trois verbes : *"il vit"*, *"il pensa"*, *"il vit"* qui confirment que le premier jeune homme est source de la perception et de l'interprétation. Le deuxième leurre exploite l'ambiguïté du possessif dans le discours indirect : dans *"il lui demanda son portefeuille"*, *"son"* peut renvoyer aussi bien au premier jeune homme qu'au second. Emporté par son hypothèse, le lecteur ne peut envisager que la première solution. C'est pourtant la seconde qui est la bonne. Il faut alors imaginer que la question en discours direct a été quelque chose comme : *"le portefeuille !"* et non *"mon portefeuille"*.

L'approche en classe de ce texte (et de *Papa !*) sera présentée en partie II (page 159).

Dans la littérature de jeunesse, il existe des récits qui empêchent **délibérément** *la* **compréhension** *immédiate*

Les causes de l'incompréhension programmée délibérément sont nombreuses. Elles seront explicitées et traitées didactiquement dans le reste de l'ouvrage, au fur et à mesure des besoins. Nous proposons en ce point une simple liste, sans doute non exhaustive.

1 L'adoption d'un point de vue

– Point de vue inattendu, insolite parce que "non humain" (celui d'un animal, d'un extra-terrrestre, d'un géant...), qui oblige à reconsidérer notre monde d'un autre œil et dont la source, non toujours explicite dans le texte, est à inférer d'indices divers.

Pour un point de vue d'extra-terrestre, *Docteur Xorgol* de Tony Ross (L'école des loisirs) - Pour un point de vue animal, *Nos amis les hommes* de Stéphane Frattini (Milan), *Le Petit Humain* d'Alain Serres (Folio Gallimard - jeunesse) - Pour un point de vue de fourmis, *Les Deux Fourmis* de Chris Van Allsburg (L'école des loisirs), *Agathe* de Pascal Teulade (L'école des loisirs) - Pour un point de vue de puceron,"Le bouton de rose" in *L'Épicier rose* de Kolebka (Nathan) - Pour un point de vue de caillou, *Cœur de pierre* de Pierre Dorin, (À vue d'œil) ;

– Point de vue polyphonique, qui aboutit à présenter la même histoire au travers de consciences et de "voix" différentes et oblige à se poser la question de la "vérité" de l'histoire considérée d'un point de vue neutre.

Une Histoire à quatre voix de Anthony Browne (Kaleidoscope), *Verte* de Marie Desplechin (L'école des loisirs)

– Point de vue contradictoire, adopté par un personnage manifestement peu fiable et qui pose la question du "mensonge" et de la "vérité" des faits.

Moi, Fifi de Grégoire Solotareff (L'école des loisirs), *Journal d'un chat assassin* d'Anne Fine (L'école des loisirs)

2 Le relais de narration qui consiste à faire se succéder les témoignages partiels de plusieurs personnages qui, mis bout à bout, permettent, en principe, de reconstituer l'histoire entière.

L'Enfant-océan de Jean-Claude Mourlevat (Pocket Junior).

3 La perturbation de l'ordre chronologique, surtout si l'amorce et la clôture des flashes back ne sont pas signalées comme telles par des indicateurs linguistiques (du type "deux ans auparavant" + plus-que-parfait).

Le Boa à la ferme de Trinka Hakes Noble (L'école des loisirs).

4 L'enchâssement de récits dans le récit, principe des *Mille et Une Nuits,* qui peut faire perdre de vue le récit-cadre, surtout si la transition entre les récits n'est pas marquée explicitement.

Dents d'acier et *Un Beau Livre* de Claude Boujon (L'école des loisirs).

5 Le déroulement en parallèle de plusieurs parcours de personnages, surtout si la simultanéité des parcours n'est pas explicitement indiquée par des marqueurs du type "pendant ce temps...".

On a volé Jeannot Lapin de Claude Boujon (L'école des loisirs).

6 Le silence qui peut concerner, séparément ou à la fois, l'identité d'un des personnages (blanc sur son nom, son origine, sa description), son mobile (on ne sait quelle est la cause première de sa quête ou de son comportement), son but (on ne sait ce qu'il cherche), l'issue de sa quête (dans une fin ouverte, on ne sait s'il réussit ou s'il échoue), la nature de ses relations aux autres personnages ; la présence d'ellipses narratives (une portion de l'histoire est absente).

Le Mur d'Angel Esteban (Syros), *Les sables émouvants* de Thomas Scotto et Eric Battut (Milan).

7 Le brouillage volontaire des reprises anaphoriques (les personnages sont nombreux, les substituts de leurs noms aussi, l'auteur orchestre leur confusion).

L'Affaire du livre à taches de Paul Cox (Albin Michel - jeunesse).

8 Un monde fictif dont la nature et les frontières ne sont pas clairement identifiables...

Certains récits de rêve, les récits fantastiques organisent la confusion des mondes. C'est par exemple le cas de *Les deux goinfres* de Ph. Corentin (L'école des loisirs), de *Demain les fleurs*, de Thierry Lenain (Nathan).

ou dont la logique n'est pas la logique cartésienne

C'est le cas de l'univers délirant de Christian Oster *(L'Abominable histoire de la poule, Le colonel des petits pois...* à L'école des loisirs).

9 L'évocation, la citation, la transformation d'autres textes dans le texte.

Pauvre Verdurette de Claude Boujon (L'école des loisirs), *Les lèvres et la tortue* de Christian Oster (L'école des loisirs).

10 L'éloignement des canons du genre

11 En lieu et place du récit attendu, la mise en scène de sa lecture ou de son écriture avec lecteur fictif ou auteur fictif (littérature "métanarrative", qui rompt l'illusion référentielle et le pacte de la lecture ordinaire).

Petit Homme de fromage et autres contes trop faits de Jon Scieszka (Le Seuil Jeunesse), *Sept Cochons sauvages* de Helme Heine (Gallimard - jeunesse), *C'est l'histoire d'un loup et d'un cochon*, Rascal et Nicolas de Crécy (L'école des loisirs), *À ce moment précis*, Jean Binder (Archimède).

12 Le masquage des valeurs (c'est au lecteur de déterminer qui est le personnage positif / négatif) ou la perturbation des valeurs attendues.

Les Escargots n'ont pas d'histoires ou *Cousin Ratinet* de Claude Boujon (L'école des loisirs), *Poussin noir* de Rascal (Pastel), qui pratiquent l'humour noir, humour dont la nature et l'intention sont difficiles à saisir pour de jeunes lecteurs.

13 La pratique de l'ironie.

Benjamin ou une action héroïque, in *Sept Cochons sauvages* de Heine Helme (Gallimard-Jeunesse).

14 La contradiction entre texte et images dans les albums qui est souvent à lire comme un affrontement de points de vue contradictoires.

L'Afrique de Zigomar de Philippe Corentin (L'école des loisirs).

Il va de soi que certains albums cumulent les problèmes délibérément posés de compréhension : c'est, par exemple, le cas de *Zigomar n'aime pas les légumes* de Philippe Corentin, (L'école des loisirs) qui gomme la frontière entre réalité et rêve, déconstruit l'ordre chronologique et impose un point de vue restreint et partial sur les événements, si bien qu'il est extrêmement difficile de résumer l'intrigue et au-delà d'être sûr que le résumé produit en rend fidèlement compte.

Des problèmes d'interprétation programmés délibérément par le texte

Des problèmes d'interprétation à résoudre antérieurement à la compréhension de l'intrigue

Deux représentations également inadaptées et dangereuses courent dans le monde scolaire : l'une voudrait que le texte littéraire n'ait qu'un sens (caché par l'auteur et à découvrir en faisant preuve de sagacité et de persévérance) ; l'autre voudrait qu'il ait une infinité de sens (chacun pouvant lui faire dire ce qu'il lui plaît de lui faire dire). À l'école primaire, la première représentation domine : le verbe "comprendre" y est souvent employé absolument (l'élève a compris ou n'a pas compris, ce qui sous-entend qu'il n'y a qu'une manière de comprendre). En maternelle, la tendance serait plutôt de laisser libre cours aux réactions et aux interprétations des élèves, sans demande de justification dans le texte. Or, comme nous y invite Michel Charles[13], "**il ne faut ni chercher naïvement la bonne lecture ni valoriser systématiquement l'indécidable ; il faut examiner […] les lieux où le texte permet la dérive, les lieux où il**

13. Charles, M. (1977), *Rhétorique de la lecture*, Paris, Le Seuil.

contraint, les lectures qu'il propose, celles qu'il refuse, celles qu'il laisse indéterminées ou incertaines, mesurer alors cette indétermination ou cette incertitude". Le rôle du maître n'est pas d'orienter l'interprétation par ses questions. Il n'est pas non plus d'accepter n'importe quel délire interprétatif. **Les droits du lecteur ne peuvent outrepasser les droits du texte.**

Il est bien vrai que **dans de nombreux cas, il n'y a pas plusieurs manières de comprendre** (et donc pas lieu de discuter). Tous les problèmes de compréhension non programmés, certains des problèmes de compréhension programmés évoqués au point précédent n'ont de solution que consensuelle. Le chat assassin d'Anne Fine (*Journal d'un chat assassin*, L'école des loisirs) a beau prétendre avoir mis à mort le lapin des voisins et se contredire involontairement dans son discours, le lecteur ne peut hésiter sur la vérité : il n'a pas tué le lapin des voisins, mort de sa belle mort. L'intérêt de l'histoire et le débat possible sont ailleurs, par exemple dans l'interprétation (ouverte) de la psychologie et des mobiles du chat. **D'autres problèmes de compréhension, au contraire, par exemple ceux posés par les blancs ou par les effets de polyphonie, peuvent accepter plusieurs solutions. Ils ne peuvent donc se résoudre sans qu'au préalable ait été résolu le problème d'interprétation. Autrement dit, l'interprétation, loin d'être une étape postérieure à la compréhension, précède la compréhension (plus exactement *une* compréhension possible) pour la faire advenir. En toute logique, si l'on veut apprendre à comprendre, on ne peut faire autrement qu'apprendre à interpréter dès l'entrée en lecture.** Mais dans le même temps, il convient de prendre garde que, "s'il existe plusieurs lectures raisonnables possibles d'un texte, certaines de ces lectures sont meilleures que d'autres et qu'il en est qui sont carrément mauvaises : les contresens, les délires, les erreurs de calcul interprétatif, ça existe"[14].

Soit une histoire, *Un loup trop gourmand* de Keiko Kasza (Flammarion - jeunesse), volontairement choisie parmi les plus simples et qui s'adresse à de jeunes enfants. Elle a pour personnage principal un loup, affamé, qui se fixe pour objectif de dévorer la poule voisine après l'avoir fait grossir. Pour arriver à ses fins, il dépose chaque jour, devant la porte de la poule, crêpes, beignets et gâteaux en se disant à chaque fois : *"Mange bien, ma poulette. Deviens belle et grasse à souhait pour mon souper."* Quand il estime que son repas est à point, il

14. Kerbrat-Orecchioni, C. (1986), *L'implicite*, Paris, Armand Colin.

s'apprête à le dévorer mais les choses ne se passent pas comme prévues. La porte s'ouvre brusquement et la poule s'exclame : *"Oh ! c'était donc vous Monsieur Loup ! Les enfants, les enfants, regardez bien ! Les crêpes, les beignets et le somptueux gâteau n'ont pas été apportés par le Père Noël. Ce sont tous des cadeaux de l'oncle Loup".* Les poussins se précipitent alors sur le loup et lui donnent cent baisers. Le texte se termine ainsi : *"Finalement, l'oncle Loup ne mangea pas de poule au pot cette nuit-là. Mais Madame Poule lui prépara quand même un bon dîner. "Flûte alors, se dit-il, en rentrant chez lui. Demain, je préparerai peut-être une centaine de sablés fondants pour ces petits coquins-là !"*

L'intrigue ne présente en elle-même pas de difficulté de lecture particulière. Il se trouve simplement que la dernière phrase peut être interprétée de plusieurs manières. Parce que nous n'avons pas accès à la conscience du loup (le texte ménage un blanc sur ses objectifs), le doute s'installe sur ses réelles intentions futures. Pour pouvoir manifester sa compréhension, c'est-à-dire résumer l'intrigue, le lecteur doit opter pour l'une ou l'autre des solutions raisonnables qui lui viennent à l'esprit : ou bien le loup, optimiste, reformule son but initial et prévoit de faire d'une pierre deux coups en dévorant ultérieurement la mère et la couvée, ou bien il renonce, sous la pression des événements, à son but initial et, pour se mettre en conformité avec l'image de Père Noël que lui renvoie la poule, opère un revirement comportemental... au risque de saper sa réputation. Le lecteur peut aussi dans son résumé souligner, sans trancher, la double hypothèse. À n'apprendre aux enfants que cette première étape du processus interprétatif et le principe qui la sous-tend ("le texte littéraire vous autorise et plus encore vous encourage à rechercher plusieurs interprétations, il ne vous oblige pas de surcroît à choisir, il y a même une jouissance de l'indécidabilité"), on aurait déjà fait un grand pas. Insuffisant toutefois, dans la mesure où les enfants sollicités d'interpréter se croient autorisés à "imaginer" ce que bon leur semble et pratiquent alors volontiers la surenchère délirante. **L'interprétation, pour être reconnue plausible, doit être soumise à une procédure de validation qui peut s'appuyer sur les données objectives du texte et/ou sur des données extérieures de nature culturelle.** C'est ici que le lecteur doit enfiler son costume de détective et rassembler les pièces à conviction. Ce peut être, dans le texte, le "trop" de "trop gourmand". Ce peut être, hors du texte, une culture livresque, en l'occurrence la connaissance des histoires qui mettent en scène le loup, et, au-delà, la connaissance du stéréotype du loup (sa nature, ses mobiles, son comportement, l'issue habituelle de son programme...). **Apprendre à lire les histoires, c'est donc apprendre à lire sur les lignes, entre les lignes et hors des lignes.**

élèves de construire très progressivement les caractéristiques des genres, il paraît important d'alterner des phases de repérage des normes génériques et des phases d'observation des écarts. L'important n'est jamais de trancher systématiquement (*"ce livre appartient à tel genre"*) mais de faire le constat de la variété et de la complexité des choses.

Connaissance de l'intertexte ou du texte-source

Comme on l'a vu, l'intertexte ne s'exhibe pas nécessairement. Exhibé ou non, il n'est pas nécessairement reconnu par tous les lecteurs. Mais

> "c'est précisément parce qu'il peut ne pas être perçu qu'il suscite, lorsqu'il est repéré et compris, un plaisir certain : celui qui naît du clin d'oeil saisi, de l'humour partagé ; plaisir également d'une compréhension à demi-mot, d'un échange avec la mémoire, le savoir, la lecture d'un auteur ; plaisir enfin de retrouver, enfouie dans sa mémoire, la trace d'un texte dont la perception est changée par son inclusion dans un autre texte".
>
> (N. Piégay-Gros, *op. cit*)

En d'autre termes, l'intertextualité réclame la participation active du lecteur. Elle fait de lui un complice, le partenaire d'un jeu qu'elle instaure avec son savoir et sa mémoire. La culture littéraire n'est plus alors un signe de distinction mais la condition de la connivence.

Connaissance de l'univers de l'auteur

Certains auteurs parviennent à construire un univers singulier. Chacune de leurs œuvres se reconnaît alors entre toutes à ses "airs de ressemblance". Le jeune lecteur se meut d'autant mieux dans l'univers d'un auteur qu'il en connaît par avance les traits, au risque toujours possible d'être surpris. L'exploration de cet univers peut se faire à l'occasion de la lecture d'un livre mais elle ne s'approfondit qu'avec la connaissance de quelques autres du même auteur. Le plaisir de la découverte se double alors de celui de la reconnaissance, toutes les fois où les livres ne se bornant pas à la simple exploitation d'une recette, savent jouer de la variation.

Par "univers", nous entendons une homogénéité qui peut être précisément ou tout à la fois :

– ***Une homogénéité diégétique*** : un monde fictionnel peuplé de personnages récurrents ou présentant des similitudes, évoluant dans des situations et dans un espace voisins, comme chez Philippe Corentin ; un monde fictionnel gouverné par une logique propre qui n'est pas nécessairement la logique cartésienne, comme chez Christian Oster ;

– *Une homogénéité langagière* : au-delà de l'usage d'un lexique particulier et d'une façon générale de ce qu'on peut appeler un “style” particulier, on compte, parmi les spécificités langagières, le mode de présence du narrateur dont les commentaires - pléthoriques chez Christian Oster - conduisent à produire un effet variable chez le lecteur (peur, identification complète aux personnages, rire complice aux dépens des personnages…), donnent une orientation argumentative à l'histoire, et finalement imposent une forme de pacte de lecture auquel il vaut mieux souscrire sous peine de mésinterpréter ;

– *Une homogénéité fantasmatique*, ce qu'illustre au mieux l'œuvre de Claude Ponti ;

– *Une homogénéité symbolique*, dans le cas par exemple de Claude Clément ou de Rascal : l'œuvre de Rascal oscille entre prose poétique et humour noir ; pétrie de références prises aussi bien dans le fonds culturel enfantin que dans la mythologie biblique et gréco-latine, elle ne parle d'une certaine manière jamais d'autre chose que de l'envie ou de la difficulté de naître, grandir, se trouver soi-même, dans l'affrontement au monde. Il n'y est question à mots couverts d'images que de la vie.

Des connaissances sur les stéréotypes culturels

Les problèmes de lecture ne se concentrent pas uniquement dans les récits les plus originaux. On a vu comment les récits les plus lisibles sont aussi ceux qui véhiculent le plus grand nombre de stéréotypes, qui sont à travailler comme fondements de la connivence culturelle. On pourrait tout à fait considérer le genre comme un stéréotype. Pour la clarté du propos, nous distinguons cependant genres et stéréotypes.

Les stéréotypes

Le stéréotype est un “schème collectif figé constitué d'un thème et de ses attributs obligés”. Par exemple le “thème” de l'Avare, dans notre tradition culturelle et littéraire, a pour attributs obligés des caractéristiques physiques (une certaine maigreur et pâleur), des traits psychologiques (outre la fascination névrotique pour l'argent et l'horreur de la dépense, un repli sur soi, une méfiance de l'autre). Ruth Amossy (1997) a montré à quel point le stéréotype joue un rôle décisif dans le traitement (sélection, encodage, mémorisation) de l'information. Face à un stéréotype littéraire, le lecteur a une part importante de travail. Il doit "rassembler des notations dispersées, inférer des traits de caractère à partir de situations concrètes et reconstruire l'ensemble en le rapportant à un modèle existant". En d'autres termes, il "active le stéréotype en rassemblant autour d'un thème un ensemble de prédicats qui lui sont traditionnellement attribués. Il le fait par un processus de sélection (il choisit les termes qui lui paraissent pertinents), d'élagage (il renvoie au rang de restes ou de détails ce qui n'entre pas dans le schéma), d'assemblage (il réunit des portions de discours dispersés dans l'espace de l'œuvre), de déchiffrement (il interprète dans le sens du stéréotype des notations indirectes)" (Amossy, Herschberg, 1997). Pour toutes ces raisons, le stéréotype peut être considéré comme une construction de la lecture. Bien entendu, de telles opérations ne sont possibles au lecteur que si "la représentation littéraire renvoie à une image d'ores et déjà familière pour qu'il puisse la retrouver". On verra comment (partie III) des enfants de CP, ignorant d'abord tout ou presque du stéréotype de l'Avare, ne saisissent ni les mobiles du personnage dans une histoire qui le met en scène, ni sa logique comportementale, comment ensuite, après avoir construit le stéréotype, ils anticipent tout naturellement les faits et gestes du personnage.

◆ Pour des informations complémentaires, voir :

Ruth Amossy (1997), "La force des évidences partagées", *Etudes de linguistique appliquée*, 107, "Stéréotypes et alentours"

Ruth Amossy, Anne Herschberg Pierrot (1997), *Stéréotypes et clichés*, Nathan Université

J.-L. Dufays, (1991), "Lire avec les stéréotypes. Les conditions de la lecture littéraire en classe de français", *Enjeux* n°23, *Aimer lire*, 5-18

(1993), "Initier à la conscience des stéréotypes : un enjeu éthique essentiel du cours de français", *Enjeux* n°29, 47-59

(1994), *Stéréotype et lecture. Essai sur la réception littéraire*, Liège, Mardaga.

Des connaissances sur les mythes et les symboles

Les mythes et les symboles font aussi partie de ces références culturelles communes qui facilitent la compréhension et l'échange intersubjectif. Il ne s'agit pas d'initier prématurément les enfants à tous les mythes et symboles qui traversent notre culture mais à ceux du moins qui circulent tout naturellement dans la littérature de jeunesse, souvent sans que le maître (initié) y prenne garde, tant il en est nourri. Le maître a ici comme ailleurs un devoir d'acculturation.

La configuration imaginaire

Le lecteur s'investit dans sa lecture, dans son identification au personnage, par exemple. Le ressort d'une histoire renvoie à une pulsion, une terreur ou à un désir auquel le récit donne une figure culturellement maîtrisable. Il en va ainsi des histoires qui jouent sur la jubilation d'être grand, sur le sentiment d'infériorité, sur les angoisses d'abandon ou de dévoration. La configuration imaginaire est une image plus ou moins constituée qui organise la relation entre le récit et les pulsions du lecteur. La configuration imaginaire est d'autant plus identifiable qu'elle se développe dans une image unique (le colosse aux pieds d'argile, par exemple) ou dans une scène (l'affrontement de David et Goliath). Elle est plus difficile à saisir quand elle est diffuse (par exemple, l'opposition entre Boucle d'or et ses hôtes involontaires, qui se solde par une fuite).

Le mythe

Le mythe est un récit connu de toute une communauté culturelle, qui développe et rationalise une configuration imaginaire et qui l'oriente en distinguant des valeurs. Le mythe, même s'il est le plus souvent connu par un texte “classique”, peut apparaître sous beaucoup de formes de réécriture : variantes, adaptations, parodies…

Exemple : l'engloutissement est illustré aussi bien par la baleine de Jonas, le requin de Pinocchio, que par les pieuvres des *Travailleurs de la mer*, ou les villes de Verhaeren.

Remarque 1 – Les mythes connus sont indexés dans la mémoire autour des personnages : on parle volontiers du mythe du cyclope, du mythe du géant, de l'ogresse.

Remarque 2 – Un mythe unique actualise souvent plusieurs configurations imaginaires. L'épisode d'Ulysse et du cyclope évoque ainsi l'engloutissement, la ruse du petit contre le grand, la re-naissance initiatique…

Le symbole

Le symbole est un objet matériel qui participe à la constitution d'une configuration imaginaire mais qui est actif dans un nombre suffisant de références, elles-mêmes suffisamment diversifiées, pour qu'il acquière une sorte d'autonomie culturelle. Dans certains albums, le symbole, quand il intervient dans des images fortement investies, joue un rôle suffisamment marqué pour cristalliser dans la mémoire des jeunes lecteurs la configuration tout entière du récit. C'est seulement la fréquentation d'autres occurrences du même symbole qui va permettre d'en constituer toutes les dimensions.

Exemple 1 : Le pouce, doigt le plus petit de la main - deux phalanges seulement - mais oppositionnel, selon le discours anatomique, est le symbole du caractère indispensable du petit. Dans maintes comptines, maints jeux de doigts, comme dans *Le Petit Poucet*, il symbolise l'indispensable ruse du dernier-né dans l'équilibre d'une fratrie.

Exemple 2 : le mur constitue le symbole d'une frontière à franchir. Dans *Tillie et le mur* de L. Lionni, il figure le passage à l'épreuve de réalité ; dans *Le Livre de la lézarde*, il constitue le symbole de l'oppression.

Le motif

Le motif, à la différence du symbole, reste à l'arrière-plan. Son évocation relève d'abord des nécessités et de la cohérence du monde posé dans la fiction. Il fait partie du décor. C'est à la relecture, parce qu'on perçoit qu'il fait l'objet d'une forte insistance, qu'il apparaît comme une sorte de figure obsessionnelle de l'œuvre ou de l'auteur (en ce sens le motif n'est pas une référence culturelle constituée et partagée : tout peut devenir motif). Sa récurrence peut alors faire l'objet d'un questionnement, sa raison et sa signification (donc sa valeur symbolique) *dans l'œuvre* peuvent être interrogées (par exemple : la récurrence de l'arbre, du miroir dans l'œuvre de Claude Ponti les constitue en motifs).

Des connaissances sur les techniques narratives (effet de point de vue, polyphonie, asynchronie, ellipses, relais de narration, construction du personnage...)

En théorie, la manière la plus simple de raconter un récit est de le raconter dans l'ordre chronologique, sans omission d'étapes ou de faits déterminants et de choisir un mode de narration constant et clair (un seul narrateur, dans une position stable, de surcroît identifiable s'il s'exprime à la première personne). Mais tout l'art littéraire du récit consiste précisément à inventer des modes de narration, des procédés techniques surprenants qui, pour ne pas apparaître comme de simples exercices de virtuosité gratuits, doivent aussi produire de la signification. Ces procédés techniques déjà évoqués comme indices de la "réticence" (rupture de l'ordre chronologique avec ou sans marquage, ellipses, silences, enchâssement d'un récit dans un récit-cadre, développement parallèle de deux récits ou deux parcours de personnages, relais de narrateurs, jeu sur le point de vue...) dérangent les attentes et d'une certaine manière rendent d'abord inconfortable la lecture. C'est ainsi que tout point de vue partiel ou partial, changeant ou contradictoire, étrange parce que non humain ou dont la source est occultée, pose de redoutables difficultés de compréhension à des enfants uniquement familiarisés avec le point de vue de nulle part d'un narrateur imprécis extérieur à l'histoire. En attestent ces réactions d'élèves de CE2 à la lecture de *Il va neiger* d'Anne Brouillard, qui retient l'information sur la nature du narrateur.

Dans le cadre d'un projet de lecture d'albums dans lequel la fiction joue de son rapport à la réalité en transgressant les rapports habituels entre les univers, on lit dans une classe de CE2 l'album d'Anne Brouillard, *Il va neiger*. Alors que toute la famille est sortie se promener, un narrateur, resté seul à la maison avec le chat, monologue. Il n'est jamais désigné par le texte, ni montré par l'illustration. Cependant, dans quelques images on peut déceler des indices de sa présence : ainsi, le couvert que lui seul a pu mettre. Ce "blanc" sur l'identité du narrateur contribue à créer l'impression de mystère qui caractérise souvent les livres d'Anne Brouillard.

Lors d'une discussion libre après lecture de l'ouvrage, se révèlent de multiples contresens :

– les enfants, ils vont aller dans le bois et puis ils vont se perdre / le chat quand il voit les enfants qui reviennent pas il pense qu'ils vont être malades

(hypothèse qui ne sera pas vérifiée)
– *c'est un chien* **(lapsus ?)**
– (plusieurs élèves en même temps) *un chat !* (**sanction immédiate de la classe)**
– *c'est le chat qui raconte* **(contresens de lecture hâtive**)
– *c'est pas le chat qui a inventé l'histoire, quand même ! c'est bien le monsieur !*
– *c'est le raconteur qui a écrit l'histoire et il fait raconter au chat*
M– Le "raconteur"?
– (plusieurs élèves en même temps) *l'auteur !*
– *c'est le raconteur qui a écrit l'histoire, et dans l'histoire il fait parler le chat*
– *c'est pas le raconteur / c'est l'auteur*
– *si c'est le chat qu'aurait raconté l'histoire / les chats ça parle pas ! et ça écrit pas !*
– *c'est l'auteur et il fait croire que c'est le chat*
– *c'est lui qui a écrit*
– *c'est comme dans La Belle et le Clochard / les chiens ils parlent et à la fin on voit que c'est des messieurs qui font les dessins et en plus ils parlent* (l'élève utilise sa référence culturelle à titre d'argument).

Ce n'est que lorsque la maîtresse demande de compter les personnages et de les identifier qu'*un* enfant cite la phrase : *"il y a le chat et moi"* pour prouver que le narrateur n'est pas le chat.

C'est parce que le procédé technique a été rencontré à plusieurs reprises, puis identifié dans sa singularité, enfin comparé à d'autres, qu'il peut être apprivoisé et évalué dans sa pertinence et ses effets. On voit donc l'importance de multiplier les expériences fictionnelles, y compris les plus déviantes, pour aider les jeunes lecteurs à faire face à toutes les situations, y compris les plus dérangeantes.

La narration et le point de vue

Si l'on peut faire abstraction des questions de "narration" et de "point de vue" dans la lecture de conte traditionnel, il est nécessaire d'en tenir compte pour lire bon nombre de textes de littérature de jeunesse et pour permettre aux élèves de se construire des compétences de lecteur littéraire. C'est aussi ce que les recommandations ministérielles inscrites dans *La maîtrise de la langue à l'école* (1992) ou les Instructions officielles incitent à faire, même si, dans les manuels, le questionnement concernant le narrateur reste rare et souvent réduit à la simple question "qui est le narrateur ?" (ou "qui raconte ?"), oubliant ainsi les effets sur la construction du sens que les choix du mode de narration provoquent. Par souci de simplification peut-être, pour ne pas rompre une "communion" entre le texte et l'élève - déjà si difficile à établir ! - ou parce que ces notions ne peuvent s'aborder que dans des œuvres complètes et par confrontations de textes ou, encore, parce que les aspects théoriques sont peu ou mal connus, on évite d'esquisser les contours de cet intermédiaire indispensable qu'est le narrateur. Les références théoriques en la matière sont nombreuses, elles ne convergent pas nécessairement et ne sont pas nécessairement opératoires sur le terrain des pratiques. C'est dire que nous ne pouvons proposer ici qu'un "point de vue" sur le point de vue et la narration, partiel et considérablement simplifié.

On distingue traditionnellement **"deux formes narratives de base" :** la narration à la troisième personne (le narrateur ne figure pas dans l'histoire, si bien qu'on a tendance à croire qu'il n'existe pas et à ne jamais poser de question le concernant) et la narration à la première personne (cette "première personne" a une double fonction : comme narrateur, elle assume la narration du récit ; comme acteur, elle joue un rôle dans l'action : celui de personnage principal ou secondaire ou encore celui de simple témoin). Nous insisterons tout d'abord sur le fait que tout récit, *qu'il soit à la première ou à la troisième personne*, est pris en charge par un narrateur, présent sur la scène du récit dans le premier cas, retranché dans les coulisses dans le second. Un narrateur à la troisième personne n'est jamais qu'un narrateur à la première personne qui se cache (on vient de le voir, il peut aussi exister des narrateurs à la première personne qui n'affichent pas clairement leur identité et en jouent pour égarer le lecteur). La culture audio-visuelle des enfants (notamment le phénomène de la voix off) les aide à comprendre facilement la présence cachée du narrateur s'exprimant à la troisième personne. Certains albums mettent en scène sa présence en retrait : c'est le cas de *Les escargots n'ont pas d'histoires* de Claude Boujon, où le narrateur extérieur à l'histoire figure en bas de page tandis que son récit est inscrit dans une bulle.

Nous dirons ensuite que tout narrateur a plusieurs fonctions : outre la fonction, fondamentale, de raconter, il peut se donner la fonction de souligner l'organisation de son récit (par des commentaires métanarratifs du type *"mais interrompons là ce dialogue qui n'en finit plus pour passer à un événement d'importance"* ou, dans *Jacques le fataliste* de Diderot, *"Vous voyez, lecteur, que je suis en beau chemin, et qu'il ne tiendrait qu'à moi de vous faire attendre un an, deux ans...")*, d'interpeller éventuellement son lecteur, d'orienter son interprétation par des commentaires subjectifs et évaluatifs qui marquent les valeurs (toutes choses que fait sans cesse le narrateur de *La Fameuse Invasion de la Sicile par les ours* de Buzzati, par exemple). *Qu'il s'exprime à la première personne ou à la troisième personne*, tout narrateur a une personnalité : plus ou moins extra ou introverti, plus ou moins bavard, son degré de présence et d'implication à la surface du texte est variable. Ce **degré de présence ou d'implication**, du moins au plus, ne dépend pas de sa position par rapport à la scène du récit : contrairement aux idées reçues, un narrateur à la 3ème personne peut être très expansif, multiplier les commentaires philosophiques, les digressions à caractère encyclopédique, les jugements esthétiques et moraux sur les personnages, les manifestations d'émotivité, tandis qu'un narrateur à la première personne peut se contenter de rapporter froidement les faits sans jamais s'exprimer sur eux, c'est-à-dire sans jamais nous faire accéder à sa propre conscience ou appréciation des faits. À travers son comportement narratif peut aussi se lire sa "psychologie". On peut ainsi découvrir que toute parole de narrateur n'est pas parole d'évangile et a un **degré variable de fiabilité** : il existe des narrateurs dignes de confiance, des narrateurs menteurs ou de mauvaise foi, des narrateurs soupçonneux, des narrateurs naïfs, des narrateurs intelligents, roués ou stupides. Le narrateur n'est pas seulement un metteur en scène, il est aussi un grand manipulateur. Savoir lire, c'est donc, d'une certaine manière, ne pas prendre toujours pour argent comptant ce que le narrateur rapporte ; c'est interroger d'abord la manière dont les faits sont rapportés et leur source pour juger des faits mêmes. Le *discours* tenu dans son journal par le chat du *Journal d'un chat assassin* d'Anne Fine (L'école des loisirs) est un excellent support, de surcroît extrêmement jubilatoire, pour interroger la fiabilité d'un narrateur. Le chat prétend avoir commis un crime abominable (il aurait tué le lapin apprivoisé des voisins). Son discours pétri de vantardise, de coquetterie, de mauvaise foi, de vrais / faux remords et de contradictions, discours (naïvement ou faussement naïvement) nourri d'autres discours rapportés (ceux de la famille horrifiée, ceux des voisins) en complet décalage, oblige le jeune lecteur, par le biais d'une lecture indicielle serrée, à démêler le mensonge et la vérité (désopilante et ouverte) et, une fois parvenu à ses fins, à jouir d'avoir démasqué le coupable ..., d'une autre faute que celle dont il s'accuse.

Le paramètre du degré de présence et d'implication se combine de toutes les manières possibles avec celui du point de vue. Le point de vue ne se réduit pas nécessairement à la question “qui voit ?”. Il peut impliquer tous les sens (l'ouïe, le toucher, l'odorat) et une composante cognitive (“qui interprète ?”, “qui évalue ?”), plus ou moins développée, comme on vient de le voir. **Il n'existe que deux "points de vue" possibles : celui du narrateur ou celui du personnage.** Dans le cas de la narration à la première personne, le point de vue adopté est nécessairement celui du narrateur. Il peut être déconcertant, on l'a vu, s'il s'agit de celui d'un animal, ou d'un géant, ou d'un extra-terrestre. Dans le cas de la narration à la troisième personne, le point de vue adopté peut être celui du narrateur ou celui d'un personnage : le narrateur peut “tout naturellement” percevoir les faits à travers son propre regard et les interpréter (plus ou moins massivement, plus ou moins subjectivement) à travers sa propre conscience ; il peut aussi décider momentanément ou en continu d'abandonner sa position, de limiter son champ en se plaçant dans les yeux, les sensations, la conscience et le système de valeurs d'un personnage (ou de plusieurs successivement). Dans ce cas, “qui raconte” est distinct de qui “perçoit/interprète”. Un bel exemple est fourni par *Les deux fourmis* de Chris Van Allsburg à L'école des Loisirs. Toute la difficulté de lecture consiste alors à identifier la source de la perception/interprétation des faits, quand bien souvent rien ne vient la marquer clairement à la surface du texte.

Derniers paramètres de la combinatoire : **le degré de savoir du narrateur et le degré de pénétration des consciences des autres personnages qu'il s'autorise.** Un narrateur à la troisième personne a en théorie un savoir illimité sur l'histoire, son avant, son après. Il peut donc faire allusion à des faits antérieurs à ceux relatés (**analepses**), évoquer par avance le destin qui attend les personnages (**prolepses**). Il peut suivre plusieurs personnages à la fois dans des espaces différents (il a donc le don d'ubiquité). Il peut saisir les personnages dans leur apparence et leurs comportements extérieurs, comme il peut pénétrer dans les consciences de chacun. En ce sens, il peut donner au lecteur une vision panoramique et pénétrante qui lui procure une supériorité sur les personnages. En pratique, en vue d'effets divers, il peut user ou non de ce pouvoir : il peut s'en tenir à une approche purement externe de tous les personnages (nous laissant deviner ce qui les agite intérieurement) ou choisir une perception différentielle, c'est-à-dire ne rendre compte que des comportements extérieurs de A mais faire des incursions profondes dans la pensée de B et pénétrer superficiellement dans le psychisme de C… Il peut aussi, parce qu'il sait que le lecteur attend de lui qu'il use de son omniscience, taire par ruse des informations capitales pour la compréhension de l'histoire. Un narrateur à la première personne ne peut en principe en savoir plus sur l'histoire et ses personnages que ce que la logique de sa position et de son information suppose ; il lui est difficile en théorie d'accéder à la pensée intime des autres personnages (sauf sur le mode hypothétique, sauf si le personnage lui-même s'est confié à lui…et sauf si l'on est le narrateur de *À la recherche du temps perdu*). Il existe cependant des narrateurs à la première personne plus ou moins informés. Il existe aussi des narrateurs à la première personne qui, bien qu'informés, pratiquent la rétention d'information.

Le **relais de narration** tel qu'il est traité dans *L'enfant Océan* de J.-Cl. Mourlevat (Pocket Junior, 1999) permet, à partir de la succession enchaînée de témoignages partiels venus de personnages différents et ayant chacun leur vision propre et restreinte des événements, de construire la totalité de l'histoire de la fugue du néo Petit Poucet et ses frères. Le relais de narration ne se confond pas avec la **variation de point de vue**, jeu littéraire que pratique *Une histoire à quatre voix* d'Anthony Browne et qui consiste à faire relater le même événement par des personnages différents (la mère, le fils, le père et la fille marquent dans leur récit les traits spécifiques de leur “voix ”).

◆ Pour des compléments d'information, voir :

G.Genette, *Figures III*, Le Seuil, 1972.

J. Lintvelt, *Essai de typologie narrative*, J. Corti, 1981.

A. Rabatel, *Une histoire du point de vue*, Recherches Textuelles n°2, Université de Metz, Diffusion Klincksieck, 1997.

Le personnage, quant à lui, se laisse volontiers confondre avec la personne. Il est d'ailleurs créé à cet effet. Pour autant, il s'agit d'un objet langagier construit, dont il importe parfois de comprendre la construction pour mieux goûter l'effet.

La construction du personnage

Le personnage est un objet complexe composé d'ingrédients potentiels : un ENVIRONNEMENT (milieu géographique, historique, social), un ÊTRE (soit un nom, des désignateurs successifs plus ou moins variés qui ont une fonction de reprise et une fonction descriptive, des traits descriptifs plus ou moins abondants, rassemblés ou dispersés dans le texte), un DIRE (des pensées intérieures, des paroles), un FAIRE (soit un programme narratif déclenché par un *mobile*, amorcé par un *plan*, engagé grâce à des *moyens* et orienté vers un *but)*. Ces ingrédients sont en interaction plus ou moins forte, selon le genre notamment : c'est ainsi que l'environnement peut déterminer l'ensemble des autres ingrédients (le choix du nom, l'aspect physique, la psychologie, la façon de parler, le but), c'est ainsi qu'un nom peut annoncer un physique ou un comportement dans l'action, qu'une façon de parler peut révéler une psychologie ou une origine sociale et valoir description indirecte. Comprendre un récit, c'est entre autres choses être en mesure de reconstituer la cohérence du personnage, c'est-à-dire appréhender, manifester les relations de ses constituants épars.

Précisément parce que ses constituants sont épars, le personnage se construit tout au long du texte. Il ne devient forme pleine qu'une fois la dernière page tournée. Comprendre un récit, c'est donc aussi être en mesure de synthétiser les informations sur le personnage que le texte a distillées, en particulier synthétiser les différents substituts de son nom et les notations descriptives discontinues le concernant.

Comprendre un récit suppose également que soit clairement identifié le but du personnage et plus largement sa logique comportementale. Reconnaître le but d'un personnage (et son mobile), attendre de voir s'il va l'atteindre est ce qui pousse à avancer dans le livre, ce qui fédère aussi toutes les actions successives qu'il accomplit. Cette reconnaissance est plus ou moins aisée : le but peut n'être pas explicitement précisé et, parce que pour l'atteindre, le personnage peut entreprendre des quêtes secondaires et donc des buts secondaires, les buts secondaires peuvent être confondus avec le but principal.

À ne s'en tenir toujours qu'au personnage considéré isolément, comprendre un récit, c'est enfin identifier la valeur que le *texte* attribue au personnage en lui-même et à sa quête, ce qui ne va pas de soi quand ce personnage, ayant *a priori* la sympathie des jeunes lecteurs, voit sa quête disqualifiée ou ridiculisée (c'est le cas dans *Poussin noir* de Rascal, L'école des loisirs).

Le personnage est un bon indicateur de lisibilité. Un personnage est plus difficilement "lisible"

• si les relations entre ses ingrédients sont faibles voire contradictoires,

• si la valeur qui lui est attribuée est éloignée des attentes,

• si son identité et son apparence sont cachées, son mobile ou son but sont tus,

• si les buts secondaires qu'il poursuit se multiplient au point de faire perdre de vue le but principal.

Le personnage, pour autant, est rarement seul sur la scène du récit. Comprendre un récit, là encore, suppose que les relations entre tous les personnages soient saisies. D'une certaine manière chaque composant d'un personnage donné peut être mis en relation avec le composant de même nature d'un autre personnage : les noms s'opposent ou se ressemblent ; les portraits, les dialogues sont construits eux aussi pour manifester des ressemblances / dissemblances ; les chaînes de désignateurs se croisent et manifestent des rapports (interpersonnels : “son ami”, familiaux : “son frère”, positionnels : “son voisin”...). L'essentiel est bien entendu de saisir comment le programme d'action de l'un des personnages a des incidences sur le programme d'action de l'autre (comment Y peut aider à la formulation du but de X et / ou à la formulation du plan de X et / ou à la mise en œuvre des moyens ; comment Z peut orienter perfidement X vers un but et/ou un plan et/ou des moyens non pertinents, ou comment son propre plan peut déranger le plan de X ou lui être opposé) et les éventuelles variations de positionnement de chacun en cours de récit.

◆ Pour des compléments d'information, voir :

C. Tauveron, *Le personnage : une clé pour la didactique du récit à l'école*, Delachaux et Niestlé, 1995.

Partie II

Quels dispositifs de présentation et de questionnement des textes pour développer des conduites de lecture spécifiques ?

Les limites des dispositifs traditionnels

1 *L'explication des mots difficiles peut-elle être un préalable à la compréhension ?*

Contrairement aux idées reçues, le vocabulaire ne constitue pas l'obstacle majeur à la compréhension. Plus exactement, un mot ne prenant son ou ses sens qu'en contexte, il faut bien souvent d'abord avoir compris le contexte et parfois le texte pour pouvoir expliquer le mot et non d'abord expliquer le mot avant de comprendre le texte. Savoir lire, c'est précisément savoir ne pas s'arrêter, voire se bloquer, sur un mot (attitude observée chez certains élèves en difficulté, et bien souvent créée par le mode d'enseignement), ne pas interrompre son travail d'intellection pour un réglage local, mais aller plus loin pour tenter d'en savoir plus. En conséquence le rituel du questionnement préalable : y a-t-il des mots que vous n'avez pas compris ? tout comme le glossaire en marge du texte dans les manuels, est une forme de placebo. Pire, sans doute, il pousse les élèves à se conduire en assistés de la compréhension, attendant passivement et frileusement qu'on veuille bien à leur place lever la difficulté. En d'autres termes, **on se trompe quand on croit aider les élèves à comprendre en fournissant la "traduction" du vocabulaire. Dans le même temps, on leur laisse entendre que comprendre un texte serait comprendre chacun de ses mots quand, bien entendu, la compréhension suppose leur oubli.** Fondée donc sur une conception additive de la compréhension, la chasse aux mots "difficiles" ignore en outre deux faits : les intentions esthétiques de l'auteur et l'interaction du texte et du lecteur.

Relativement au premier point, hors du cas où le mot pointé est un mot technique rare et monosémique et où la glose synonymique ou périphrastique se justifie, user d'un synonyme ou d'une périphrase en lieu et place d'un autre mot du texte est une façon de mésestimer les valeurs du choix lexical. Un mot vaut autant par le registre de langue auquel il appartient, par sa couleur phonique, par ses multiples connotations. Hors des langues techniques, singulièrement dans la fiction, le mot n'a pas à charge une quelconque véracité. Il n'y a pas de mot "propre" ; le mot joue, le mot vaut par les effets qu'il induit et c'est parfois son exotisme, sa rareté, voire son inintelligibilité qui lui donne son prix. La qualité lexicale d'un texte tient en outre à des mots qui sont "justes", comme on dit en musique, c'est-à-dire qui entrent en résonance avec d'autres pour concerter en une tonalité ou qui créent une dissonance voulue, calculée et spectaculaire. **Au bout du compte, s'il existe bien un problème de vocabulaire dans la lecture de textes littéraires, il n'est pas tant dans les mots jugés** *a priori* **"difficiles" (sur quels critères ?) que dans les mots connus, parce que fréquents, et pour cette raison polysémiques, dont le sens tremble en contexte.** C'est le tremblé, la pluralité sémantique, l'indécision dont ils sont porteurs qu'il est intéressant d'interroger et non point leur sens dénoté dans le dictionnaire. La part du lecteur dans cette interrogation est fondamentale. **Au lecteur revient encore la tâche de tisser des liens entre les mots "tremblants", ces mots qui vacillent quand on les rapproche d'autres mots et qui, rassemblés en réseaux pluriels, exhibent à chaque confrontation de nouvelles strates de sens.**

Nous prendrons ici à titre d'exemples un moment de dialogue prélevé dans l'étude d'un réseau constitué de *La Belle au bois dormant* de Charles Perrault et de quelques-unes de ses adaptations prises chez Mango et Nathan (réseau qui sera présenté en partie IV, p. 328) et trois moments de dialogue prélevés dans l'étude d'un autre réseau autour de l'œuvre de Rascal (qui sera présenté plus amplement, p. 84). Tous ont pour objet le vocabulaire.

Un moment de dialogue autour de *La Belle au bois dormant* : quand les mots "difficiles" ne sont pas si difficiles qu'on le croit

CM2

Le conte de Perrault, dans sa version originale, parce qu'il est écrit dans la langue du XVIIe siècle, offre un lexique qu'on peut juger inaccessible aux élèves. Deux possibilités s'offrent alors : considérer que le texte n'est pas à la portée des élèves et ne pas le donner à lire ou le donner à lire en l'accompagnant d'un glossaire qui jouerait le rôle d'entremetteur. Ce serait priver les élèves d'une rencontre littéraire forte et surtout de l'occasion de prouver leur intuition de la langue. Les élèves de CM qui ont vécu l'expérience ont révélé en effet une connaissance expériencielle inattendue de l'histoire de notre langue, connaissance acquise selon toute probabilité hors de l'école qui se garde d'exploiter leur intérêt naturel pour l'évolution linguistique et préfère enseigner l'histoire du peuple avant l'histoire de son langage. En d'autres termes, le vocabulaire ou la syntaxe du XVIIe siècle n'ont pas constitué un véritable obstacle à la compréhension de Perrault comme en atteste l'échange suivant, dès lors que les élèves avaient appris à mobiliser leur connaissance de la langue d'aujourd'hui pour comprendre celle d'hier :

– "qu'on n'avait point priée" dans Perrault / "pas invitée" ailleurs
(dans les adaptations)
M– pourquoi ce changement ?
– parce qu'on parle plus comme ça maintenant
– déjà "point" / on dit plus "point" en parlant
– en fait "point" et "pas" ça veut dire la même chose
– c'est ancien / c'est plus vieux
M– oui / on a modernisé le style et puis on a remplacé "priée" par "invitée"...
– on l'a pas obligée en fait dans Perrault / on lui dit pas de venir dans "priée"
(longue discussion sur la différence supposée des deux mots)
M– est-ce qu'on emploie encore le verbe "prier" au sens de "convier" / "demander" ?
– si / "Prière de venir dîner avec nous" / quand il y a marqué "Prière de" / en fait ça a disparu à nos yeux sous certaines formes mais c'est souvent qu'on voit ce verbe utilisé sous la forme "Prière"
– il y a aussi une autre différence "qu'elle n'était sortie d'une tour" et "qu'elle n'était pas sortie d'une tour"
– avant pour faire l'élégant on mettait une seule négation

En cas de difficulté ponctuelle, le maître, loin de donner la "traduction", pousse les élèves à se servir de leurs connaissances de la langue d'aujourd'hui pour tenter de cerner le sens d'autrefois. Allant au-delà de la demande du maître, les élèves mobilisent aussi des connaissances historiques, sociologiques, ou relatives à l'éthologie animale :

– il y a aussi le "rang" qui devient le "tour"
– c'est une définition plus précise
– maintenant on dit "chacun son tour" / on dirait pas "chacun son rang"
M– qu'est-ce qu'il y a dans le mot "rang" qu'il n'y a pas dans le mot "tour" ? quand est-ce que vous employez "ranger" en classe ?
– ranger notre table
M– oui mais là ça veut dire "faire le ménage" / d'autres emplois ?
– ranger des nombres

M– c'est-à-dire les mettre

– *dans un ordre*

M– et donc là qu'est-ce qu'on a peut-être ? bien que je n'en sois pas sûr

– *ah ! ça y est j'ai compris / au moyen âge il y avait des rangs / il y avait les seigneurs et les troubadours eh ben certains passaient après le roi / la reine / la princesse / / "chacun son rang" c'est comme dans une meute de loups / ils mangent tour à tour d'abord il y a le chef ensuite il y a la femelle du chef et ensuite c'est le plus fort / en fait c'est comme ça il y a d'abord le roi puis la reine puis les nobles / les distingués et tout ça et ensuite les fées / / enfin je sais pas où elles se situent exactement*

M– en somme c'est comme

– *comme un grade*

– *ça existe encore / c'est pas dit comme ça et on va pas te punir pour ça mais si tu passes devant le président / si tu veux le devancer pour prendre quelque chose ça va se faire sentir*

M– donc là on retrouve la place de chacun définie par son rang dans la société qui s'appelle ? là je vais vous apprendre ce mot, c'est la hiérarchie, qu'on trouve dans toutes les sociétés organisées

– c*'est comme les affaires de 1ère classe de 2ème classe et de 3ème classe*

Sans doute faut-il raison garder et ne pas proposer aux élèves une langue vraiment trop étrangère à leurs pratiques langagières. Reste que les difficultés ne sont pas toujours là où on les attend. Ajoutons que, dans leur évaluation finale, de nombreux enfants de la classe disent avoir été sous le charme des formules ou mots anciens, dont ils soulignent "l'élégance".

1er moment de dialogue autour de l'œuvre de Rascal : quand le synonyme est loin de valoir l'original

CM

Dans un réseau qui comprend plusieurs œuvres de Rascal, figure *Moun* (Pastel). L'album raconte l'histoire d'une petite fille née dans un pays en guerre et que ses parents, de désespoir, finissent par confier à la mer. Placée dans une boîte, elle parvient de l'autre côté de la mer où elle retrouve une famille adoptive. La maîtresse sélectionne dans l'histoire, déjà commentée en partie, momentanément négligée pour d'autres œuvres du réseau mais non épuisée, une phrase dont elle juge la compréhension tout à la fois décisive dans l'approche globale de l'œuvre et problématique : *"ils coupèrent le cordon qui enlaçait la boîte"* (la scène prend place au moment où Moun est découverte de l'autre côté de l'océan). L'expression *"couper le cordon"*, tout autant que le verbe *"enlacer"*, ne sont à ses yeux choisis au hasard :

M– que signifie pour vous cette phrase que j'ai choisie ? Vous rappelle-t-elle quelque chose ?
S– à la naissance on coupe le cordon ombilical pour que le bébé finisse de naître
J– quand on coupe le cordon ça veut dire que le bébé est libre / il va faire des choses tout seul / téter crier…

M– on le dit aussi parfois pour les grands
J– oui / ça veut dire qu'il faut quitter les jupes de sa mère / prendre son envol
L– oui apprendre à se débrouiller tout seul

M– et pour Moun qu'est-ce que ça veut dire ?
Ma– ils séparent Moun de ses vrais parents pour une nouvelle vie avec eux

M– pourquoi l'auteur n'a-t-il pas employé le mot "ficelle" par exemple ?
E– oh ! c'est bien moins beau / bien moins poétique
S– c'est moins riche / il y a rien de caché derrière une ficelle

M– et derrière le mot "cordon" ?
E– ça fait penser à plein de choses d'autres

M– lesquelles ?
Mo– l'enfant qu'on sépare de la maman
S– on coupe le cordon pour grandir
L– oui, pour vivre sa vie

On voit comment des enfants de cours moyen sont capables de dégager le feuilleté d'un mot tout simple comme *"cordon"* pour peu qu'on fixe leur attention sur lui, comment aussi ils remettent eux-mêmes en cause le bien-fondé de la glose synonymique *("ficelle, c'est bien moins beau, bien moins poétique, c'est moins riche, il n'y a rien de caché derrière une ficelle").* L'exploration des effets de sens du mot *"cordon"* permet en retour de rattacher *Moun* à la tribu des autres textes : il y avait bien, là aussi, cachée derrière le mot, dont on apprécie la force et la profusion sémantiques, l'image d'une seconde naissance déjà rencontrée dans les autres œuvres du réseau.

2ème moment de dialogue autour de Rascal : quand il faut aller chercher pour comprendre, derrière le sens dénoté, le sens symbolique

CM

La quête du sens se poursuit dans *Pied d'or* (Pastel) qui figure également dans le réseau. L'histoire est énigmatique et étrange. Un cochon tirelire, décidé à explorer le monde de la chambre où il est enfermé, découvre dans une armoire une petite fille (une poupée ?) éplorée, qui dit n'avoir pas de nom et qui n'a qu'une seule jambe. Tirelire, ému, lave son beau visage souillé puis l'aide à enfiler de nouveaux vêtements. Ravie de sa nouvelle image, la petite fille part dans la campagne avec Tirelire qui, au milieu d'un champ de blé, jette au feu le contenu de son ventre. Les deux personnages s'endorment. Lorsqu'ils se réveillent, une petite jambe au pied d'or repose dans la cendre. Histoire d'un voyage, dont l'eau est aussi un argent :

P– l'eau a aussi de l'importance dans Pied d'or

MG– quand le cochon lave la petite fille (recherche le passage et le lit à haute voix)

L– après elle fait son premier sourire

S– avant elle souriait pas

M– avant quoi ?

S– avant que Tirelire la lave / après ça la rend heureuse.

M– pourquoi avant était-elle triste ?

J– elle était "souillée"

M– que signifie "souillée" ?

E– sale

MV – elle était mal traitée / il lui manque une jambe / on ne s'occupe pas d'elle / elle est au fond d'une armoire

J– et en plus elle n'a même pas de nom

M– oui, on peut être souillé à l'extérieur mais aussi à l'intérieur de soi … vous comprenez ? Alors quel est le rôle de l'eau ?

E– ça la rend heureuse

MV– elle est propre à l'extérieur alors elle se sent mieux à l'intérieur / elle fait son premier sourire

Le texte comporte ici un des ces mots, *"souillée"*, que le manuel aurait eu la tentation d'expliquer en marge du texte, ou le maître après une première lecture rapide. Or, à dire qu'il signifie *"salie"*, entendu, si l'on peut dire, au sens propre, on se comporte comme s'il se réduisait à ce sens. On voit comment, ici, traité en contexte, dans le contexte restreint du texte *Pied d'or* et plus largement dans le contexte élargi des œuvres sélectionnées de Rascal, il quitte le domaine étroitement référentiel pour se charger d'une symbolique forte. La symbolique traditionnelle de l'eau purificatrice et béatifique est en ce point trouvée puis *re*trouvée, mots à l'appui, quand A. fouille dans sa mémoire culturelle pour y extraire des références bibliques :

A– ça me fait encore penser au caté quand on est purifié de ses péchés

M– quand on est purifié de ses péchés ?

MV–c'est comme si elle était purifiée par l'eau

L– comme un baptême

3ème moment de dialogue autour de Rascal ou l'épreuve de l'indécidabilité

CM

Sur l'injonction de la maîtresse *("Surligner dans le texte – il s'agit cette fois-ci de Fanchon –tout ce qui vous fait penser au feu")*, c'est d'abord l'expression *"Elle craque"* qui est pointée. Fanchon est une petite fille dont le visage est couvert de masques qu'elle arrache successivement dans la douleur afin de trouver enfin sa vraie nature et qu'elle finit par brûler. Le texte dit exactement : *"Fanchon a dans sa main l'allumette cent fois perdue et retrouvée. Elle craque. Ses paupières deviennent rouges. Son corps tout entier se réchauffe.*" On voit comment, parce que le verbe est employé intransitivement, "elle" peut aussi bien avoir pour référent "Fanchon" qu'*"allumette"*, ambiguïté qui, se combinant avec les deux sens possibles du verbe, libère une potentialité sémantique intéressante. L'expression donne l'occasion aux enfants, au terme d'une exploration syntaxico-sémantique, de faire l'expérience (nullement nouvelle pour eux) de la pluralité interprétative et de l'indécidabilité :

Première interprétation

E – elle veut mettre le feu aux masques de gomme / elle craque une allumette

Contestation de l'interprétation par appui sur le dit du texte…

L – c'est pas écrit…

Qui entraîne la naissance d'une deuxième interprétation

C -non c'est l'allumette qui craque

Tentative de synthèse des deux interprétations
E–c'est pareil
Explicitation à plusieurs de la validité de la synthèse
L–on peut croire que c'est Fanchon qui craque parce qu'elle en a marre
A–on peut comprendre les deux
Résumé de la synthèse
Mo–l'allumette craque ou elle craque
Naissance d'une troisième interprétation
L–ou Fanchon craque l'allumette
Dégagement d'un principe : le texte offre en ce point au lecteur trois options qu'il choisit selon sa "sensibilité"
F–on peut interpréter comme on le sent de trois manières différentes
Cette expérience-là est à reproduire chaque fois qu'il est possible. Elle est l'un des fondements de la lecture littéraire.

2 *Les questionnaires des manuels aident-ils à mieux comprendre ?*

Répondre à des questions fait partie intégrante de l'activité scolaire de lecture. Il suffit pour s'en convaincre d'observer les pratiques courantes de classe ou les manuels en usage. Rares sont les manuels sans questionnaires ou qui, s'ils ne questionnent pas directement, ne s'accompagnent pas d'un livret qui questionne. Voilà donc une pratique répandue qui a pour elle le statut de l'évidence. Permet-elle aux élèves de mieux comprendre et d'apprendre à comprendre ? Pour asseoir ou faire vaciller sa légitimité, observons une page de manuel de lecture, relativement représentative, et, dans cette page, les questions posées sous plusieurs angles : celui de leur hiérarchisation, celui de leur nature (sur quoi portent-elles ? quelles opérations mentales demandent-elles au lecteur ?), celui enfin de leur fonction et leurs effets.

1. Écrire pour communiquer

Une fiancée pas ordinaire

Jacob vit heureux dans les Grandes Plaines de l'Ouest américain avec ses deux enfants, Anna et Caleb. Leur mère est morte juste après la naissance de Caleb. Quelques années plus tard, Jacob passe une annonce pour qu'une femme accepte de venir dans ces régions difficiles vivre avec eux. Il reçoit une réponse.

CHER Monsieur Jacob Witting,

Je suis Sarah Wheaton, du Maine, comme ma lettre vous l'indiquera. Je réponds à votre petite annonce. Je n'ai jamais été mariée bien que l'on me l'ait proposé. J'ai vécu jusqu'à présent avec un frère plus âgé, William, qui va bientôt se marier. Sa future femme est jeune et énergique. [...]

Je suis forte, je travaille dur et je suis prête à voyager. Mais je n'ai pas des manières raffinées[1]. Si vous souhaitez toujours m'écrire, j'aimerais bien en savoir plus sur vos enfants, ainsi que sur l'endroit où vous vivez. Et sur vous-même.

Très sincèrement vôtre,
Sarah Élisabeth Wheaton.

P.S. : Que pensez-vous des chats ? J'en ai un.

[...] Caleb, Anna et Jacob écrivent tous une lettre, et Sarah leur répond.

Chère Anna,

Oui, je sais faire les tresses et les ragoûts, mais je préfère construire des étagères et peindre. Mes couleurs préférées sont celles de la mer, bleue, grise ou verte selon le temps. Mon frère William est pêcheur, et il me dit que, lorsque la mer est brumeuse, l'eau est d'une couleur pour laquelle il n'existe pas de nom. Il attrape des flets[2] et des rougets volants. Quelquefois il voit des baleines et des oiseaux aussi, bien sûr. Je vous envoie un livre sur les oiseaux de mer, comme ça vous pourrez voir ce que William et moi voyons tous les jours.

Très sincèrement vôtre,
Sarah Élisabeth Wheaton.

Cher Caleb,

Mon chat s'appelle Phoque parce qu'il est gris comme les phoques qui nagent au large des côtes du Maine. Il est content que Nick et Lottie lui envoient leurs salutations. D'habitude, il aime bien les chiens. Il dit que leurs empreintes sont beaucoup plus larges que les siennes (ci-jointes). Votre maison a l'air ravissante, bien qu'elle soit isolée dans la campagne et qu'il n'y ait pas de voisins. Ma maison est grande et

1. délicates

2. poissons plats

les bardeaux[3] sont gris à cause du sel de la mer. Il y a des roses dans les alentours.

Oui, parfois j'aime bien les petites pièces. Oui, je sais entretenir un feu la nuit. Je ne sais pas si je ronfle. Phoque ne me l'a jamais dit.

Très sincèrement vôtre,
Sarah Élisabeth Wheaton.

Cher Jacob,

J'arriverai par le train. Je porterai un bonnet jaune. Je suis grande et pas belle.

Sarah.

3. planches de bois qui recouvrent les murs.

Patricia Mac Lachlan, *Sarah la pas belle*, trad. par Camille Todd, coll. Folio Cadet Rouge, © Éd. Gallimard.

Le titre du texte : ....

L'auteur : ....

Le traducteur : ....

La collection : ....

Dans ta B.C.D. trouve d'autres livres qui ont été traduits.

Le nom du traducteur est-il inscrit sur la couverture ? Ailleurs ?

Mieux lire

L'essentiel de l'histoire

1. **Le titre de ce livre te plaît-il ?**
2. **À quoi sert chaque lettre ?**
3. **Vrai ou faux ?**
   - Sarah ne viendra pas voir Anna et Caleb.
   - Sarah habite au bord de la mer.
   - Jacob habite au bord de la mer.
   - Les enfants semblent apprécier Sarah.
4. **Donne un autre titre à ce texte.**

Le texte en détails

1. Qui écrit chacune de ces lettres ?
   À qui chacune d'elles est-elle destinée ?
2. **Précise le destinataire des lettres d'où proviennent ces phrases :**
   a. Je ne sais pas si je ronfle.
   b. Mon chat s'appelle Phoque.
   c. Mon frère William est pêcheur.
   d. Sa future femme est jeune et énergique.
   e. Je suis grande et pas belle.
3. **Qui sont Nick et Lottie ?**
4. **Que veut dire « ci-jointes » entre parenthèses dans la lettre adressée à Caleb ?**

L'atelier de Français, Bordas, 1995.

Cycle III, année 2, CM1. J. Crépin, F. Fontaine, O. Crumel, C. Lamblin, Direction : D. Roure.

La hiérarchisation des questions

On peut légitimement penser que l'ordre de présentation des questions est significatif et se demander à quel impératif pédagogique ou didactique cet ordre correspond. Les questions se contentent-elles de mimer le déroulement du texte ou suivent-elles une progression plus subtile qui relèverait par exemple de la construction d'un sens possible ? On peut attendre, de ce dernier point de vue, que la dernière question, sorte de point d'orgue du questionnaire, en synthétise l'orientation. On voit bien en quoi, dans l'exemple choisi, le fait de proposer un titre (question I.4.) correspond à une mise en ordre d'un sens global de l'histoire. En revanche, conclure l'étude par la demande d'une explication lexicale laisse perplexe (question II.4). On retrouve ici l'idée qu'avoir compris un texte, c'est avoir compris chacun de ses mots et le travers qui consiste à forcer l'élève à s'éparpiller sur le texte au lieu d'en faire la synthèse. Étonnamment, les questions qui prétendent porter sur la saisie globale de la situation (*"l'essentiel de l'histoire"*) précèdent des questions qui portent dans leur ensemble sur la saisie de la littéralité (*"le texte en détails"*). Les questions *"Qui écrit chacune de ces lettres ? À qui chacune est-elle destinée ?"* ont une réponse évidente. En quoi font-elles avancer la compréhension de la situation déjà interrogée dans le premier groupe de questions ? Pour progresser dans la lecture et non régresser, il faudrait conduire l'élève à saisir que, toutes les lettres émanant d'un unique émetteur, ce qui est livré est vu, perçu, interprété par lui. Le lecteur ne dispose que des informations que le personnage de Sarah délivre. De ces informations, il serait intéressant de faire inférer le contenu des lettres absentes. On n'en fait rien. Dans le même temps, la façon dont Sarah parle d'elle-même en dit plus que ce qu'elle dit explicitement d'elle-même. On n'invite pas les élèves à le voir.

La nature des questions

Certaines questions n'appellent que des relevés, dont l'intérêt pour la compréhension est pour le moins discutable (en quoi est-il crucial de savoir que c'est à Caleb que Sarah indique le nom de son chat et à Anna la profession de son frère et non l'inverse ?). De tels relevés n'auraient de poids que s'ils servaient à engager le lecteur dans une problématisation du type : pourquoi Sarah écrit-elle cela ? répond-elle à des questions ? lesquelles ? en quoi ces questions supposées renseignent-elles sur celui qui est censé les avoir posées ? Aucune mise en relation n'est demandée. Les relevés ne servent qu'à eux-mêmes et n'impliquent qu'une activité primaire de copier / coller. D'autres questions, plus intéressantes, demandent aux élèves d'établir des inférences à partir des blancs du texte. C'est ainsi qu'une inférence est nécessaire pour établir la vérité de l'item "Sarah habite au bord de la mer". Même si les lettres de Sarah sont saturées de références à la mer, l'information n'est pas donnée explicitement. Pour autant, la recherche du lieu semble suffire, le travail d'inférence ne débouche sur aucune interprétation : en quoi en particulier la mer est-elle constitutive de Sarah ? comment pourra-t-elle vivre sans elle ? D'autres questions, enfin, font appel à l'appréciation du lecteur. Peu fréquentes dans les manuels, ces questions doivent retenir l'attention, car elles sont révélatrices de la place accordée au jeune lecteur et à son droit imprescriptible d'aimer ou de ne pas aimer. Pour autant, dans le cas présent, les deux questions qui réclament un engagement du lecteur (I, 1 & 4) peuvent poser des problèmes de lisibilité (confusion livre / texte ; réponse par oui ou non acceptable ou non ?) et ne sont guère pertinentes (pourquoi trouver un titre quand il y en a déjà un ? J'aime / je n'aime pas le titre, et alors ?). Quel investissement des élèves dans des réponses qui ne servent à rien ? De façon générale, on le voit, même lorsque les questions sont potentiellement pertinentes, lorsqu'elles s'efforcent de ne pas limiter la lecture à un simple prélèvement d'informations, elles ne permettent pas de combler les blancs intéressants du texte et de procéder à des mises en relation, principalement parce qu'elles ne peuvent prendre en compte le dire des élèves. Imposant un parcours de lecture, elles n'autorisent pas le lecteur à construire sa propre démarche, elles occultent tout à la fois les réponses qu'il peut apporter et toutes les questions qu'il peut se poser.

Les fonctions et les effets des questions

Les questions s'affichent comme une *aide à la compréhension* ainsi qu'en témoigne le titre de la rubrique *"Mieux lire"*. On vient de voir qu'elles n'aident pas à comprendre dans la mesure où elles n'engagent pas le travail interprétatif. L'élève interprète sans doute, puisqu'il ne peut faire autrement qu'interpréter. Mais son interprétation, refoulée, ne fait pas partie de la règle du jeu instituée. **Les questions fonctionnent au mieux comme un instrument de *vérification de la compréhension*, mais comme un instrument qui serait mal étalonné puisqu'il s'en tient à une compréhension de surface et qu'il pose parfois lui-même des problèmes de compréhension.** Comment comprendre dans notre exemple *"À quoi* *sert chaque lettre ?"* ? Le lecteur expert lui-même reste perplexe et se demande quelle est la réponse attendue. Les élèves sont bien souvent conduits à des calculs coûteux pour pouvoir répondre. Et c'est la question qui devient alors objet d'investigation en lieu et place du texte. Au bout du compte, les questions ne servent guère qu'à *s'assurer que l'élève a lu le texte*, c'est-à-dire *l'a parcouru des yeux et en a, si possible, mémorisé chacun des éléments. Comment l'élève a lu le texte*, c'est-à-dire *comment il s'y est pris pour comprendre et ce qu'il a compris* est en dehors de leur champ d'investigation (aucune question sur les manières de lire).

Au-delà de leur faible utilité, **les questionnaires** de ce type ne sont pas sans dangers. Ils **se substituent tout d'abord à l'acte de lire :** la rédaction des réponses (accompagnée éventuellement d'un fichier auto-correctif dans d'autres manuels) occupe en effet l'essentiel du temps inscrit comme temps de "lecture" dans la grille d'activités de la semaine. Parce qu'on ne lit pas ou presque dans le temps de lecture, parce qu'on y remplit des questionnaires, certains enfants de cycle III interrogés par M.C. Guernier[1], en viennent à penser que lire, c'est précisément répondre à des questions, plus exactement que l'activité de lecture est au service de l'activité première de réponse à des questions. Il ne faut guère s'étonner, dès lors, s'ils avouent avoir trouvé la stratégie adéquate leur permettant de répondre aux questions sans lire intégralement le texte et surtout sans avoir à le relire (*"je lis d'abord les questions, après je regarde le texte"*, sous-entendu : je lis sélectivement le texte pour y trouver la réponse). **Le questionnaire a, dans ce cas, pour effet paradoxal d'empêcher la lecture du texte questionné.** D'autres élèves pensent que les questions posées ont pour objectif d'apprendre à répondre à des questions, voire à faire des phrases correctes. Elles sont donc rattachées, dans leur esprit, à l'expression écrite et non à la lecture. D'autres enfin ne leur trouvent aucune finalité. Voilà donc une pratique répandue, qui fonctionne comme une évidence, dont on est sûr qu'elle "apprend à comprendre", et qui, si on l'examine d'un peu près, n'est pas loin d'aboutir à l'effet inverse de celui qu'elle vise. Dans l'affaire, ce n'est évidemment pas la *question*, en tant qu'outil d'investigation, qui est mise en cause, mais bien plutôt la forme qu'elle prend et la nature des réponses qu'elle sollicite.

---

1 - Guernier, M.C., (1999), "Lire et répondre à des questions au cycle 3", Paris, INRP, *Repères*, 19, 167-181.

3 *Ce que peuvent être des dispositifs fertiles*

On considère qu'un dispositif de présentation et de questionnement des textes est fertile quand, contrairement au dispositif des manuels, il invite à lire, quand il permet d'identifier et de résoudre un problème de compréhension, quand il favorise l'interaction du texte et de l'élève (c'est-à-dire permet à l'élève de rencontrer le texte et de le problématiser lui-même) et, bien entendu, l'interaction des élèves autour du texte.

Les dispositifs retenus ne cherchent pas à imposer brutalement, contre une modalité de lecture jugée primaire, une autre jugée plus fine. Ils proposent des lieux de passage possibles de la lecture ordinaire attentive à l'intrigue à la lecture attentive au fonctionnement du texte. Tout en tolérant et provoquant balbutiements, méprises, illusions de lecture, ils construisent les prétextes (pré-textes, aussi) qui inciteront au déploiement et à l'explicitation de comportements de lecture non spontanés. Toute lecture, même celle du plus expert, connaît en effet des ratés et des errements. **Loin d'être les signes d'une défaillance (à sanctionner), ces ratés et ces errements sont la condition de la lecture littéraire. "La lecture ne devient littéraire que si l'on accepte d'avoir pu se tromper et de n'avoir pas compris. [...] Notre lecture ne se met à produire du sens qu'à partir du moment où elle est enrayée[2]"**. Les lapsus de lecture, en imposant un retour sur le texte, un investissement cognitif accru du lecteur, aboutissent à une meilleure compréhension et du texte et de ses propres mécanismes de lecture. **Les dispositifs choisis, loin donc d'éviter, comme il est de tradition, les errements de lecture, les recherchent pour les faire fructifier.** Et quand il se trouve que le texte, biaisé, organise en toute conscience la méprise, ils accompagnent le projet de l'auteur.

Ces dispositifs, provocateurs d'effervescence, ne peuvent être déterminés *a priori*. Ils sont à trouver après analyse des particularités du texte singulier donné à lire. Autrement dit, ils ne sont efficaces que s'ils sont adaptés aux problèmes propres posés par le texte. Ils supposent de ce fait que le maître soit capable d'une lecture fine et consente à une certaine forme de créativité dans son approche des textes en classe. Ils varient, enfin :

– selon qu'ils s'appliquent à des textes posant plutôt des problèmes de compréhension ou plutôt des problèmes d'interprétation ;

2 – B. Gervais, *op. cité.*

– selon qu'ils portent sur la présentation des textes (présentation isolée ou en réseau ; présentation linéaire ou par dévoilement progressif ou dans un désordre concerté) ou sur leur mode d'interrogation (régime de lecture "douce" ou précautionneuse) ;

– selon la forme de la réponse qu'ils appellent (réponse orale ou sous la forme d'un écrit de travail transitoire) ;

– selon le moment de leur introduction et leurs finalités : après une première lecture pour "accueillir des appropriations des textes non dogmatiques, non académiques, souvent perçues comme incultes ou primaires ou vulgaires mais manifestement riches de convictions et de promesses parce que intensément vécues, fût-ce dans l'illusion référentielle"[3] ; dans la relecture, pour favoriser une approche plus réflexive ; faire découvrir un problème de lecture passé inaperçu ou résoudre un problème de lecture identifié comme tel, conduire au consensus dans le cas de textes posant certains types de problèmes de compréhension qui ne demandent qu'à être résolus dans la convergence ou favoriser les interprétations divergentes dans le cas de textes proliférants…

Tous ces dispositifs ont en commun d'ouvrir un espace de négociation de sens, un espace qui autorise, légitime et encourage la parole des élèves, le partage et l'affinement des réactions individuelles, le débat argumentatif comme la sanction collective des contresens provisoires ; un espace qui "permet de **socialiser ses émotions privées**, où il ne s'agit pas d'imposer ses certitudes mais où l'on peut communiquer et partager ses incertitudes dans le doute créatif"[4]. Comme le souligne Bruner[5] :

> "La culture est en permanence l'objet d'un processus de recréation : elle est sans cesse interprétée et renégociée par ceux qui y participent. C'est dire qu'elle est à la fois un forum où se négocie et se renégocie la signification et un ensemble de règles et spécifications permettant d'expliquer l'action telle qu'elle se réalise. On peut remarquer que toutes les cultures prévoient des institutions et des circonstances où ces institutions peuvent fonctionner. Les contes, le théâtre, la science et même la jurisprudence : autant d'occasions de

3 – Privat, J.-M. (1996), "Culture littéraire et métalangages culturels", in R. Bouchard & J.-C. Meyer, *Les métalangages dans la classe de français*, Actes du 6ème colloque de la DFLM, 125-128.

4 – Burgos, M. (1996), "Les débats de lecture : pratiques d'appropriation ou construction dialogique des textes ?", in J.-L. Dufays, L. Gemenne, D. Ledur, *Pour une lecture littéraire* (vol. 2), De Boeck Duculot, 265-271.

5 – *Op. cité.*

> faire intervenir, d'explorer des mondes possibles, au-delà du besoin immédiat. L'éducation est (ou devrait être) l'un de ces forums, parmi les plus importants. Elle est pourtant timide à cet égard. [...] S'il s'agit d'introduire les enfants dans une culture au travers de l'éducation, cette conception de la culture a des conséquences immédiates : l'éducation doit les amener [sur des matériaux ouverts à la transformation imaginative] à y participer dans l'esprit du forum, de la négociation, de la recréation de la signification. "

Plusieurs dispositifs ouvrant la négociation sont possibles pour un même texte. Plusieurs dispositifs sont combinables pour un même texte.

Il revient à l'enseignant de concevoir le dispositif ou la mise en scène du texte (c'est sa tâche première), puis de veiller, par un étayage discret, à son efficacité. Dans les activités ou débats suscités par le dispositif, **l'enseignant reste en réserve** : son interprétation personnelle du texte donné à lire n'est pas en creux, ou en plein, le fil conducteur des échanges. Il peut, s'il le veut, donner *in fine* sa lecture du texte mais cette lecture sera présentée et reçue comme une lecture parmi d'autres possibles n'ayant pas force d'autorité. **Il convient en revanche qu'il joue pleinement son rôle de jardinier** (qui collecte et fait fructifier les amorces d'interprétations entraperçues dans le bouillonnement des échanges) ainsi que **son rôle de garant des droits du texte**, ou d'un autre point de vue, **des droits et des devoirs des élèves**. En d'autres termes, il ne lamine pas les propositions interprétatives des élèves en vue d'obtenir un consensus mou mais au contraire les fait rebondir. Il accorde à chacune l'attention qu'elle mérite ; plus exactement, il engage la communauté des élèves à considérer, dans la tolérance, la plausibilité et la recevabilité de chaque interprétation (tout élève a des *droits* interprétatifs) par référence au dit du texte (tout élève a le *devoir* de respecter les droits du texte). Une lecture doit pouvoir se justifier ou, si elle fait belligérance au texte, être rejetée. Il va de soi que, pour être garant des droits du texte, le maître doit les connaître parfaitement, comme on l'a souligné au chapitre précédent. Pour autant, le rejet d'une interprétation inacceptable au regard du texte et de ses intentions ne saurait se faire brutalement. Il est parfois plus judicieux de différer la révision de lecture (pour laisser jouer le temps) ou d'organiser un parcours concerté de révision, comme dans l'exemple suivant :

Jojo La Mâche, Olivier Douzou (Éditions du Rouergue)

CP

Une classe de CP, au troisième trimestre, découvre *Jojo La Mâche*, d'Olivier Douzou (Éditions du Rouergue). On observe d'abord les illustrations. Elles montrent une image de vache qui se déconstruit de page en page. Un fragment disparaît à chaque fois pour s'inscrire dans le ciel : les cornes se retrouvent en forme de lune, la queue en forme d'étoile filante... Les enfants repèrent ce délitement progressif. Ils imaginent alors les mots qui, dans le texte, vont en rendre compte. Mais avant d'aborder le texte, on s'interroge sur la première de couverture et sur le nom de l'héroïne. La plupart des élèves rapprochent le qualificatif "La Mâche" du caractère ruminant de l'espèce, mais l'un d'entre eux développe un fantasme autophage : "*Comme sa tête disparaît jamais / elle mâcherait son propre corps / ça pourrait être son surnom / comme ça elle se mâche alors on l'appelle Jojo la mâche.*" L'enfant, on le voit, ne tient pas compte de la transformation des éléments du corps en objets célestes. Il poursuit une rêverie personnelle.
La maîtresse perçoit comment accompagner le sacrifice de cette interprétation. Elle décide de ne rien forcer, elle ne traite pas ce qui paraît un contresens, elle reste sur la réserve tandis que la classe passe rapidement à d'autres interrogations. À la fin du travail, après que le texte a été lu, elle propose d'autres livres qui mettent en scène une apothéose du mort dans le ciel. Elle y ajoute l'album *Goulu le meurt de faim*, de Kurt Baumann et Eidrigevicius Stasys (Nord-Sud, 1993), qui raconte l'histoire d'un perpétuel affamé qui, après avoir dévoré nourriture, maison et paysage, fiancée, geôliers et prison, finit par disparaître tout à fait : "*Il s'évanouit, disparut dans la nuit. Jamais plus on n'a revu Goulu.*" Les enfants s'interrogent longuement sur la dernière illustration de l'album. Elle présente une sorte de portrait du personnage : sur un fond neutre se découpe un visage composé par un paysage, le nez est figuré par un arbre, la bouche par une prairie et les yeux par deux oiseaux qui ressemblent à ces boutons de verre qu'on voit aux peluches. L'argumentation que développe la classe tient à ce détail. Si on voit des yeux de verre, alors le personnage "*est comme une poupée*" et "*c'est pas une histoire vraie*". Si, au contraire, on voit des oiseaux, alors "*Goulu avait tout mangé mais il avait encore faim / alors il s'est mangé lui-même / alors maintenant on peut voir à travers là où c'est sa tête*". La maîtresse demande alors à l'élève qui avait émis l'hypothèse de la vache autophage quel rapport il établit maintenant avec *Jojo La Mâche*. Il répond : "*Goulu il disparaît / on voit à travers il n'y a plus rien à voir / dans Jojo il y a la lune l'étoile et les nuages / elle elle se transforme / c'est pas qu'elle se mange.*"

On voit comment la maîtresse est intervenue sur la première lecture de l'enfant, non en la réprimant, non en demandant immédiatement de la révoquer mais sur le long terme. D'une part, elle a fait en sorte que toute la classe prenne en charge la difficulté ; d'autre part, elle a nourri d'autres images de la mort et du deuil, elle a tissé un réseau de références connexes. Elle s'est gardée de trancher une lecture si évidemment en prise avec l'intimité de l'enfant. De ce qui paraissait à la classe une erreur, elle a fait une occasion de grandir et prendre en charge la complexité de la lecture.

Des dispositifs de première présentation du texte

1 *Pour une mise en scène de la lecture et une mise en selle du lecteur*

Lecture linéaire in extenso, lecture fragmentée ou lecture buissonnière ?

Traditionnellement, on pratique peu en classe, aux cycles II et III, la lecture *in extenso*, surtout s'il s'agit de romans d'une certaine ampleur. On lui préfère la lecture fragmentée, souvent chapitre par chapitre, entrecoupée de moments de discussion collective ou de... réponse à un questionnaire. La fragmentation répond à un souci, respectable : celui de ne pas effrayer les jeunes lecteurs par le volume du texte à lire, celui aussi sans doute d'accompagner et de soutenir la lecture en résolvant pas à pas en collectif les problèmes de compréhension majeurs, au fur et à mesure qu'ils se présentent. Le découpage du texte, qui épouse souvent étroitement le découpage éditorial, s'il vise à ménager le lecteur, ne procède en revanche généralement pas d'une volonté de problématiser le texte, plus exactement de mettre les élèves en situation de résolution de problème de compréhension ou d'interprétation. Il répond à un critère externe de longueur.

En maternelle, la présentation de l'album obéit la plupart du temps à un rituel : observation de la première de couverture, hypothèses sur le contenu de l'histoire, lecture de la première page (avant ou après la présentation de l'image accompagnatrice), anticipation sur la suite, lecture de la deuxième page, anticipation sur la suite, et ainsi de page en page jusqu'à la fin. Là encore, c'est le découpage éditorial qui scande la lecture. Ce découpage n'est interrogé ni dans sa pertinence intrinsèque (pourquoi lire ainsi par à-coups ?) ni dans sa pertinence relative (tel ou tel album précis n'aurait-il pas mérité un autre découpage délibérément construit à partir des spécificités du texte et de l'objectif que l'on poursuit ?). De la même façon, il paraît évident que dans un album le texte soit présenté avec les images.

Sans nier l'intérêt pragmatique de la lecture fractionnée ainsi conçue, on souhaite mettre en évidence les avantages de la lecture *in extenso*.

L'engagement des élèves dans une lecture longue *in extenso*, qu'elle soit privée aux cycles II et III ou magistrale au cycle I, avant toute étude collective, est une option possible. Il est bon en effet de rappeler avec J.-M. Schaeffer[6] que "pour entrer dans un univers créé, conçu comme modèle mimétique, il n'existe pas d'autre voie que celle de l'immersion fictionnelle". En d'autre termes, avant de pouvoir accéder au *plaisir cognitif* qui est selon Genette "un au-delà de la pure appréciation de l'œuvre né d'un désir d'en savoir davantage…", il convient que le récit ait été lu d'abord (en même temps) sur le mode de l'immersion fictionnelle, sur le mode du plaisir pris à et du profit tiré de "Qu'est-ce que ça raconte ?". Le découpage intempestif, l'étirement de la lecture qui en résulte, le retardement de l'issue de l'intrigue, peuvent finir par priver les élèves de ce plaisir-là.

Pour aider les élèves du cycle II ou III à s'engager dans une lecture longue autonome, c'est-à-dire respectueuse des pratiques ordinaires du lecteur qui arrête sa lecture quand il le décide et relit quand il en éprouve le désir ou le besoin, pour les aider aussi à tenir le cap, l'étayage du maître est parfois nécessaire. Le maître peut intervenir avant l'ouverture du livre, pour susciter l'envie de découvrir l'histoire en proposant la lecture d'accroches prévues en tant que telles – la première ou la quatrième de couverture, un résumé de catalogue. L'activité est classique mais parce qu'elle est généralisée, elle perd bien souvent de sa pertinence. Toutes les premières de couverture ne sont pas nécessairement de bonnes amorces. Dévoiler le titre en même temps que la première de couverture de *L'ombre du chasseur*, par exemple, récit précisément étudié un peu plus loin, c'est dévoiler la scène finale et en fournir une interprétation, quand tout l'intérêt du récit tient dans l'inattendu et l'ambiguïté de sa chute. Faire de même avec *Le carton magique* en maternelle, c'est conduire les élèves à une interprétation plate (le carton a des pouvoirs magiques) quand il s'agit d'un jeu fantasmatique. Lorsque la compréhension du texte repose essentiellement sur l'identification problématique du genre, brouillée volontairement par l'auteur, l'analyse préliminaire systématique de la première de couverture risque de désamorcer, avant même la lecture, ce qui fait la complexité et l'intérêt du texte, en particulier le plaisir d'en lever les pièges : par exemple, commencer par attirer l'attention des élèves de façon appuyée sur le titre du recueil de nouvelles *Le rêveur* de Ian Mac Ewan (Gallimard), recueil dont il sera question à plusieurs reprises dans l'ouvrage, sur la citation

6 – Schaeffer, J.-M. (1999), *Pourquoi la fiction ?* Paris, Seuil, Poétique.

reproduite (*Le revoilà qui rêve les yeux ouverts*), c'est conduire définitivement les lecteurs à comprendre qu'il s'agit d'histoires de rêve, c'est certes éviter le fourvoiement des lecteurs tentés d'abord de croire à des récits fantastiques et, dans le même temps, c'est avorter dès le départ la possibilité d'une construction progressive et active de la compréhension par les élèves, c'est annuler la pertinence d'un retour attentif sur le texte pour saisir le procédé d'enclenchement du rêve d'une discrétion telle qu'il doit normalement passer d'abord inaperçu. En somme, on peut certes prendre en compte la première de couverture mais sans vouloir installer d'emblée un horizon d'attente définitif reposant sur d'indubitables anticipations. On peut aussi en retarder la découverte, elle servira alors à confirmer ou à remettre en cause la compréhension en cours.

D'autres accroches peuvent être imaginées et créées, comme la présentation d'un fragment (texte et illustration) énigmatique ou rendu énigmatique. En cours de lecture, le maître peut organiser des rendez-vous de lecture (où l'on échange ses impressions de "voyageur") ou prendre en charge lui-même la lecture oralisée de certains passages. Mais l'élève reste libre de s'approprier le livre comme il l'entend. La manière d'entrer dans le livre, le tempo de lecture varient d'un lecteur à l'autre, chez un même lecteur selon la nature de l'objet lu, le moment, l'esprit du moment. La lecture la plus ordinaire (la plus naturelle ?) est une lecture linéaire qui se prolonge tant que le lecteur est pris par la passion de l'intrigue, tant aussi qu'il a le temps et l'opportunité de lire. Si elle doit s'interrompre sur une décision volontaire du lecteur, elle le fait sans doute plus volontiers à la fin d'un chapitre, voire à la fin d'une phrase située en bas de page. Pour autant, à côté de cette pratique courante existe des pratiques singulières, dont Italo Calvino dresse la liste (sans doute non exhaustive) à la fin de *Si par une nuit d'hiver…* :

– la lecture discontinue et fragmentaire,

– la lecture à rebours,

– la lecture d'avant la lecture (par le biais du titre, de la quatrième de couverture ou de l'incipit),

– la lecture stimulus qui, à partir du prélèvement de quelques lignes, suffit à ouvrir l'imaginaire et le faire vagabonder,

– la lecture relecture "cherchant à chaque fois entre les plis des phrases la preuve d'une découverte nouvelle".

On ajoutera à la liste la lecture dégustation telle que la pratique Hanta, le héros d'*Une trop bruyante solitude* de Bohumil Hrabal :

> “ Moi, lorsque je lis, je ne lis pas vraiment, je ramasse du bec une phrase et je la suce comme un bonbon, je la sirote comme un verre de liqueur jusqu'à ce que l'idée se dissolve en moi comme l'alcool ; elle s'infiltre si lentement qu'elle n'imbibe pas seulement mon cerveau et mon cœur, elle pulse cahin-caha jusqu'aux racines de mes veines, jusqu'aux radicelles des capillaires.”

Parce que le volume est considéré comme obstacle naturel, on cherche traditionnellement à aménager un parcours soigneusement gradué dans le texte, à faciliter la difficile ascension de cette montagne qu'est le livre (le roman en particulier) en le fragmentant. La fragmentation de la linéarité n'a d'autre raison d'être que de permettre la respiration de l'organisme saturé ou vite gagné par la lassitude. Il se trouve simplement qu'on oblige ainsi l'élève à respirer quand il n'a pas besoin d'air ou quand le texte lui-même ne crée pas un appel d'air. On sait que bien des élèves, ne supportant pas la douleur d'une lecture interrompue par une volonté autre que la leur, devancent les exigences du maître et courent vers la fin de l'histoire, quand ils sont supposés en être restés au premier chapitre. Il devient difficile alors de jouer à l'anticipation. On peut penser à l'inverse qu'à ainsi retarder le moment du grand plongeon, celui où l'enfant sera capable de tenir seul la distance, on ne fabrique que des lecteurs frileux. **Dans la mesure du possible, le rôle du maître devrait être d'encourager la lecture longue *in extenso*, à un rythme dont l'élève serait le seul maître.** Pour ce faire, dans l'idéal, le livre devrait être donné à lire suffisamment tôt avant que ne commence le débat public. Et, indépendamment de l'échange des impressions de lecteurs qui suit cette *lecture privée in extenso* puis des activités ultérieures d'observation systématiques imposant des *relectures collectives partielles*, il n'est sans doute pas inutile d'ouvrir un espace d'échange sur les manières dont le livre a été lu : comment chacun s'y est-il pris pour entrer dans le livre ? par où a-t-il commencé ? quel a été son volume de lecture moyen ? y a-t-il eu des ralentissements ? des accélérations ? des survols ? des pages sautées ? si oui à quel moment et pourquoi ? y a-t-il eu des abandons momentanés ? définitifs ? pourquoi ? Les renseignements apportés par les réponses données à ces questions – réponses reçues avec une égale attention et sans jugement de valeur – sont utiles aux élèves pour prendre conscience de la diversité et de la légitimité de certaines manières de lire, la leur et celle des autres, y compris les moins canoniques en apparence, et, qui sait, de s'en emparer. Ils sont aussi utiles aux maîtres pour mieux comprendre le fonctionnement lectural de ses élèves, établir des profils de lecteurs et adapter ses interventions. Utiles surtout pour lui permettre ensuite de diversifier les modes d'entrée et de circulation dans le livre, tout comme les modalités de plaisir qui leur sont attachées, en donnant à éprouver une fragmentation ou un tempo inhabituel, imposés non point par la nécessité extérieure de reposer les lecteurs (et de faire durer la lecture...) mais, bien au contraire, par la volonté de les provoquer, dans leurs habitudes, dans leur curiosité, dans leur appétit de comprendre au plus profond. **La lecture de la littérature à l'école ne doit pas avoir de chemins balisés. Buissonnière, elle se doit d'explorer tous les modes de contact et d'appropriation.**

C'est dans cet esprit que peut être à nouveau, et autrement, envisagée la présentation fractionnée. Et, paradoxalement, ce sont les textes courts qui se prêtent le plus volontiers à la fragmentation entendue comme manipulation stratégique corrélée explicitement à un objectif d'apprentissage précis. **Loin des rituels, nous posons qu'il n'existe pas de dispositif de présentation (et bien entendu de questionnement) des textes concevable indépendamment de l'étude précise des problèmes de compréhension ou d'interprétation qu'ils soulèvent. Le maître, loin de s'en remettre à des automatismes, doit donc penser à la façon dont il** s'entremet, **non point seulement pour faire interagir les élèves, mais pour faire "prendre" le dialogue entre un texte précis et les élèves.** Bien souvent, le choix d'une "mise en scène" de présentation concertée, se donnant pour objectif déclaré de faire tomber les jeunes lecteurs dans le piège préparé par le texte pour mieux l'identifier ou de leur faire pointer les zones d'ombre, est le meilleur moyen de provoquer les questions et les réponses des élèves, sans questions et réponses préconstruites du maître. Les deux points suivants donnent quelques exemples de ces dispositifs adaptés à la singularité du texte et provocateurs de réactions.

Lecture par dévoilement progressif

Le texte, découpé stratégiquement par le maître en des fragments de longueur pouvant être très variable, et ne correspondant pas nécessairement à une pause notée comme telle (alinéa, fin de phrase), est présenté aux élèves en livraisons successives mais sur un temps relativement court (une ou deux séances au maximum). La technique ne vaut qu'appliquée à un texte qui s'y prête, c'est-à-dire un texte qui conduit délibérément le lecteur sur de fausses pistes, le manipule à sa guise et à la seule condition que le maître ait su pratiquer un découpage avisé, notamment aux moments où le texte programme une erreur d'interprétation. Dès lors que le découpage oblige le lecteur à emprunter de fausses routes, il convient de considérer les errances interprétatives comme des étapes nécessaires à la compréhension du texte. À partir de chaque fragment distillé, les élèves exposent oralement ou par écrit (il convient d'alterner les deux modalités) leurs attentes et au-delà le système interprétatif qu'ils ont commencé à mettre en œuvre, système corrigé, réorienté ou non par la venue du fragment suivant. La technique permet de faire émerger "naturellement" les interprétations, sans questionnement ou presque du maître.

Précisons que les écrits demandés (par exemple la suite immédiate de l'histoire) ne relèvent pas de l'"expression écrite". Ils sont à considérer par le maître et les élèves comme des écrits "réactifs", transitoires, éphémères, finalement jetables dès utilisation, au service de la lecture et comme tels ils ne sont pas à évaluer ou à réécrire. Voici l'exemple d'un texte court se prêtant bien au dévoilement progressif, *une* manière possible de le découper, *des* raisons possibles d'agir ainsi.

Petit lapin rouge, Rascal (Pastel) — exemple 1

CM

L'histoire

Dans l'histoire qui porte son nom, Le Petit Lapin Rouge, qui ressemble comme un frère au chaperon de la même couleur et que le texte pose comme aussi célèbre que lui, investi de la même mission, parti sur le même chemin en direction de la maison de sa grand-mère, rencontre celle qu'il ne pouvait éviter : le Petit Chaperon rouge. L'un et l'autre lecteurs de contes, après avoir fait connaissance, vont mutuellement se "reconnaître" comme "personnages" et s'informer du terrible destin que leurs auteurs respectifs leur ont réservé. L'aventure programmée s'interrompt alors pour laisser place à une aventure littéraire : les deux complices décident d'une réécriture complète de l'histoire en cours… pour précisément en modifier le cours. Le travail de réécriture auquel ils se livrent et qui, selon les apparences d'une lecture de surface, rétablit un ordre heureux du monde, est en réalité une véritable entreprise de sape : ils décident *"que les loups ont disparu… que la chasse est interdite pour toujours… que Grand-Mère et Mère-Grand sont en bonne santé, qu'elles n'ont plus besoin de [leurs] paniers"* et aboutissent à une fin conventionnelle (*"Le soleil brille, le ciel est bleu, les oiseaux chantent…"*) dont ils reconnaissent le manque d'originalité mais qui les satisfait. Il est temps alors de se partager le contenu des paniers et l'histoire pourrait ainsi se clore sur l'image idyllique d'un pique-nique champêtre s'il n'y avait cette dernière phrase, pour le moins troublante, prononcée par le Petit Chaperon rouge et qui ouvre d'intéressantes perspectives : "Eh bien, mangeons, mon lapin… j'ai une faim de loup !". Pour reprendre une formule de Sartre, " *la fin est là qui transforme tout*"…

Sa fragmentation (La lecture se déroule sur deux séances)

1er fragment du début jusqu'à : *"Il accroche à son bras le lourd panier d'osier et s'en va."* […]

Ce fragment est suivi d'un échange collectif oral.

2ème fragment jusqu'à *"et se retrouve nez à nez avec une fillette toute de rouge vêtue"*

Ce fragment est suivi de la rédaction d'un texte écrit : il s'agit de rédiger la suite immédiate. *Raisons du découpage et attentes du maître* : Pour accomplir la tâche d'anticipation sur le premier fragment, les élèves doivent reconnaître le texte source convoqué (ce qui ne doit pas poser de problèmes insurmontables), saisir les modifications de surface qui lui sont apportées, les interpréter comme des indices engageant à gauchir d'une façon ou d'une autre l'histoire (re)connue. Mais pour opérer le gauchissement, il convient également de percevoir que les modifications lisibles dans ce début relèvent de deux catégories. Les premières n'impliquent qu'une adaptation de l'intrigue à la nature nouvelle du héros et de ses agresseurs. La substitution initiale du lapin au chaperon déclenche un enchaînement logique d'autres substitutions (substitution des acteurs : loup → vilains chasseurs ; des objets : petit pot de beurre, galette… → botte de jeunes carottes) à poursuivre tout au long du texte à imaginer et dont il faudra sans doute inférer une altération, plus ou moins importante, des programmes narratifs connus (le ou les chasseurs peuvent-ils se coucher dans le lit de la grand-mère par exemple ?? ; le chasseur étant dans la vraie histoire le sauveur du chaperon, qui va sauver le lapin des chasseurs devenus agresseurs ?). Les secondes, nettement moins isolables, et beaucoup plus difficiles à prendre en compte, concernent le mode de narration. La détection de l'intention parodique au travers d'indices comme "le lapin-sitting", la chute initiale du Petit Lapin Rouge dans le pot de peinture (qui explique sa couleur) et le récurage au savon de Marseille peuvent laisser attendre aux lecteurs les plus avisés une modification aussi radicale qu'imprévisible de l'intrigue, ce qui ne veut pas dire qu'ils sachent la mettre en œuvre.

Quand apparaît le second morceau, les données se trouvent changées. Les élèves doivent prendre conscience qu'il ne s'agit plus de raconter, à l'image de celle du chaperon, l'histoire du seul petit lapin rouge mais d'imaginer les incidences de la rencontre des deux personnages sur l'une ou l'autre des histoires, voire sur les deux en même temps (le loup mange les deux grand-mères, le chaperon et le lapin, les chasseurs récupèrent le tout mais n'en rendent que la moitié ; le chaperon et le lapin réussissent à détourner l'attention des chasseurs sur le loup et retournent sains et saufs à la maison…). La connaissance qu'ils peuvent avoir des "salades de contes" est susceptible de les aider ici à planifier leur travail. On examine si cette connaissance a été mobilisée dans les propositions de solutions.

3ème ***fragment*** jusqu'à *"Alors dis-moi, Petit Chaperon, comment se termine mon histoire ?"*
Raisons du découpage et attentes du maître : cet arrêt est un arrêt facultatif. Il introduit une nouvelle déception des attentes. L'histoire, au lieu de bifurquer comme prévu, s'est arrêtée pour faire place à une sorte d'échange d'impressions de lecture. La réflexion peut porter en ce point sur l' "existence" de l'histoire du lapin : *connaissez-vous, vous aussi, l'histoire du lapin ?* (Et sans doute quelques fanfarons diront la connaître…) *comment se fait-il que vous ne la connaissiez pas alors qu'elle semble aussi célèbre que celle du chaperon* ? (Certains, à l'image de professeurs d'école stagiaires rencontrés, se diront tout simplement que leur culture est lacunaire…) Le questionnement doit parvenir à mettre en doute, non ce que disent les personnages, mais ce que le texte affirme par-delà les paroles des personnages et à souligner la double tromperie auquel il se livre avec la complicité amusée (en principe !) du lecteur : la première de ces tromperies consiste à faire croire, au début, que va être racontée une histoire qu'on s'accorde à trouver inédite ; la seconde, par la suite, consiste à ne pas raconter cette histoire, en prenant comme prétexte le point de vue des personnages (il n'est pas humain d'effrayer l'autre par l'annonce de sa dévoration), et implicitement celui du lecteur (*à quoi bon redire ce que vous connaissez par cœur ?* alors même qu'on en ignore tout). La jouissance du lecteur tient ici au fait qu'il est partenaire du jeu et qu'il est en sait plus (ou devrait en savoir plus) que les personnages.

4ème ***fragment*** jusqu'à : "*Qu'allons-nous devenir, Chaperon ?*"
Raison du découpage : l'arrêt s'impose ici de lui-même. Quelle solution vont pouvoir imaginer les personnages ? On s'attend que les élèves privilégient les solutions de "personnages" (tendre un piège aux opposants par exemple, allier leurs forces…) quand il s'agit d'une solution d'"auteurs" : la réécriture.

5ème ***fragment*** jusqu'à : "*Que penses-tu de cette fin : le soleil brille, le ciel est bleu, les oiseaux chantent, un lapin et une petite fille pique-niquent paisiblement sur un tapis de fleurs odorantes… ?*"
Raisons du découpage et attentes du maître : il s'agit de se demander pourquoi les personnages n'ont pas eu recours à des actions "physiques" pour modifier

l'intrigue. La relecture des passages précédents doit permettre de saisir que l'action modificatrice ne peut être que d'ordre littéraire : en tant que personnages de fiction, le lapin et le chaperon sont asservis à l'intrigue ; prenant la position de lecteurs de la fiction, ils basculent dans le "réel" où peut s'exercer le libre arbitre. Percevant clairement leur destin comme scellé dans les livres, ils optent pour la seule solution logique : modifier les livres et donc troquer momentanément leur statut de personnage contre celui d'auteur.
La question *"que penses-tu de cette fin ?"* est posée aux élèves. On prend le risque de penser qu'ils vont trouver cette fin parfaitement à leur goût.

6ème ***fragment*** jusqu'à : *"Pas très original, Chaperon, mais cela me convient parfaitement !"*
Raisons du découpage et attentes du maître : ce qui est ici intéressant, c'est l'incompatibilité des points de vue du lecteur (avide de péripéties et d'originalité dans les péripéties) et du personnage (dont le premier souci serait de se ménager). L'histoire démontre que l'intérêt pragmatique superficiel du personnage (ne rencontrer aucun obstacle pouvant mettre son existence en danger) est radicalement contraire à l'intérêt du lecteur (qui a besoin d'éprouver, via les épreuves du héros, une forme de "compassion"). Les deux points de vue, du lecteur et du personnage, sont donc dégagés. Le point de vue du personnage est d'abord interrogé puis celui du lecteur. Pour ce faire, un détour est opéré : les élèves sont priés de résumer l'histoire réécrite par ses deux héros (un résumé possible : *"un lapin rouge en route chez sa grand-mère rencontre un chaperon rouge, ils discutent un peu et se mettent à manger")*. Le résumé doit faire apparaître l'inconsistance de l'histoire, dont on analysera les raisons (absence d'événement perturbateur) et les effets normaux chez le lecteur (inintérêt). Reste alors aux élèves à se demander pourquoi ils ont néanmoins trouvé l'ensemble satisfaisant et à découvrir qu'ils ont adopté le point de vue du personnage. De cette découverte, sont tirées quelques règles de conduite pour l'écriture (notamment : quelle que soit sa sympathie pour son personnage, l'auteur doit viser l'intérêt du lecteur). Le manque d'"originalité " de la fin proprement dite peut alors être interrogé et une première réflexion sur les rapports entre "originalité" et valeur des œuvres littéraires amorcée (comment la fin n'est qu'une addition de stéréotypes, comment la perception du stéréotype dépend de la culture du lecteur..).

7ème ***fragment*** : *"Eh bien, mangeons, mon lapin…"*
Une seule question à poser en ce point : *"avec cette phrase où en sommes-nous de l'histoire ?"*. On s'attend à ce que les élèves déclarent l'histoire et le texte terminés, s'ils n'ont pas déjà entrevu le retournement de situation…

8ème fragment : *"... j'ai une faim de loup !"*

Attentes du maître : une fin ouverte s'il en est. La repartie est examinée dans tous ses sens potentiels. Des indices, prélevés dans la phrase même (les points de suspension, l'alinéa), ou prélevés sur l'ensemble du texte (la valeur de "mon lapin" notamment) dans une lecture récursive, doivent conduire à reconstruire une autre vision possible de l'histoire et de la nature du chaperon. Humaine, très humaine (mais l'homme est un loup pour le lapin !), le chaperon modifie brutalement et en secret les règles du jeu littéraire qui, à l'origine simple jeu de suppression d'acteurs, devient un jeu de substitution. Rien n'empêche désormais d'imaginer qu'elle n'a feint de jouer que pour se livrer à son penchant délicieusement diabolique : le goût des lapins. Un retour sur le texte fait apparaître qu'elle est à l'origine de l'idée de réécriture, à l'origine de l'idée de pique-nique et que c'est elle qui ordonne le début des festivités. Du même coup, sa façon même de répéter à tout bout de champ *"mon lapin"* devient suspecte : par-delà sa fonction de désignateur littéral, *"mon lapin"* finit par apparaître comme un possible hypocoristique, condescendant et ironique, voire, dans sa dernière occurrence, si l'on veut bien négliger la virgule, comme un complément d'objet direct de *"mangeons"*.

La réflexion précédemment amorcée sur les notions d'originalité et de valeur peut être poursuivie en ce point, en prenant cette fois-ci pour objet, non l'histoire du lapin et du chaperon racontée par eux-mêmes, mais l'histoire du lapin et du chaperon racontée par l'auteur : est-elle originale et pourquoi ? qu'est-ce qui fait qu'elle présente un intérêt supérieur à d'autres histoires rencontrées ? était-elle facile à lire ? à comprendre ? quel travail a-t-elle demandé au lecteur ?...

Le découpage en paragraphes n'aurait eu ici aucune pertinence. N'aurait pas été plus pertinente la tentation, attestée, de couper après *"Dis, moi, mon lapin, comment finit-elle, mon histoire ?"* qui n'aurait conduit qu'à vérifier la connaissance de la "véritable" histoire du Petit Chaperon rouge, exercice scolaire d'autant plus vide de sens que le texte prend soin de laisser toujours en creux cette histoire, dans une connivence culturelle avec le lecteur et que la présentation du premier fragment a déjà permis d'en tester indirectement la connaissance.

Zappe la guerre, Pef (Rue du monde)

exemple 2

CM

Le roman

Un soir, des dizaines de soldats de la Première Guerre mondiale sortent de leur monument aux morts. Dirigés par leur lieutenant, ils partent dans les rues pour "*une grande mission de vérification*". Quatre-vingts ans après leur mort, ils ont décidé d'aller voir où en sont les hommes. Ils découvrent le monde moderne, les immeubles, les voitures qui "*foncent comme des balles*" et, à travers la fenêtre d'une petite maison, la télévision. Mais, sur l'écran, des images de guerres modernes se succèdent. La leur n'aurait-elle pas suffit à décourager toutes les autres ? C'est alors qu'ils se font surprendre par un enfant qui semble, lui aussi, très intéressé par ces informations. C'est la panique, tous s'enfuient. Le jeune garçon les repère facilement et réussit à en rattraper un. Le soldat apeuré se ressaisit et, cachant ses blessures, ose aller vers l'enfant : "*Rien de grave ! enfin si, approche. Faut que je t'explique, que je te raconte...*" *Sans un mot, le garçon éteignit sa lampe et prit le risque de s'asseoir sur le rebord de la tranchée.*"

C'est sur ces mots que s'achève le roman.

Premier morceau, premier écrit

Après lecture du début du roman où l'on apprend que les soldats partent pour *une grande mission de vérification*, le maître demande à chacun d'envisager ce que peut être cette mission. L'activité (au demeurant classique) s'inscrit logiquement dans le cours de la lecture dans la mesure où la construction du début de l'histoire a posé un problème relatif aux personnages : pourquoi des soldats de 14-18 sortent-ils de leur monument aux morts ? Chaque élève a essayé, en écrivant, de projeter du sens dans l'action des personnages et donc dans le texte de Pef. Chaque lecteur a produit en quelque sorte un fil conducteur en fonction de ce qu'il a déjà compris et interprété. Les récits produits à partir des premières interprétations de l'ouverture circulent dans la classe et donnent lieu à d'intéressantes confrontations. Par-delà les différences de scénarii, les élèves remarquent qu'ils ont souvent motivé les actions des personnages par la vengeance ou le désir de poursuivre la guerre. C'est à la lumière de ces constats qu'ils vont ensuite interroger le texte de Pef. Or, celui-ci ne dit pas clairement quelle est la motivation des personnages, et c'est bien dans cet espace, là où il y a du jeu, que l'interprétation peut se déployer. Seul un court passage situé à la 6e page du roman y fait référence : "*et aujourd'hui, ils voulaient enfin savoir. Vérifier qu'ils avaient fait la guerre pour que cela en vaille la peine. – Qu'on n'est pas mort pour rien, quoi ! lança Soulas.*" Mais à ce stade de leur connaissance du texte et compte tenu de leur expérience du monde, les enfants ne peuvent pas envisager une telle lecture du roman. Ils cherchent pourtant à comprendre la démarche des soldats et la suite de leur lecture est étayée par la réflexion qu'ils ont menée sur leurs productions.

Deuxième morceau, deuxième écrit

L'idée directrice (voir s'il y a encore des soldats allemands, terminer la guerre, etc.), autour de laquelle et grâce à laquelle va se construire le sens des actions successives, évolue au fur et à mesure de la progression du récit et maintient le lecteur en tension entre anticipation et vérification. Le dispositif conçu par le maître vise donc à favoriser cette mise en tension du lecteur en provoquant des interactions entre lecture et écriture. Tout au long de sa lecture, le lecteur doit rester en permanence à l'écoute du texte, et cette vigilance nécessaire doit s'apprendre. Pour induire ce comportement de lecteur expert, le maître a demandé à chacun, après la lecture de nouvelles pages, de revenir sur son écrit et d'annoter sa feuille. Il ne s'agissait pas de lancer les élèves dans une nouvelle production narrative mais de les amener à comparer ce qu'ils avaient anticipé au début avec ce qu'ils avaient construit ensuite.

Exemple de Juliette

Premier écrit

> Après que tous les soldats sont sortis de leur tombe, ils partirent vers un magasin et, pour se venger d'être morts, ils cassèrent la vitrine et volèrent tous les objets de valeur. Quand soudain surgit un petit garçon. Tous voulurent le massacrer sauf un qui se mit debout devant lui pour le défendre. Mais tous ses compagnons lui dirent de se pousser. Mais ce gentil soldat dit : "Vous rappelez-vous de vos enfants que vous aimiez tant ? Ça leur fait beaucoup de mal que vous soyez morts. Alors laissez-le tranquille ce pauvre enfant". Et ils retournèrent tous dans leur tombe.

Annotations

> La 2ème phrase est fausse car ils ne sont pas venus pour se venger.
>
> Ils sont sûrement venus pour voir comment est la ville, s'il y a encore la guerre ... maintenant à Rezé.

Troisième morceau, troisième écrit

La lecture est suspendue au moment où les soldats regardent, par la fenêtre, à l'intérieur d'une maison. Les élèves sont invités à écrire ce que les militaires peuvent voir à l'écran quand ils découvrent la télévision. Tous les élèves sans exception font référence à la guerre dans leur écrit, et pour beaucoup il s'agit de la Première Guerre mondiale. Les écrits sont échangés. Au cours de l'échange, les élèves prennent peu à peu conscience de la possibilité d'une autre lecture. À l'idée que les soldats sont choqués parce qu'ils voient des images de la Première Guerre mondiale, les élèves substituent une autre explication : c'est le fait même de la guerre qui peut les "étonner". Ici encore, comme après le premier écrit, les remarques qu'ils font sur leurs productions vont étayer les lectures à venir.

– ils vérifient s'il y a ...

– non ils vérifient pas / ça les étonne / / parce qu'ils croient qu'ils avaient gagné la guerre et puis / peut-être qu'ils ont gagné la guerre / c'est vrai mais ...

– et que ça recommencera plus

– et ils voient que ça recommence

– donc ils vont pas être contents [...]

– ils voulaient vérifier s'ils avaient pas fait la guerre pour rien / / et s'ils sont pas morts pour rien surtout

– ben / là / la télé ça leur prouve

– et ben si / si / ils sont morts pour rien

– si! ils sont morts pour rien puisqu'elle recommence / la guerre [...]

– en fait ils disent "notre mort elle a servi à rien" un peu / c'est ça qu'ils pensent

– oui parce que la guerre continue

– parce que ça n'a pas servi d'exemple pour les autres

– eux ils croyaient qu'en étant morts / ça aurait servi d'exemple

Quatrième morceau, quatrième écrit :

L'arrivée de deux nouveaux personnages (l'enfant et son grand-père) dans le cours du récit a posé de sérieux problèmes de compréhension aux élèves qui n'arrivaient pas à se représenter la scène. Pour eux, il était étrange (quasi inconcevable) qu'un enfant veuille à tout prix regarder un reportage sur la guerre et que son grand-père semble ne pas s'y intéresser du tout. Le maître a alors demandé aux élèves d'expliquer par écrit ce que l'enfant faisait (dans cette histoire). Ces écrits ont mis en lumière une rupture dans le travail interprétatif. Ils ont révélé que les élèves avaient des difficultés à inscrire les motivations de ce nouveau personnage dans le déroulement du récit et qu'ils recouraient à leur expérience, à un hors texte, pour construire des explications : *Il veut en savoir plus, peut-être qu'il a un exposé à faire à l'école, il va les (les soldats) rattraper pour leur demander des renseignements sur la guerre et pour le raconter à l'école, mais les autres, ils vont pas le croire.*

C'est le travail sur les fins possibles qui permettra de renouer les fils de l'interprétation et ces écrits seront des témoins précieux d'un des points de résistance du texte, permettant ainsi à chacun d'opérer un retour réflexif sur ses lectures.

Cinquième morceau, cinquième écrit :

En proposant plusieurs scripts de fin possible, le maître a forcé, en quelque sorte, l'apprenti lecteur à rassembler tous les indices de lecture relevés et à (re)construire, à partir des essais d'interprétation collectifs, sa propre interprétation. La lecture a été interrompue au moment où l'enfant découvre trois soldats à sa fenêtre ("il découvrit les trois visages livides des soldats"). Les scripts ont été présentés sur un document comportant 3 colonnes : les fins possibles / choix / raisons du choix ou du refus. Chaque élève disposait d'un document sur lequel il pouvait travailler (par annotation, fléchage, surlignement…) et qu'il devait compléter en produisant un discours argumentatif.

Scripts proposés :

1. L'enfant prit peur et appela son grand-père. Le grand-père affolé courut jusqu'au téléphone pour prévenir la police. Quand la police arriva sur les lieux, les soldats s'étaient déjà enfuis et avaient tous disparu dans leur monument.

2. L'enfant appela son grand-père, qui courut chercher ses armes. Le grand-père, croyant que c'étaient des voleurs, tira sur les soldats. Ceux-ci se défendirent et tirèrent sur tout ce qui bougeait. Ce fut un vrai carnage !

Contents de leur mission, les soldats retournèrent dans leur monument. On ne les revit plus jamais.

3. L'enfant les reconnut. Il sortit dans le jardinet et cria : "Ça suffit, retournez dans votre monument, la guerre est finie maintenant !"

Les soldats s'enfuirent en courant et le jeune garçon retourna se coucher.

4. Les soldats prirent la fuite. Le jeune garçon les poursuivit mais il n'en attrapa qu'un seul. C'était Monnier, l'instituteur. Il se retourna vers l'enfant et décida de lui raconter tout ce qu'ils avaient vécu.

Le premier script a été éliminé parce qu'il n'était pas cohérent avec le texte *("Le grand-père ne croit pas l'enfant quand il lui montre les soldats à la fenêtre")*. Les élèves ont rejeté d'emblée le second en retrouvant le fil du récit *("Leur mission c'est de voir s'il y a plus la guerre, ils peuvent pas être contents").* Ils se sont identifiés à l'enfant pour réfuter le troisième *("Il peut pas dire ça à toute une armée, moi, à sa place, j'aurais un peu peur").* Bien qu'ils aient tous été d'accord pour dire à propos du dernier script que *"c'était celui-là le bon"*, ils ont été gênés par cette fin qui leur semblait un peu courte et sur laquelle ils reviendront (après lecture du texte original, bien évidemment).

Reprise des traces de la lecture

Si les écrits des élèves ont contribué, comme on l'a vu, au travail interprétatif, ils sont aussi des traces d'un parcours de lecture que le maître invite à revisiter. Dans une dernière séance, en s'appuyant sur leurs écrits, les élèves ont ainsi raconté et commenté l'histoire de leurs lectures et décrit avec leurs mots leur expérience de lecteur expert qui interprète, anticipe, retouche, construit… Ils ont aussi exprimé leur plaisir et leurs difficultés.

– *mais ils vérifient s'il y a ENCORE la guerre / et quand ils voient la télé ils voient qu'il y a la guerre / encore dans certains pays*

– *c'est pour ça qu'il l'a appelé Zappe la guerre [...]*

– *arrêtez la guerre !*

– *mais il joue sur les mots*

– *il joue sur les mots entre la télé et la vraie guerre*

– *Zappe la guerre c'est aussi se renseigner sur la guerre voir ce qui se passe et puis en parler*

– *mais le lien entre le début et la fin il est pas facile à trouver / à comprendre*

– *oui parce que tout change [...]*

Les élèves relisent les premières et les dernières lignes du roman.

– *souvent les monuments aux morts on les regarde pas*

– *"On ne le regardait presque jamais" / ça veut dire tout le monde passe sans même jeter un petit coup d'œil*

– *sans y porter attention*

– *ils ne prennent pas le temps de le regarder*

– *ils le regardent sans prendre en compte de ce qu'il représente*

– *sans sa valeur*

– *ils le regardent comme si c'était un truc banal*

– *quand on est habitué au bout d'un moment / on y fait plus attention*

– *en fait on fait comme s'ils avaient rien fait*

M : tu parles de qui ?

– les soldats

– les noms qu'il y a sur le monument

– peut-être qu'ils sont sortis parce qu'on les regardait plus [...]

– mais à la fin / il y a un enfant / il s'intéresse à pourquoi il (Monnier) est mort

– ça va le rendre connu le monument aux morts

– c'est pour rappeler qu'ils ont fait la guerre et pour qu'on s'en souvienne / en fait c'est un monument de mémoire.

Ohé capitaine ! Thierry Desailly (Milan)

exemple 3

CM

L'histoire

Le récit, tant sur le plan des illustrations que du texte, conjugue tendresse et caricature avec beaucoup de finesse. Dans un village, au bord de la mer, un vieux capitaine, qui a tout (et même un peu trop) du capitaine… sauf le bateau, passe ses journées l'œil (triste) fixé sur l'horizon. Il a un secret…, dit-on gentiment. Mais, un jour, la rumeur se lève parmi les habitants : et s'il n'était pas capitaine ? Il disparaît bientôt et c'est le désarroi dans le cœur et l'esprit de chacun. Pourtant, par une nuit de tempête, *comme sous le pinceau blanc d'un peintre magicien*, il réapparaît longeant le village, à la barre de son merveilleux navire, sans accoster… et tous comprennent alors que *le Capitaine leur avait offert bien plus qu'ils n'auraient espéré : Patience, audace, espoir, rêve et beaucoup d'amour.*

Cet album, qui ménage la confusion entre réalité et rêve, celui du "capitaine" et celui de son retour vécu par la communauté villageoise, amène progressivement mais toujours discrètement le lecteur sur la voie du questionnement et de l'indécidabilité quant au personnage du (soi-disant) capitaine, quant à sa "réapparition". Le lecteur est finalement convié (*"Moussaillons, ouvrez l'œil. Il existe des Capitaines sans jambes de bois, sans barbe rousse, sans… bateau"*) à une activité d'interprétation et de réflexion personnelle sur la relation entre rêve et réalité qui sous-tend le récit. Il ne s'agit pas dans cet ouvrage de les opposer ni de les confondre, mais de montrer comment le rêve de l'un peut féconder la réalité des autres et enrichir leur rapport au monde.

Le dévoilement du texte

Il se fait en trois temps.

1er fragment, celui de la cohabitation tranquille avec les gens du village :

"On disait même qu'il avait un secret, un secret de capitaine, un vrai secret. Bref, il avait tout d'un capitaine, tout et pourtant… personne n'avait jamais vu son bateau. Sans bateau (…) un capitaine, c'est comme un cavalier sans cheval, un pompier sans tuyau. (…) Ça clochait, mais personne n'osait lui demander où était son bateau. (…) Et puis, on aime bien avoir un capitaine dans sa conversation, ça fait chic".

Les élèves, à partir des illustrations et du texte, font le constat (essentiel pour la compréhension de l'ensemble de l'album) du double parti pris de l'auteur (caricature et tendresse) dans la présentation du personnage. Aucun n'imagine alors que la fiction met en scène un faux capitaine. Bien loin de les mettre en alerte à ce sujet, la consigne d'écriture, *Imagine le secret du capitaine,* les amène à convoquer tous leurs stéréotypes renvoyant au monde de la flibuste. Amandine écrit par exemple :

Moi, je connais le secret du capitaine. Il doit avoir caché un trésor sur l'île d'où vient la plume de son chapeau, mais il est triste parce qu'il ne retrouve pas l'île. Il se demande si son trésor est en sécurité car il a peur qu'il y ait des pirates ou des ennemis dans les parages.

Dans cette première séance, il ne s'agit pas d'éviter les pièges d'une lecture innocente, bien au contraire : il sera toujours temps de réviser cette première compréhension quand le texte (que les élèves ne font que découvrir, contrairement au maître) l'exigera absolument, c'est-à-dire dans les deux dernières pages de l'album.

2ème fragment : le basculement

"Mais derrière les carreaux, en buvant du ratafia, sur le port en remmaillant les filets, ou le soir, dans le lit, on causait, on causait.

– Et s'il n'était pas capitaine ! À peine murmurée au début, l'idée se répandit dans tous les esprits à la vitesse d'un bateau devant la tempête".

Les illustrations procédant par zooms successifs vers les bouches et les oreilles renforcent l'idée de la montée de la rumeur.

"Or, un jour plus de Capitaine ! (…) On aurait dit la mer moins bleue, moins scintillante, moins… salée depuis que le Capitaine avait disparu".

"Les villageois tentent de jeter une bouteille à la mer : "Capitaine, revenez, on vous aime". Ils sont là, minables, les visages tournés vers l'horizon, **les yeux happés par cet ailleurs.** (…) On ne parlait plus du Capitaine mais tous y songeaient (…) **tous avaient cette silhouette ancrée dans chacun de leurs regards, immobile, si discrète, mais qui occupait leur horizon**".

Les expressions imagées que nous surlignons, qui se révéleront comme des indices importants pour l'interprétation, ne sont pour l'instant prises que comme des métaphores.

3ème fragment : le dénouement lors de la 7e nuit de tempête

"Navire en vue. Acceptant les gifles que la Mer distribuait équitablement comme un remède amer à leurs remords, ils voulaient voir. (…) **Pas une parole échangée** (nous surlignons) et pourtant, chacun savait ce que guettait son voisin. Tous étaient **certains** (id.) qu'un seul homme était capable de passer si près de la côte, une nuit de tempête : le Capitaine.

Comme sous le pinceau blanc d'un peintre magicien, d'abord les voiles puis la coque et enfin le reste d'un immense trois-mâts sont sortis de la nuit marine.(…) Il était là, immobile à la barre. (…) Ni colère ni mépris mais une grande douceur un peu triste dans son œil bleu. Ceux qui ont croisé son regard ont compris qu'il ne resterait pas. Ce n'était pas la tempête, non, un capitaine de cette trempe aurait pu accoster… (…)

Le Capitaine leur avait apporté bien plus qu'ils n'auraient espéré… Patience, audace, espoir, rêve et beaucoup d'amour… Moussaillons, ouvrez l'œil. Il existe des Capitaines sans jambes de bois, sans barbe rousse, sans… bateau".

Dans un premier parcours de cette dernière partie, la classe dans son ensemble en est restée à une compréhension de premier degré, celle d'une réconciliation apaisante entre le capitaine effectivement revenu et les villageois enfin lavés de leurs remords par cette nuit de tempête. Une compréhension un peu bousculée cependant par les dernières phrases du texte.

M. – quel sens donner à la mise en garde adressée aux moussaillons (dans lesquels tous les élèves interrogés se reconnaissent sans problème) ?

– c'est nous les lecteurs.

M. – qui peuvent être ces Capitaines qui nous apportent "patience, audace, espoir, rêve et beaucoup d'amour ?"

– ceux qui nous aiment ceux qui nous font rêver qui nous racontent des histoires ceux qui sont différents comme le Capitaine ou par exemple ceux qui ne vivent pas comme nous

M. – ceux qui sont en marge ? Les marginaux ?

– oui les fous les "innocents"

Le processus d'interprétation peut bientôt s'enclencher et la compréhension être révisée et enrichie. Les élèves commencent à mieux cerner la personnalité du Capitaine présenté de façon à la fois si tendre et si caricaturale. Bientôt le doute s'installe quant à son histoire personnelle, à son "secret" :

M. – mais alors que s'est-il passé cette nuit-là ? pourquoi le Capitaine ne s'est-il pas arrêté ? (retour au texte : *"ce n'était pas la tempête, non, un capitaine de cette trempe aurait pu accoster")*

– (après un moment de réflexion, la mise en doute se propage sur l'ensemble de la fiction) *et s'il n'y avait pas eu de Capitaine ?* commencent à suggérer certains.

Les élèves sont invités à relire avec précaution. Peu à peu ils commencent à traiter littéralement et non plus comme des images décoratives et innocentes les expressions, surlignées par nous dans le deuxième et le troisième fragments. Cette relecture à rebours du texte va les amener, pour la plupart, à saisir peu à peu qu'il pourrait bien s'agir, cette nuit-là, d'une hallucination. *"Ils avaient envie de le revoir pour ne plus avoir de remords. Il est peut-être mort, à cause d'eux ?"*, interprétation cohérente par rapport à l'ensemble du texte et qui est parfaitement corroborée par les expressions collectées tout au long des trois séances, désormais traitables par les élèves comme autant d'indices qui leur étaient discrètement adressés par l'auteur. La fin de l'histoire peut effectivement être lue comme l'expérience d'une catharsis opérée à travers ce rêve collectif et tacite du retour du Capitaine, ce que les élèves parviennent à formuler à leur façon.

La séance se termine sur une nouvelle consigne d'écriture :

Maintenant que tu connais l'album, tu vas écrire le secret du capitaine, celui qu'il tourne dans sa tête, tel qu'on le voit sur la page de couverture (avec toute sa panoplie de capitaine, mais l'œil bleu empli de tristesse). Tu écris ton texte à la première personne (il s'agissait d'aider les élèves à se projeter dans l'intériorité de ce personnage fantasque).

Voici un des monologues obtenus :

Je voudrais bien être capitaine, mais j'ai menti, menti à tout le village, je regrette beaucoup. Je pleure mes nuits. J'ai honte de ne pas être ce personnage imaginaire que j'aimerais tant être, si intelligent, si fort, si courageux.

Je le regretterai un an ou deux, ou peut-être toute ma vie. Si je l'avoue, je serai humilié, même banni de chez moi. Plus personne ne m'adressera la parole, je n'aurai plus d'entourage. Sans amour et sans haine, mon cœur a tant de peine.

Dans cette démarche, le dévoilement progressif autorise et même provoque volontairement, durant toute une première phase, une lecture naïve chez les

élèves (celle du maître lui-même lors de sa propre découverte de l'album), mais c'est pour mieux conduire chacun, dans un second temps, à opérer une révision de sa compréhension en s'appuyant sur une réflexion interprétative dès le moment où le texte présente une butée incompatible avec un traitement provisoire qui doit donc être reconsidéré. Dans le cadre d'une lecture rapide et individuelle, beaucoup d'élèves auraient spontanément tendance à occulter ces " butées ", coûteuses pour le lecteur. C'est un des plaisirs de la lecture collective que de s'y attaquer ensemble. La préparation pour le maître consiste alors à repérer les moments de basculement du récit dans le cadre de son économie générale, et surtout les points d'appui (ici par exemple toutes les expressions qui jouent sur le double registre imagé / littéral ou purement décoratif / éminemment stratégique) qui permettront, au moment de la relecture, de provoquer et justifier les révisions d'interprétation et de compréhension. Quant aux deux écrits de travail, ils ont permis de clarifier et de mettre en évidence le cheminement du lecteur. Ils en constituent une mémoire tangible et fonctionnent comme un mode d'évaluation personnalisé.

Lecture dans un désordre "concerté"

Comme l'indique son nom, la lecture dans un désordre concerté rompt avec la lecture linéaire, soit parce que le texte lui-même se joue du désordre ou de l'absence d'ordre (exemple 1) soit parce que le projet didactique du maître (notamment sa volonté d'entraîner les élèves à problématiser le texte) implique l'occultation initiale des données premières du texte (exemple 2).

Petit renard perdu, Louis Espinassous et Claudine Routiaux (Milan)

CE1, GS

exemple 1

L'album

L'album a pour particularité de reproduire à l'identique (ou presque) la première de couverture en quatrième de couverture en opérant un simple renversement. L'album peut donc se lire par les deux bouts, qui ont le même titre *Petit renard perdu* mais des sous-titres différents, *L'aventure* pour l'un, *Sur la piste de petit renard* pour l'autre. En prenant la première (?) entrée, le lecteur suit la fugue d'un renardeau qui se perd et appelle bien vite sa mère au secours ; en prenant la seconde, il accompagne le parcours de la mère partie à la recherche de son petit disparu. La double page centrale constitue la fin commune des deux récits. Elle peut se lire aussi bien à l'endroit qu'à l'envers puisque l'image de la mère et du fils réunis se reflète à l'identique dans l'eau de la rivière. Voilà donc un récit à la troisième personne qui adopte deux points de vue différents sur un même événement et développe deux parcours qui finissent par se rejoindre. Il présente pour de jeunes enfants des difficultés de compréhension nombreuses. Pour accéder au texte, il leur faut en effet, saisir que les deux "histoires" sont liées *parce que* la renarde est la mère du renardeau, ce qui n'est dit nulle part. Il leur faut ensuite admettre puis comprendre le procédé inédit de mise en page et son jeu de reflet. Habitués qu'ils sont à épouser le point de vue de l'enfant perdu (thématique largement représentée dans la littérature pour les tout-petits), il leur faut se placer aussi du point de vue de la mère. Enfin, il leur faut saisir, ce que ne dit pas non plus explicitement le texte, que les deux parcours sont légèrement décalés dans le temps : la mère part à la recherche de son petit alors qu'il a déjà fait du chemin. Le décalage n'est pas anodin, surtout si l'on commence par lire le parcours de la mère : la mère suit une piste en s'appuyant sur des indices qu'elle interprète à sa manière avec plus ou moins de justesse, le jeune lecteur se trouve donc placé dans un brouillard identique et ne saura la "vérité" qu'après avoir lu le parcours du renardeau.

Dispositifs de présentation

Afin que les enfants rencontrent et dépassent au mieux ces obstacles, plusieurs dispositifs de présentation ont été testés dans des classes différentes et ont permis à chaque fois un trajet interprétatif différent.

Dispositif n° 1

La classe (un CE1) est divisée en deux groupes. Chaque groupe reçoit un seul parcours sans savoir qu'il en existe un autre. Le texte est donné dans une version tapuscrite qui néglige la pagination et la mise en page de l'album. Les illustrations sont volontairement mises en attente, singulièrement la double page centrale, parce qu'elle dévoile la situation finale.

Les deux groupes s'informent mutuellement de ce qu'ils ont lu. Le dispositif, ici, anticipe la non-compréhension des élèves ne disposant que de la version "Mère Renard" et en joue. Très vite les commentaires des détenteurs de la version "Renardeau" vont donner quelques clés aux énigmes présentées par la version "Mère Renard" qui "a moins de renseignements" et laisser penser aux deux groupes qu'ils sont en présence d'un même "événement" vécu différemment par deux personnages, dont les relations se découvrent alors.

Au terme de la confrontation, la double page centrale, qui manifeste la conjonction des deux parcours, les couvertures inversées, qui manifestent un choix possible de parcours de lecture, sont présentées comme confirmation de la déduction des élèves. On convient qu'il est plus facile de commencer par l'entrée "Renardeau" sans bien encore savoir pourquoi.

Pour que les élèves identifient la nature des difficultés de compréhension posées par la version "Mère Renard" et au bout du compte saisissent à la fois le décalage temporel entre les deux versions et le jeu de point de vue, les deux textes sont relus sous forme de poursuite et de jeu de piste : d'abord par deux à partir d'une fiche guide puis collectivement à partir de transparents, les élèves sont conviés à jouer aux détectives, c'est-à-dire à confronter pas à pas les deux pistes initialement séparées dans l'espace du livre. Les indices successifs du passage du renardeau tels qu'ils sont relevés et interprétés par la mère dans la version "Mère Renard" sont confrontés à la "réalité" de la version "Renardeau" :

Avec un camarade qui a l'autre partie de l'histoire, joue au détective

Au milieu des feuilles mortes, maman Renard retrouve l'odeur de Petit Renard	→ Petit Renard est passé dans le ....
"Qu'est-il donc venu faire sous ce chêne ?"	→ Il a voulu................................
Les empreintes entrecroisées sur le sable	→ ce sont des ....
La bonne odeur ! Un arbuste violemment lacéré.	→ c'est l'odeur des .... → c'est un ....
Une crotte d'un de ses voisins !	→ c'est un
La terre fraîchement retournée	....
Le chemin piétiné par les hommes	→ c'est ....
La clôture	→ ....
L'odeur tiède de renardeau apeuré parmi les odeurs puissantes d'oiseaux	→ .... → ....

Le travail en dyade est ensuite repris collectivement avec le support de transparents projetés alternativement : un élève est sollicité pour lire à haute voix la version "maman Renard" et s'arrêter quand il lui semble avoir reconnu un "épisode". L'épisode est mis entre crochets sur le transparent et numéroté par l'enseignante. Les questions soulevées par l'épisode sont notées. La version " Petit Renard " est alors projetée, un autre élève est invité à repérer le passage correspondant à celui qui a été délimité précédemment. Ce passage est à son tour mis entre crochets et numéroté. Les véritables "auteurs" des traces perçues par la maman sont soulignés sur le transparent à l'aide d'une croix. Un retour sur la première version est parfois nécessaire pour repérer la traduction terme à terme du même événement. Le procédé est reconduit pour chaque épisode.

Le mystère de la version "Mère Renard" s'élucide progressivement. Ce n'est qu'au terme de la confrontation systématique des données des deux versions que la question du décalage temporel peut être abordée et traitée efficacement par les élèves : la version "Petit Renard" est chronologiquement la première. Il en va de même pour la question du double point de vue : au terme du travail, la notion de point de vue est en voie de conceptualisation *("l'histoire de la maman est plus difficile à comprendre parce qu'on ne voit que ce qu'elle voit et elle ne sait pas").* Elle sera affinée dans une séquence ultérieure par une activité de repérage des pensées intérieures de la maman dans le corps du discours du narrateur.

Dispositif n° 2

Dans une classe de G.S., l'enseignante, partant de l'idée que l'identification est un moteur fort pour de jeunes lecteurs, a commencé la lecture de l'album par le récit de la fugue de petit Renard. Cet ordre respecte en outre la chronologie des événements. Il met les enfants, dans la lecture ultérieure de la quête de la mère, en situation de supériorité par rapport à la maman Renard et leur procure donc le plaisir d'en savoir plus que le personnage.

Dispositif n° 3

Dans une autre classe de G.S., l'enseignante prend le parti inverse : la lecture commence par la quête de la maman. Les enfants sont mis de cette façon dans la situation d'un personnage qui en sait moins que le narrateur. Le plaisir qui est le leur est celui de la devinette. Les hypothèses avancées sont ensuite confirmées ou infirmées par la lecture de l'histoire de petit Renard.

On voit comment l'entrée dans un album de ce type ne saurait être unique et innocente, car l'ordre de présentation des deux récits qui le constituent, en imposant un regard plutôt qu'un autre, dote ou prive le lecteur d'informations décisives et le place à chaque fois dans une position bien particulière qui ne met pas en jeu les mêmes compétences de lecture.

Le Chat in *Le Rêveur,* Ian Mac Ewan (Gallimard-Jeunesse)

CM

La nouvelle

Le Rêveur de Ian Mac Ewan est un recueil de nouvelles qui ont toutes pour personnage principal, Peter, un jeune garçon. La nouvelle *Le Chat* raconte comment un mardi après-midi, après l'école, Peter et son chat Guillaume échangent leurs corps avant de retrouver leurs enveloppes respectives. Ce mardi-là, comme tous les matins, Peter se réveille en se posant deux questions : *qui suis-je et quel jour sommes-nous ?* Il quitte ensuite la maison laissant avec regret le chat Guillaume, compagnon de la famille depuis 17 ans, douillettement installé sur le radiateur de la cuisine. De retour en fin d'après-midi, Peter joue avec Guillaume sur le tapis du salon. C'est alors qu'une chose étrange se produit, fruit d'un sortilège ou d'une douce rêverie : l'esprit du chat entre dans le corps de Peter et celui du garçon se glisse dans le corps de Guillaume. Il y a maintenant Peter le chat et Guillaume le garçon. La nuit suivante, Peter le chat livre bataille avec un gros matou du quartier, ennemi juré de Guillaume et... triomphe. Le lendemain matin, Guillaume le garçon part à l'école et Peter le chat s'installe sur le radiateur de la cuisine. Ils se retrouvent en fin d'après-midi devant la cheminée du salon. À ce moment, Guillaume s'approche de Peter et mû par une sorte d'impérieuse nécessité, il réintègre son corps de chat. Peter retrouve lui aussi son corps d'enfant. Il s'aperçoit alors que c'est la fin de l'après-midi et qu'*on est encore mardi* comme l'indique le journal. À ce moment précis, sa sœur lui apprend que son chat vient de mourir *(il a grimpé sur l'étagère qu'il aime tant au-dessus du radiateur, puis il a fermé les yeux et... il est mort).*

Présenter un texte par fragments dans un ordre qui ne respecte pas l'ordre originel vise à produire chez le lecteur une perturbation dont on escompte qu'elle favorisera le travail interprétatif. Il s'agit en quelque sorte d'opacifier momentanément le texte pour rendre plus visible la nécessité d'une lecture qui cherche à compléter le monde suggéré par le texte. Ce désordre concerté crée en effet une lacune momentanée (le fragment 3 sera lu par exemple avant le fragment 2) qui est productrice de sens car ce qui est “tu” devient l'objet d'une investigation. La lecture est orientée par le blanc qu'elle cherche à combler. Mais encore faut-il que la lacune créée soit pertinente et qu'elle ne conduise pas le lecteur à des conjectures farfelues proches de la devinette. Il convient également que la déstabilisation engendrée par le dispositif soit acceptée par les élèves, faute de quoi elle risque de produire un sentiment d'incompréhension. C'est pourquoi le dispositif est conçu et présenté comme un jeu.

Le maître d'une classe de CM1 a ainsi découpé la nouvelle et ordonné sa présentation :

Découpage du texte : les séquences	*Repères temporels*	*Ordre du texte*	*Ordre de présentation*
Ouverture : pose des questions d'identité et de temps ; présente la famille dans ses activités du matin	Un mardi Le petit déjeuner	1	10
Guillaume le chat : présentation de son activité préférée (dormir sur le radiateur)	Comme tous les matins	2	7(b)
Guillaume le chat : son histoire dans la famille	Retours dans le passé (depuis 17 ans)	3	8
Peter le garçon revient de l'école et retrouve son chat (description du chat)	Un mardi après-midi	4	1
Métamorphose 1 : l'esprit chat intègre le corps de Peter et l'esprit garçon le corps de Guillaume	Ce mardi en fin d'après-midi	5	2
Le dernier combat : Peter le chat défend le territoire de Guillaume en attaquant un gros matou	Cette nuit-là vers dix heures	6	3
Peter le chat est couché au-dessus du radiateur tandis que la famille s'active	Le lendemain matin	7	4
Peter retrouve Guillaume le garçon qui rentre de l'école (description du garçon)	Retour de l'école (fin d'après-midi)	8	5
Métamorphose 2 : l'esprit chat réintègre le corps de Guillaume et l'esprit garçon le corps de Peter	Plus tard, ce soir-là	9	6
Mort de Guillaume le chat	C'était encore mardi	10	7(a)
Enterrement de Guillaume le chat	Le lendemain	11	9

Les élèves sont donc invités à entrer dans la lecture de la nouvelle *in media res* par le biais d'un premier fragment, la description du chat, présenté comme une énigme à résoudre : "Vous n'avez pas le début, de qui peut-il s'agir ?" :

> Les après-midi d'hiver, en rentrant de l'école, Peter n'aimait rien tant que d'envoyer valser ses chaussures et de s'allonger à côté de Guillaume devant le feu de cheminée du salon. Il aimait se mettre exactement à la hauteur de Guillaume, son visage à deux doigts de la tête féline, et observer à quel point celle-ci était réellement extraordinaire, si merveilleusement non humaine, tout ébouriffée de poils noirs encadrant un minuscule visage enfoui sous la fourrure, paré de moustaches blanches légèrement incurvées vers le bas, les poils des sourcils jaillissant droit comme des antennes de radio et les yeux verts malachite fendus en amande, fenêtres entrouvertes sur un monde dans lequel Peter ne pouvait jamais pénétrer. Son approche déclenchait un tonnerre de ronronnements intenses, d'une sonorité si grave et si forte que le sol en vibrait. Peter savait qu'il était indiscutablement le bienvenu.

L'histoire, difficile, est ensuite lue dans un ordre linéaire normal, fragment par fragment, alternativement par le maître et par les élèves. Sont tenus en réserve trois passages : l'ouverture, la description de l'activité favorite de Guillaume le chat (dormir sur le radiateur) et le flash-back sur l'histoire du chat dans la famille. Ces trois passages seront livrés tout à la fin de l'étude.
Pourquoi par exemple retarder la présentation de l'incipit ? Le texte s'ouvre de la façon suivante :

> Lorsque Peter se réveillait le matin, il gardait toujours les yeux fermés jusqu'à ce qu'il ait répondu à deux questions bien simples. Elles se présentaient toujours dans le même ordre. Première question : qui suis-je ? Ah oui, Peter, âge : dix ans et demi. Puis, toujours les yeux fermés, il se posait la deuxième question : quel jour de la semaine sommes-nous ?

Un tel début pose deux questions essentielles relatives à l'identité (qui suis-je ?) et au temps (quel jour sommes-nous ?), qui vont se déployer tout au long de la nouvelle. Relativement à l'identité, Peter et le chat subissent des métamorphoses, mais c'est l'esprit du garçon qui assure la continuité narrative. À cette perturbation de l'identité s'ajoute une perturbation du temps : le temps de la réalité ne correspond pas au temps du "rêve" (ce qu'on peut faire repérer à partir du relevé des indicateurs temporels), si bien qu'il y a, dans cet épisode de la vie de Peter, vingt-quatre heures introuvables (pour le reste de la famille…). Identité et temps sont donc des clés de lecture momentanément tenues secrètes et que les élèves vont devoir (re) fabriquer.

Le fragment, donné *in fine*, va conduire les élèves à débattre de sa place dans le texte original : est-il situé au début ou à la fin du texte ? Comme il n'y a pas *a priori* de bonne ou de mauvaise réponse, le choix du lecteur va décider d'une orientation du texte (ou simplement la révéler). Placé au début du texte, le fragment est perçu comme un pacte inaugural qui crée chez le lecteur une attente que la suite va combler *("on sait bien après pourquoi il sait pas qui il est ni la date")*. Le fragment, placé à la fin, ouvre la nouvelle sur les autres nouvelles (solidaires) du recueil *("c'est comme si ça n'avait pas de fin, comme si ça allait recommencer... il va y avoir un autre problème et un autre rêve peut-être / une autre histoire de rêveur")* et assure ainsi la cohérence de l'ensemble. En raisonnant sur la place du fragment, les élèves pensent l'ordre du texte (et pas seulement l'ordre de l'histoire).

La présentation du chat est différée pour deux raisons :

– pour créer une énigme et conduire à l'explicitation du dispositif *("le texte a été mélangé, tout n'est pas donné, il faut trouver de qui il est question... ")*

– pour rendre visible le travail interprétatif : le lien très fort qui unit Peter est un élément de construction du personnage, car c'est lui qui motive son attitude. L'histoire du chat et en particulier le fait qu'il soit dans la famille depuis 17 ans (fragment 3) joue un rôle fondamental dans la mise en cohérence des événements. Si le lecteur ne dispose pas de cette information, il doit, comme s'il s'agissait de la pièce manquante d'un puzzle, la penser pour donner forme au monde construit. La découverte différée de cette pièce (ordre 8) a pour avantage de mettre en lumière chez les élèves l'opération cognitive à laquelle ils se sont livrés sans en avoir pris conscience jusque-là *("on sait juste un petit peu mieux que Peter aime son chat", "on le savait bien sinon pourquoi il se serait battu ?")*. Pour certains, la pièce est même totalement inutile *("ça sert à rien / on le savait")*.

Enfin, la scène du chat sur le radiateur et celle de la mort du chat sont présentées en même temps comme deux fins possibles de l'intrigue (le retour à l'ordre normal des choses ou l'état de crise) entre lesquelles il faut choisir. La lecture très attentive de ce qui a précédé conduit les élèves à ne pas choisir en fonction de leurs goûts mais en fonction de la logique du texte. Et c'est bien là tout l'intérêt de la chose. Tous choisissent la deuxième fin *"même si elle est triste et même si on aurait préféré la première", "parce que le chat était vieux", "parce qu'il a parlé de son dernier combat, parce qu'il a remercié Peter, parce que c'est le réveil du rêve"*. Par écrit, chacun est ensuite invité à interpréter cette fin tragique. Et c'est sans doute parce qu'elle est confrontée à une autre fin possible mais plus classique et moins ouverte, une autre fin qui marquerait de manière rassurante et figée la frontière du rêve et de la réalité, qu'elle y gagne en ouverture et en profondeur. Quelques exemples, qui montrent la manière très subtile dont les enfants perçoivent les rapports du rêve et de la réalité :

–"Peter, ses rêves, c'est la réalité : on dit qu'il rêve les yeux ouverts. C'est pour pas être triste".

–"Il savait peut-être que son chat allait mourir alors il rêve ou c'est le contraire, il rêve que son chat est mort et quand il se réveille il est mort."

–"Il n'est pas mort, le chat Guillaume. Peter, il le voit encore. Il pense à lui. Il ne peut être mort. C'est le rêve. C'est pour ça le rêve. Pour la vie."

Lecture-puzzle

La lecture-puzzle est un exercice classique. Elle est utilisée ici, non pour *vérifier* que les enfants sont capables de reconstituer un texte à partir d'un prélèvement d'indices, mais pour attirer l'attention des élèves sur des indices qui pourraient autrement passer inaperçus et mettre les indices prélevés au service d'une activité d'interprétation fine.

L'Ombre du chasseur, François Place (Albin Michel-Jeunesse)

CM

L'album

L'album suit le parcours de Jean des Chaumes du jour où il rencontre le roi de Terrenoire jusqu'à sa mort. Encore *"jeune diablotin"*, le héros sauve le roi d'une attaque de sanglier. À cause de cet exploit, il est invité à quitter ses parents et sa chaumière pour le château. *"Entre le jeune garçon et le roi, l'amitié nouée le premier jour ne fait que croître avec les années"*. Elle s'accomplit dans des parties de chasse de plus en plus effrénées. Impressionné par son courage, le roi le nomme écuyer puis grand veneur, maître des chasses du royaume. Jean ne pense plus dès lors qu'à *"tuer pour tuer"* et provoque l'effroi grandissant dans son entourage par son goût inextinguible du sang et sa folie meurtrière. On le nomme Jean Le Rouge. Pour qu'il assouvisse *"son appétit de chair fraîche"*, le roi lui propose d'explorer le monde à la recherche de *"vrais fauves"*. Jean s'éloigne de la cour et commence sa quête inlassable, son carnage sans fin, de gorilles, ours bruns, rhinocéros, tigres et panthères. Mais sa passion dévorante ne peut s'apaiser. *"Il rêve d'affronter un fauve vraiment digne de lui, impitoyable et sans merci."* Pour ce faire, il garde en réserve une balle en or, fabriquée à partir de la pièce donnée par le roi au moment de leur première rencontre. Un jour, pourtant, une lettre lui parvient : le roi se meurt. Jean Le Rouge rentre au pays pour voir le roi expirer. Il quitte le château pour retrouver la chaumière de ses parents : *"Une pluie d'automne soude sa haute silhouette à son cheval, qu'il mène au pas dans les sentes bordées de fougères et de feuilles rouillées. Il ressemble à ces personnages de légende, enveloppés dans les plis de leurs manteaux, vagabonds solitaires dont la rencontre annonce aux âmes simples quelque funeste présage."* La chaumière retrouvée mais non identifiée n'est plus que ruines et face édentée de sorcière. Dans la nuit, *"contre le mur de la chaumière se dresse l'ombre formidable d'une bête silencieuse, debout et toutes griffes dehors"*. Jean Le Rouge a peur, enfin. Il arme son mousquet avec la balle en or et appuie sur la détente. *"Dans un bruit de tonnerre la balle s'échappe du mousquet, droit vers le monstre. Le grand veneur vacille, chancelle, puis s'écroule, mort. Et son ombre, projetée par la lumière du feu sur le mur de la chaumière, danse avec lui quelques instants avant de s'écrouler, tout comme lui."*

Le texte est d'une qualité littéraire rare dans la littérature de jeunesse. Constamment indiciel, il se prête à une relecture pour guider l'éventuelle élucidation de la fin particulièrement troublante et ambiguë et dégager la portée symbolique de l'histoire. Le titre n'est pas donné, dans la mesure, on l'a dit, où il ferme les possibles ouverts par la fin.

Déroulement de la lecture

La lecture se déroule en trois temps qui associent dévoilement progressif et lecture-puzzle.

Le premier fragment donné à lire correspond à la scène initiale où le jeune garçon sauve le roi du péril et reçoit en récompense la pièce d'or. Les enfants sont alors aiguillés par le texte sur la piste du conte merveilleux dont ils connaissent les caractéristiques (avant bien entendu de devoir bifurquer progressivement vers le fantastique, qu'ils connaissent moins bien) :

M – que pensez-vous de ce texte ?

– *c'est un conte*

– *oui un conte merveilleux*

M – pourquoi ?

– *c'est un roi dans un château*

– *oui ça fait merveilleux "un roi couvert de sa pelisse de loup blanc"*

– *et puis on retrouve les étapes du conte merveilleux le roi qui part à la chasse / il a un problème / le problème est réglé et le roi est sauvé*

– *il y a même un méchant / le sanglier / et le gentil / le sauveur / le diablotin*

– *ça fait penser à un petit lutin*

– *et puis dans les contes il y a souvent un objet*

M – et là ?

– *la pièce d'or*

– *c'est plutôt une récompense*

Le second passage, qui correspond à la vie de Jean des Chaumes entre le moment où il arrive au château et le moment où il s'apprête à y retourner après avoir parcouru le monde, est découpé en cinq morceaux (1– jusqu'à *"Jamais ils ne reverront leur unique enfant"*, 2– jusqu'à *"Et depuis ce jour ils ne l'appellent plus que jean Le Rouge"*, 3– jusqu'à *"chaque jour court après son carnage de gibier "*, 4– jusqu'à *"toute la cour est soulagée de son départ"*, 5– jusqu'à *"digne de cette balle en or")*. La remise en ordre ne pose aucun problème particulier. L'objectif est ailleurs, dans la collecte d'indices ayant servi à la reconstitution et, au-delà, dans la réflexion sur ce que ces indices disent du basculement de l'histoire et de son personnage central.

La maîtresse a, dans sa préparation, organisé ainsi les indices qu'elle a cru devoir relever :

Le personnage : ce qu'il est	ce qu'il fait	les animaux qu'il tue	Ses capacités, ses défauts, ce qu'il pense
Jeune garçon Il en remontre aux plus expérimentés des chasseurs Changement de nom : **Jean Le Rouge → sang**	Fait les choses les plus (difficiles) délicates "De l'aube au crépuscule" Remplace le chien lui-même Cf. "Décidément ce garçon a du chien" = est un animal (interprétation)	Le sanglier Le cerf Lièvres et perdrix Le blaireau	Apprend vite Très tenace Infatigable
1er écuyer **Jeune homme** Dirige le corps de louveterie Grand veneur, maître des chasses	Organise les battues Plus de répit pour aucun animal à poil ou à plumes. Tuer pour tuer Véritable carnage de gibier	Ours fou furieux	Si fort qu'il fait peur aux autres chasseurs Préfère les chiens aux hommes Ignore ses parents

TOUT LE MONDE SE PLAINT, des cuisiniers aux ministres “assouvir ses appétits de chair fraîche” = est un ogre Il trouve que l’on devrait gouverner comme l’on chasse, par instinct = est un animal encore Il terrorise tout le monde. Le roi comprend (interprétation) et fait partir Jean Le Rouge dans des contrées lointaines			
Sa peau se tanne, son regard se durcit, il est couvert de cicatrices	Passion dévorante Fringale de sacrifice	Lion, rhinocéros, ours bruns ou blancs, tigres, panthères, gorilles Animaux si monstrueux que l’on ne peut les nommer Rêve d’un fauve digne de lui, impitoyable et sans merci, la bête la plus féroce du monde. Pour cette bête, une balle d’or tirée de la pièce du roi, son seul ami, pièce obtenue pour la seule belle action qu’il ait accomplie (interprétation)	

Les élèves ont choisi plusieurs fils conducteurs pour reconstituer le texte. L’âge du héros tout d’abord :

– *on a regardé le garçon*

– *et on le voit vieillir*

– *dans le premier morceau on dit “ordonne de retrouver l’enfant”*

– *après dans le deuxième morceau on dit “le jeune garçon”*

– *et c’est là qu’on l’appelle pour la première fois Jean Le Rouge*

– *ça montre qu’il change qu’il tue de plus en plus et qu’il est rouge comme le sang*

– *après c’est devenu “jeune homme” / il a quinze ans / c’est plus grand que jeune homme*

– *ensuite on dit encore “jeune homme” mais il s’en va donc après*

– *il continue de vieillir / c’est un homme maintenant / ça fait dix ans qu’il est parti*

– *et puis c’est écrit “sa peau se tanne, son regard se durcit, il se couvre de cicatrices” / il a changé / il a vieilli*

Mais comme le remarque Sarah, si ces indices sont bien choisis *"ils ne disent rien par rapport à l'histoire"*. Elle propose donc de s'intéresser au comportement du personnage principal et à ce qu'il révèle de sa personnalité : *"nous on a remarqué que c'est de pire en pire"*

– oui il tue des animaux de plus en plus féroces

– au début il fait que braconner

– il tue de petits animaux

– et après j'ai remarqué qu'il est comparé aux animaux / il a leurs qualités et après il a leurs défauts / il devient féroce

– dans le deuxième morceau il tue des animaux plus féroces / ça frappe parce qu'il rentre dans le terrier / il devient un chasseur de plus en plus fort

– et puis on dit qu'il a du chien

– d'habitude on dit plutôt ça pour une fille

– oui mais ça veut dire aussi qu'il est comme un chien puisqu'il rentre dans le terrier à la place de son chien

– et après il tue comme un fou furieux

– il tue pour tuer / on dit que c'est un vrai carnage

– un vrai massacre / la mort est vraiment présente

– nous on a remarqué dans ce morceau que les autres chasseurs ont carrément peur de lui / avant on se moquait plutôt de lui / il n'a que le roi pour ami / personne ne l'aime

– mais lui c'est pareil / il préfère les chiens / il s'en fiche des hommes

– dans le quatrième morceau il fait de plus en plus penser à un animal / il suit son instinct

– il dit au roi qu'il faut gouverner comme on chasse en suivant son instinct

– c'est dangereux ça

– oui il faut beaucoup réfléchir pour gouverner

– finalement il me fait penser à l'ogre du Petit Poucet / "ça sent la chair fraîche"

M– et pourquoi il ne tue pas les hommes ?

– oh il tue avec tellement de violence les animaux que c'est comme un assassin

Le cinquième morceau donne l'occasion de dépasser le comportement du personnage pour s'intéresser à l'objectif qu'il poursuit :

– c'est jamais le bon animal qu'il trouve

– il cherche toujours "une créature plus féroce"

– "un fauve vraiment digne de lui"

– et puis il arpente le monde pour le trouver

– ça montre qu'il est malheureux

– ça le ronge de chasser sans trouver la bête

Il est très important à nos yeux de noter que le classement des indices relevés par les élèves diffère sensiblement de celui prévu par la maîtresse, et que, ce faisant, il ne se situe pas en deçà, bien au contraire. Si les qualités et défauts du personnage central n'ont pas été pris comme entrée, ont été en revanche sélectionnés dans la colonne intitulée "autres indices" des éléments qui révèlent déjà un travail d'interprétation fort avancé. L'enseignante, toujours disponible, ne se laisse pas enfermer par sa préparation et son interprétation.

	Le garçon vieillit	**Il devient de plus en plus fort, il tue de plus en plus, des animaux de plus en plus forts et féroces**	**Autres indices**
1	Enfant	Il braconne. Il a les qualités des animaux. Il "débute"	Le roi n'est que blessé, on le soigne. Il a la pièce d'or.
2	Jeune garçon	Il tue le blaireau. Il "a du chien" : il ressemble à un chien (Deux sens)	Il change de nom : Jean Le Rouge (ça fait penser au sang)
3	Jeune homme	Il brave un ours furieux Il tue pour tuer Carnage de gibier	Les autres chasseurs ont peur de lui. Personne ne l'aime sauf le roi. Lui, il préfère les chiens.
4	Jeune homme On annonce son départ pour les pays lointains	Il croit qu'il faut gouverner comme on chasse en suivant son instinct Animal	Tout le monde se plaint Rage meurtrière Assouvir ses appétits de chair fraîche Ogre
5	Dix ans plus tard, c'est un homme. "Sa peau se tanne, son regard se durcit..."	Ce n'est jamais le bon animal "Une créature plus féroce" "un fauve vraiment digne de lui, impitoyable et sans merci" "La bête la plus féroce du monde" "Il arpente le monde"	"Sa passion dévorante" Il transforme la pièce d'or en balle d'or

Le relevé des indices et l'interprétation partielle qui l'accompagne sont l'étape indispensable qui conduira les élèves à attribuer une signification possible à la fin troublante (Jean Le Rouge tire sur l'ombre d'une bête monstrueuse mais c'est lui qui meurt et sa propre ombre qui s'affaisse), à dépasser surtout l'interprétation qui consiste à y voir l'accomplissement tragique du rêve dans la réalité (Jean Le Rouge rencontre enfin la "bête monstrueuse" appelée de ses vœux), pour accéder à des interprétations plus fines et plus complexes. La perception antérieure de l'état de "malheur" et de "dérangement mental" du personnage ouvre les portes à une première autre lecture : le personnage, dans un accès ultime de folie meurtrière et de confusion mentale, accru par le jeu des ombres orchestré par le feu, tire sur lui-même croyant y voir un autre. Reste qu'il tire bel et bien sur une ombre et que c'est son propre corps qui s'écroule. Pour dépasser la contradiction, il faut consentir à une autre lecture, elle aussi préparée par les remarques antérieures des élèves (il est un animal, il est un ogre…), confirmée par de nouveaux indices à fédérer au réseau préalablement dessiné (singulièrement la peau d'ours dont s'enveloppe le personnage juste avant le coup de feu, le retour sur son lieu de naissance et d'innocence présumée) : le monstre tant recherché ne pouvait qu'être lui-même, l'ombre de lui-même qu'il est devenu. Pour finir, il conviendra de relire le texte à la lumière de l'interprétation choisie pour y débusquer d'autres indices confirmatoires (à la manière du chœur antique, le narrateur anticipe le destin du personnage) et de recatégoriser le texte.

Lecture avec ou sans images

Un album est un tout, constitué de textes et d'images, plus ou moins solidaires. Plusieurs cas de figure peuvent se rencontrer :

a. Le texte constitue un objet autonome et les images ne fonctionnent que comme des illustrations : l'auteur du texte et l'illustrateur sont souvent des personnes différentes (on peut trouver plusieurs illustrateurs différents pour un même texte).

b. Le texte présente des incomplétudes que comblent délibérément les images : le projet est un projet global qui suppose que l'auteur du texte et l'illustrateur soient une même personne ou qu'ils aient travaillé en étroite complicité sur un projet commun.

c. Le texte est en contradiction volontaire avec les images (on songe naturellement à *L'Afrique de Zigomar* de Philippe Corentin) : les rapports de l'auteur du texte et de l'illustrateur sont en général les mêmes que précédemment.

Dans le cas a), le texte gagne bien souvent à être présenté et travaillé sans les illustrations. Retapé sans les ruptures que constituent les changements de page dans l'album, il apparaît alors souvent métamorphosé. Dans son autonomie et sa continuité, il devient un texte à lire pour lui-même, dont la richesse cachée se trouve alors mise en évidence. Les maîtres de cycle III, qui peuvent penser que l'album est réservé aux "petites classes", ont tout intérêt à revoir leur opinion : c'est dans les albums plus que dans les romans destinés aux 9 – 12 ans qu'ils trouveront des textes forts et inventifs, moins soucieux de se plier aux canons d'un genre que d'explorer les possibles de l'écriture. L'illustration accompagnatrice n'est dans ce cas pas seulement inutile. Elle peut être réductrice, en fermant les ouvertures du texte ou en forçant une interprétation qui ne s'impose pas (il en va ainsi dans *Le petit lapin rouge* de Rascal).

Dans les cas **b.** et **c.**, en revanche, textes et images ne peuvent en principe être séparés.

Nombre des exemples choisis dans cet ouvrage s'appuient sur la lecture d'albums appartenant aux cas b) et c). Rien d'étonnant à première vue : on dispose d'une abondante production au sein de laquelle se sont affirmés de nombreux talents précisément parmi les auteurs également illustrateurs ; l'image exerce un pouvoir de fascination qui facilite la lecture ; les textes illustrés sont toujours relativement courts, ce qui autorise une lecture intégrale en quelques séances. Pour autant, il n'existe pas – ou cela reste très marginal – d'albums pour adultes (l'image, quand elle prend place dans les livres pour adultes, a un autre statut). On pourrait dès lors objecter à la démarche ici présentée d'avoir majoritairement recours à un "objet transitoire" qui n'aurait sa place qu'à l'école primaire et qui sera abandonné au moment où l'on exigera des élèves une lecture institutionnalisée des textes. Ce qui intéresse à long terme les auteurs de l'ouvrage, c'est bien le texte et plus spécifiquement le texte littéraire et sa lecture. Néanmoins, dans cette affaire, l'image, pour peu qu'elle entretienne un rapport riche et complexe avec le texte, cesse d'être hors du texte, cesse même d'être au service du texte, pour être au service de la lecture littéraire même. Au-delà d'une sensibilisation ou d'une formation esthétique, elle rend concrets des procédés littéraires comme l'allusion, la citation, la stylisation, l'ironie, la polysémie ou la métaphore. **Lire l'image revient moins alors à l'interpréter qu'à prendre conscience qu'elle interprète le texte, et donc à comprendre la notion même d'interprétation.** On assume donc l'aspect transitoire de l'album en le considérant comme une aide momentanée à la lecture littéraire, car il permet d'appréhender, d'expérimenter (presque sensuellement) des attitudes spécifiques de lecteur, dont la principale consiste à associer. Mais se pose alors la question de l'ordre de présentation des images et du texte : d'abord les images puis le texte ou l'inverse ? bribes de texte et image correspondante alternées ? occultation de certaines images ? Là encore, la réponse ne peut être donnée hors contexte : tout dépend de la stratégie de l'album et de la stratégie du maître.

***Dr Xorgol, Le grand livre de la météo terrienne*, Tony Ross**
(L'école des loisirs)

***Balthazar !*, Geoffroy de Pennart** (L'école des loisirs)

GS ou CP

Ces deux albums partagent en apparence la même difficulté de lecture : dans l'un et l'autre cas, un personnage, dont le lecteur est contraint d'adopter le point de vue, décrit ou raconte des scènes de la “réalité” en les déformant. On pourrait penser qu'ils peuvent être présentés, en GS ou au CP, de la même manière. Il n'en est rien cependant.

Dans le premier album, le texte, même s'il peut paraître opaque à de jeunes enfants dans une première lecture, se suffit à soi-même. Le Dr Xorgol, en bon extra-terrestre, use de périphases pour désigner la réalité de notre monde qui n'a pas d'équivalent dans son langage. C'est ainsi que les bottes sont appelées “pieds en caoutchouc”, le parapluie “tissu enroulé autour d'un bâton”. Les images ont pour fonction de donner la clé de l'énigme. Mais puisqu'il y a énigme, il convient de ne pas dévoiler la réponse avant que ne soit posée la question. Pour cette raison, il paraît judicieux de présenter d'abord le texte seul et d'attendre que les enfants se demandent de quoi le docteur Xorgol peut bien parler. Il s'agit de solliciter des hypothèses sur la réalité désignée et de commencer à construire le principe qui gouverne la “traduction”. Les images viendront ensuite valider ou infirmer les hypothèses.

Dans le deuxième album, un biquet revit ce que nous lecteurs adultes savons être l'histoire du *Loup et des sept petits biquets* comme s'il s'agissait d'un jeu drôle et excitant de culbutes et à aucun moment ne saisit les mobiles réels des différents acteurs en présence (loups, parents) : en bref le biquet passe à côté d'un terrible danger sans le voir. L'album fait coabiter dans la tension deux versions de l'histoire : l'une est racontée à la première personne par le biquet lui-même, l'autre est racontée (par un narrateur en coulisses) en images. Toute la difficulté de l'album tient dans la tension entre texte à la première personne et images. Ni le texte ni les images ne peuvent fonctionner seuls : ce qui est à comprendre (la méprise du personnage) se situe dans le subtil décalage, à décoder finement, entre ce qui est dit et montré. En conséquence, images et texte seront dans ce cas présentés simultanément.

Retour sur l'exemple de *Petit Renard perdu*, Louis Espinassous et Claudine Routiaux (Milan)

CM

Pour reprendre l'exemple de *Petit Renard perdu*, on a vu comment, dans le dispositif n° 1, les images sont occultées pendant toute la durée de la découverte des deux textes, à l'exception de la double page centrale, simplement retardée. La présentation de la double page centrale n'intervient à titre de confirmation qu'après la découverte de la parenté des deux histoires. Les autres illustrations, quant à elles, sont gardées en réserve dans la mesure même où elles pourraient empêcher le travail de compréhension du texte, et en particulier empêcher la conceptualisation de la notion de point de vue. Une fois ce travail achevé, en revanche, l'étude des illustrations est possible et rendue plus fructueuse encore grâce à la notion de point de vue nouvellement construite. On repère ainsi les variations d'angle de prise de vue tout comme les marques concrètes du décalage temporel, entre le passage du fils et celui de la mère, dans la transformation de l'environnement (papillon parti / abeille arrivée ; écureuil arrivé / mulots disparus ; champignons intacts / champignons grignotés ; toile d'araignée en cours de confection / toile d'araignée achevée…). On peut aussi revenir sur la plage centrale et finale pour enfin ressentir, au-delà de l'apparente distorsion des points de vue, l'unicité de l'histoire.

Le Tunnel, Anthony Browne (Kaléidoscope)

CM

L'album

Cette histoire raconte comment la mésentente entre un frère et une sœur est surmontée après une épreuve comparable à celles que doivent subir les héros dans les contes. Le début du récit s'inscrit dans un univers contemporain et réaliste et insiste sur l'antagonisme de caractère des deux enfants : la petite sœur est à la fois timorée et grande lectrice, et le grand frère bagarreur et téméraire.

L'illustration met en valeur cette opposition en particulier à travers les attributs de chaque personnage, un livre de contes et un ballon de football. Mais un jour l'inattendu advient : la mère excédée par leurs incessantes querelles, les a envoyés dehors. Ils se retrouvent dans un terrain vague et le grand frère s'engage puis disparaît dans un tunnel. Ne le voyant pas revenir, la petite sœur surmonte sa frayeur pour partir à sa recherche. Elle le découvre pétrifié en statue de pierre, et le délivre de ce maléfice en l'enserrant de ses bras. De retour chez eux, la mère, qui les trouve bien silencieux, leur demande si tout va bien : *"Rose sourit à son frère. Et Jack lui retourna son sourire."* L'album s'achève sur cette réponse silencieuse et complice.

Objectifs

L'album peut s'adresser à des élèves de cycle 2 mais il est ici présenté à des CM2 dans l'intention de conduire les élèves à voir en quoi l'irruption du fantastique n'est qu'une façon de traduire symboliquement le conflit psychologique des deux personnages. On pourrait parler ici d'une sensibilisation à la métaphore. L'épisode du tunnel forme comme une parenthèse centrale dans le récit. Les personnages basculent dans un autre monde, fantastique, après avoir déposé à l'entrée du tunnel les attributs qui les opposent (ballon et livre). C'est le lieu de l'épreuve dont ils sortiront vainqueurs par l'expression du sentiment d'amour qui les unit. Si la sœur accomplit un geste d'amour, le frère, de son côté, exprime la certitude de l'amour : *"Rose ! Je savais que tu viendrais"*, dit-il.

On peut aussi interpréter cette traversée du tunnel comme un retour à l'origine commune du frère et de la sœur, remarquer que l'on ne sait rien sur le trajet du frère et sur la cause du maléfice dont il est victime (ce qui confirme l'idée que l'anecdote est secondaire) et lire sa pétrification comme une métaphore de ce que ressent la petite sœur face au comportement de son frère : *"Elle jeta ses bras autour de la forme froide et dure et elle pleura. Très lentement, la silhouette changea de couleur, s'adoucit et se réchauffa."*... En redonnant vie à son frère, elle lui redonne chaleur et douceur. Et si le grand frère a été initié malgré lui au monde de l'irrationnel et des sentiments qu'il refusait jusqu'alors, la petite sœur a surmonté ses frayeurs. Ils ont en quelque sorte repoussé les limites dans lesquelles ils étaient prisonniers.

Dispositif

C'est donc à partir de l'analyse précise de l'album et du rapport texte / images qu'il convient de retenir un dispositif dont le but est de stimuler la lecture interprétative.

Dans l'album, les illustrations ne sont pas indispensables à la compréhension du texte mais elles confirment, mettent en scène, l'opposition des deux personnages ou interprètent le texte par le jeu des associations. L'univers des illustrations d'Anthony Browne exprime, à la fois par un dessin réaliste et par des déformations fantasmatiques qui rappellent parfois les images d'Épinal, la frontière floue entre rêve et réalité qui caractérise le fantastique.

Parfois c'est le texte qui demande qu'on s'y attarde, parfois c'est l'image qui nous donne une clef de lecture ou qui ouvre une piste, d'où la nécessité ici de croiser plusieurs dispositifs de présentation : dévoilement progressif, désordre concerté, images avec ou sans texte, texte avec ou sans images. *Le Tunnel* par sa richesse autorise cette variété.

Lire une double opposition à travers la présentation par couples des illustrations

L'album propose une symétrie entre la 1ère et la 4ème de couverture, entre les pages de garde du début et de la fin de l'album, et, bien que de manière moins évidente, entre la première et la dernière illustration. Dans un premier temps, avant la lecture du texte, c'est cette symétrie des images qui est explorée.

1. L'opposition entre situation initiale et situation finale

– La 1ère et la 4ème de couverture

Les deux couvertures se répondent. La première de couverture montre une petite fille en train de s'engager dans un tunnel après avoir déposé à l'entrée son livre ouvert sur lequel on aperçoit une illustration représentant une sorcière et une princesse. La quatrième de couverture montre le même tunnel, mais plus aucune trace de la petite fille, si ce n'est son livre refermé, comme pour nous signifier que l'histoire est terminée.

Les élèves de CM à qui ont été présentées ces couvertures ont bien senti la mise en abyme : *"peut-être que l'album c'est l'album que nous on regarde / le livre qu'elle a / le tout petit livre c'est peut-être ce qu'on lit nous le grand livre et ça raconte son histoire."* À un premier niveau, purement événementiel, ils ont commis une erreur, tout à fait compréhensible, en supposant que toute l'histoire était ainsi résumée, que l'aventure allait se dérouler exclusivement dans le tunnel et aurait pour seul héros cette petite fille. Mais la présentation conjointe des 1ère et 4ème de couverture a permis une anticipation juste, à un autre niveau : les élèves ont ainsi compris que le petit livre de contes était un signe à interpréter, qu'il annonçait une ouverture sur un autre monde : *"Ce qu'il y a dans l'histoire elle va le vérifier dans le tunnel et c'est peut-être des sorcières."*

– La première et la dernière illustration de l'album sans texte

La première illustration présente dans des cadres séparés un garçon et une fille, de face, comme s'il s'agissait de portraits photographiques. La fille se détache sur un fond de papier peint fleuri, le garçon sur un mur de briques.

La dernière illustration montre les enfants en gros plan, face à face. La petite fille sourit. Présenter ces deux images lors de la première séance suppose que l'on donne à lire d'emblée la situation initiale et la situation finale du récit. On renonce de ce fait au suspense généralement entretenu quant au dénouement. Ce choix est bien sûr délibéré. En orientant les élèves vers une anticipation de la réconciliation, on déplace l'intérêt sur le "comment", sur le trajet intérieur, que vont devoir parcourir les deux enfants : *"On dirait qu'ils ont vécu une aventure ensemble et qu'ils sont contents parce qu'ils l'ont réussie."* Ce commentaire de la dernière illustration traduit une anticipation juste de toute l'histoire du *tunnel.*

Par ailleurs, la rétention du texte de la première illustration permet de construire peu à peu, à partir de signes donnés par l'image (vêtements, lieux...), l'opposition du frère et de la sœur déjà repérée dans les pages de garde. Quant au texte qui accompagne la dernière illustration, il paraît judicieux de le mettre en attente pour permettre aux élèves de s'essayer à conclure le récit avec leurs propres mots.

2. L'opposition du frère et de la sœur

Chronologiquement, elle concerne le deuxième couple d'illustrations : les pages de garde du début et de la fin de l'album.

Les pages de garde du début de l'album opposent deux fonds : un papier peint à fleurs et un mur de briques et signifient par là une première opposition dedans / dehors que les élèves sauront très bien rattacher aux deux personnages. Sur la toute première page de garde, côté papier peint, un livre fermé (le même que celui de la couverture) est posé au sol. Les dernières pages de garde reprennent les mêmes motifs. Seule différence, non négligeable : côté mur de briques, un ballon de foot et le livre du début sont posés au sol.

Une synthèse des observations est rapidement élaborée en commun et consignée au tableau sous la forme suivante :

AU DÉBUT À LA FIN	À LA FIN
1ère de couverture – La petite fille rentre dans le tunnel. – Sur le livre ouvert on voit une illustration de sorcière.	*4ème de couverture* – On ne voit plus la petite fille. – Son livre est fermé.

AU DÉBUT À LA FIN	À LA FIN
Pages de garde – On voit l'intérieur (papier peint) et l'extérieur (mur de briques). – Le livre est à l'intérieur et il est fermé.	*Pages de garde* – C'est pareil sauf que le livre et un ballon sont du côté "extérieur".
1ère illustration – La fille est à l'intérieur. Le fond est le papier peint de la page de garde. – Le garçon est à l'extérieur. Le fond est le mur de brique. – Ils sont à côté l'un de l'autre.	*Dernière illustration* – Ils sont dans une maison. – Ils sont contents, ensemble, face à face.

Le rapprochement final des deux objets, le livre et le ballon, qui reste énigmatique lors de cette première présentation, sera bien lu en fin de parcours comme le signe symbolique des retrouvailles.

Mais cette entrée "géométrique" de l'album ne peut se poursuivre plus avant. Le récit lui-même est maintenant à découvrir. On en présente la découverte en partie IV (p. 316). Disons simplement ici que cette lecture du *texte* sera confirmée, affinée par l'observation fine des autres illustrations centrales, notamment celle montrant la chambre de la petite fille et celle montrant la forêt dans le tunnel.

Dans cet album, c'est le va-et-vient entre le texte et l'image qui donne les lectures les plus fructueuses. L'image se permet quelques digressions, exprime la subjectivité du regard, demande à être explorée. Mais le texte n'échappe pas non plus à une exploration du sens : s'il y a des secrets à découvrir dans les troncs noueux des arbres, il y a également des sens cachés dans les mots qu'une lecture attentive et sensible pourra révéler.

Le Livre disparu, Colin Thompson (Circonflexe)

CM

Dans cet exemple, c'est encore une autre stratégie qui est choisie.

L'histoire est un récit de quête, apparemment lisse : dans l'immense bibliothèque, lorsque les portes sont fermées et le veilleur de nuit endormi, une foule de petits personnages sortent des livres et s'animent. L'un d'eux, un jeune garçon nommé Peter Robinson, découvre une fiche dissimulée longtemps auparavant et part à la recherche du livre disparu qui a pour titre : *Comment ne jamais vieillir, manuel d'immortalité pour débutants.* Au terme d'une quête de plus de deux ans qui le conduit dans les recoins les plus secrets de la bibliothèque, il découvre le livre et son détenteur - le Vieil Enfant - qui lui demande de choisir entre lire et connaître l'enfance éternelle d'une part, renoncer à la lecture et grandir d'autre part. À l'issue de sa réflexion, Peter choisit de grandir. L'histoire, simple, est d'une portée symbolique forte mais elle est occultée par une illustration foisonnante et colorée dans laquelle l'auteur fait constamment référence à des peintres et des dessinateurs (Bruegel, Bosch, Viera Da Silva, Hokusai, Escher...) en utilisant tantôt l'allusion, tantôt la citation. Dans ces conditions, la découverte simultanée du texte et des illustrations est problématique et le maître choisit pour sa classe de CM1 de n'utiliser que la seule couverture pour l'entrée dans le récit, étant entendu qu'une séquence ultérieure permettra de mettre en relation texte et illustrations.

Dans une première étape, le seul titre est présenté (l'album est montré de loin par le maître) afin de faire formuler des hypothèses sur la valeur de l'objet-livre puis sur son titre possible. Les hypothèses formulées oralement sont notées par écrit puis classées en deux groupes, qui sont des réponses aux questions : *"De quel livre s'agit-il ?", "Comment a-t-il disparu ?"*

Dans une deuxième étape, une photocopie couleur de la couverture (1ère et 4ème) est distribuée aux élèves qui vont en découvrir le contenu. La première réaction des élèves face à une image, quelle qu'elle soit, est le plus souvent de décrire. Le rôle du maître est de conduire les élèves à dépasser ce stade descriptif, pour opérer des liens et entrer dans une activité interprétative qui va ensuite être appliquée au texte seul.

Dans une troisième étape, l'histoire est découverte par dévoilement progressif. Le premier extrait se présente ainsi :

> "Avec son millier de salles, la bibliothèque donnait dans une rue tranquille et bordée d'arbres. Sur les rayons se trouvait un exemplaire de chacun des livres publiés dans le monde.
>
> Tous ? Non, il en manquait un. Deux cents ans auparavant, quelqu'un avait caché la fiche sous un tiroir et le livre avait tout bonnement disparu.
>
> Il avait pour titre :
>
> [...]"

Mis en éveil par le travail accompli sur la seule illustration de couverture, les élèves vont pouvoir exercer leur activité interprétative sur le texte, en attente de complétude.

Les Deux Goinfres, Philippe Corentin (L'école des Loisirs)

CP

L'album

Bouboule, comme son chien Baballe, est un gourmand. Pourtant sa mère l'a prévenu : *"Tu vas être malade, tu vas faire des cauchemars"*. La mère regarde Bouboule et Baballe, interloquée, engloutir d'énormes gâteaux à la crème. Mais lorsqu'ils vont prendre leur bain, les ennuis commencent : l'eau de la baignoire fait de grosses vagues et l'image se met à tanguer. Durant la nuit, ils ont mal au cœur et se lèvent pour aller dans la chambre de la mère. Mais arrivés en haut de l'escalier, ils se retrouvent sur le pont d'un bateau dans une mer déchaînée. Des gâteaux géants menacent de les tuer. Bouboule et Baballe s'enfuient sur une mer de menthe. Ils se retrouvent au petit matin dans leur lit.

Tension entre images et texte

Dans cet album, le texte présente certaines incomplétudes (en particulier concernant les lieux) que viennent combler les illustrations : ce sont elles qui apprennent au lecteur que les personnages sont dans leur bain, dans leur lit, sur le pont d'un bateau. Quelquefois, les images semblent contredire le texte *("On n'était pas du tout malade"*, dit le personnage alors qu'on le voit mal en point). Mais cette contradiction est momentanée. On pourrait dire plus justement que les images sont en décalage avec le texte : elles le devancent en quelque sorte. Elles sont en outre des métaphores du mal être du personnage quand, à l'intérieur d'un cadre stable, elles représentent un cadre qui chavire, ou lorsque le cadre dans lequel elles s'inscrivent est lui-même en déséquilibre dans la page. Enfin, la dernière image contient une sorte d'énigme que le texte ne résout pas (présence d'une vague dans la chambre de l'enfant).

Un tel album ne souffre donc pas que texte et images puissent être séparés puisque c'est dans la perception de leur tension que le lecteur peut déployer son interprétation. Toutefois, on a pu constater que lorsqu'ils sont donnés à lire en même temps, certains élèves éprouvent des difficultés à gérer la quantité d'informations et à s'engager dans la construction d'une cohérence. L'album est trop proliférant pour eux et ils se perdent dans un dédale d'interprétations possibles. D'autre part, lorsque texte et images sont présentés séparément, l'effet de dispersion disparaît certes, mais apparaît un autre risque, celui de la disjonction. Certains jeunes lecteurs se racontent alors deux histoires : celle d'un texte supposé (ils sont malades, ils ont mangé trop de gâteaux) et celle qu'ils construisent à partir des illustrations (ils ont fait un rêve). C'est un autre dispositif qui a été proposé à des élèves de CP en zone rurale (classe composée de 16 élèves dits en difficulté). Il a pour objectif d'inscrire la lecture des élèves dans le jeu (au sens de pièces qui jouent entre elles) subtil qui existe, dans cet album, entre le texte et les illustrations. Il fait alterner des phases où textes et illustrations sont présentés simultanément et d'autres où ils sont proposés séparément. Cette alternance n'est ni aléatoire ni systématique. Elle est fondée sur les particularités de l'album et sur une anticipation des réactions et des stratégies des élèves.

Le dispositif et ses effets

L'objectif est d'amener les élèves à percevoir la tension entre les images et le texte. Au maître donc de repérer ces moments de frottement et de les mettre en scène, pédagogiquement parlant, pour que ses élèves problématisent leur lecture.

Le texte est présenté seul lorsqu'il suspend le fil de la narration et qu'il laisse le lecteur dans le doute en s'interrompant par des points de suspension *("on n'était pas du tout malades, sauf que ..." - "c'était pas comme ça, c'était la chambre de maman..." - "la mer, c'était même pas de l'eau...")*. Les élèves sont ainsi conduits à construire des hypothèses de lecture qu'ils confronteront ensuite aux images. C'est cette confrontation qui devient productive d'interprétations. La présentation d'images sans le texte a, quant à elle, une autre fonction. Elle tend à obtenir des élèves que, tout en commentant ces images, ils mettent à l'épreuve et verbalisent leurs interprétations.

La découverte de l'album peut ainsi se présenter :

Phase 1 : texte + images.

Sont concernées les cinq premières pages

Phase 2 : texte seul.

"Ce soir là, alors que la nuit venait de tomber, nous, on venait de finir nos gâteaux. Et, contrairement à ce qu'avait prédit maman, on n'était pas tous malades, sauf que..."

On s'interroge bien entendu sur l'ouverture créée par l'expression *"sauf que..."* :

- *je sais pourquoi il dit ça "sauf que" / il va faire des rêves parce qu'on a vu que dans le livre / il a trop mangé de gâteaux et que la maman elle a dit que tu vas faire des rêves*
- *non / des cauchemars*
- *oui des cauchemars de ses gâteaux préférés*
- *des cauchemars pas des rêves*

Les deux images correspondant au passage sont découvertes. Elles indiquent clairement que les personnages sont malades :

– ça se voit qu'ils sont malades / l'eau elle est de travers dans un sens et dans l'autre (la métaphore de la baignoire est comprise : ils ont mal au cœur).

Phase 3 : texte *("Sauf qu'on avait un peu le mal de mer. Comme dans un bateau")* et image

Le va-et-vient entre texte et image permet de construire des équivalences : goinfrerie = mal au cœur = mal de mer = tangage.

Les élèves reviennent sur les pages précédentes et découvrent la complémentarité des images qui *"toutes les trois sont de travers et qui font ça d'avant en arrière"* (mouvement du tangage)

Phase 4 : texte seul.

"À un moment on avait tellement mal au cœur que j'ai appelé maman et comme elle ne venait pas, on est montés dans sa chambre. "C'est drôle", j'ai dit à Baballe, "hier, c'était pas comme ça, c'était la chambre de maman"

Bien entendu, les élèves sont conduits à se demander ce que "ça" peut être si ce n'est pas la chambre de maman. Deux hypothèses s'imposent rapidement :

– peut-être qu'il a rêvé

– ou qu'il est dans un bateau

– non il est dans le lit "comme dans un bateau"

– parce qu'il rêve qu'il est dans un bateau et puis la chambre elle est pas à la même place parce qu'il est dans un bateau dans le rêve / peut-être que c'est ça

– ils sont peut-être encore dans le lit

Phase 5 : texte et illustrations

Sont présentées les cinq pages suivantes : sur le bateau, la rencontre avec les gâteaux, la bagarre, la fuite en barque.

Phase 6 : texte seul (non complet) *"Mais dans la barque, qu'est-ce que ça bougeait… On avait de plus en plus mal au cœur. Surtout que plusieurs fois on a bu la tasse…"*

Les élèves sont invités à imaginer l'illustration. La volonté est ici de les aider à renouer ou à retrouver les fils de l'interprétation, d'éviter qu'ils ne s'embarquent dans une autre histoire, plus exactement que la bagarre avec les gâteaux (qui leur a tant plu) n'occulte toute la première partie de l'album. Leur demander de réfléchir sur l'illustration, c'est les pousser à mettre à nouveau en relation ce passage avec d'autres images de l'album, celles en particulier qui sont *de travers*. L'illustration est alors présentée qui confirme leurs dires : *"c'est de plus en plus penché"*.

La suite du texte est donnée : *"surtout que plusieurs fois on a bu la tasse et que la mer, c'était même pas de l'eau… c'était…"*

Pour la majorité des enfants, il est évident que :

– *c'était du sucre*

– *de l'eau sucrée*

– *de la crème*

La page suivante (texte et illustration) confirme une des hypothèses : il s'agit bien d'une mer sucrée.

Phase 7 : images seules (les deux héros sont dans leur barque et sont attaqués par un étrange marin couleur chocolat)

À l'inverse de la démarche précédente, il s'agit en ce point d'imaginer ce que peut être le texte (qui dit : *"Même qu'à un moment on a été attaqués par un gros éclair au chocolat")*

Phase 8 : image seule (celle de la fin)

– *c'est pas de l'eau c'est de la menthe*

– *c'est pas de l'eau de mer*

– *sa mère elle voit même pas l'eau*

– *elle est pas étonnée*

– *c'est normal c'est l'eau du rêve*

– *et elle est pas dedans la mère*

– *elle peut dire "bois ce médicament"*

– *oui parce que c'est l'histoire d'un petit garçon qui a trop mangé et qui est malade*

On voit qu'une cohérence est construite : deux mondes sont représentés, qui ne communiquent pas, celui du réel où vit la mère, où se sont trouvés les gâteaux qui ont rendu malade, où se trouvent des chambres et des lits ; celui du cauchemar provoqué par l'indigestion où les objets du réel se retrouvent mais transformés. La présence de l'eau dans la chambre de la mère n'est pas perçue comme une incongruité ou un scandale aux yeux de la logique mais comme l'effet d'une juxtaposition de deux points de vue : point de vue de l'enfant pas encore tout à fait sorti de son rêve et point de vue de la mère inquiète de l'état de l'enfant.

Le texte final est lu. L'analyse précédente permet de déceler le mensonge sous les propos de l'enfant qui nie avoir été malade et avoir fait un cauchemar. Une lecture parmi d'autres possibles qui a le mérite de dépasser les contradictions du texte et de l'image.

Dans une autre classe, cependant, les réactions ont été différentes et la question "rêve ou réalité ?" n'a pas eu de réponse tranchée : *"histoire bizarre ... mystère... on n'y comprend rien... est-ce que c'est un rêve ou pas un rêve ?"*. Un seul enfant se sort ainsi de la contradiction : *"Je crois tellement qu'ils ont mal à la tête et qu'ils sont dans leur bain avec le bateau que ils font des halli / hallu / hallicinations."*

2 *Pour une mise en résonance des textes : la lecture en réseau*

Conditions de l'efficacité de la lecture en réseau

Le travail de lecture en réseau permet de répondre à trois objectifs d'apprentissage en interaction dynamique :

– il permet l'éducation d'un comportement de lecture spécifique dont on a vu qu'il suppose la mise en relation des textes déposés dans la mémoire culturelle du lecteur ;

– il permet de construire et de structurer la culture qui en retour alimentera la mise en relation ;

– il permet enfin, en tant que dispositif multipliant les voies d'accès au texte, d'y pénétrer avec plus de finesse, d'y découvrir des territoires autrement inaccessibles, d'éclairer des zones autrement laissées dans la pénombre.

Bien qu'étroitement liées, ces trois fonctions de la lecture en réseau seront séparées artificiellement pour la clarté de l'exposition. Les deux premières seront naturellement développées consacrée dans la troisième partie de l'ouvrage aux apprentissages culturels. La troisième, en revanche, a sa place légitime dans un chapitre mettant l'accent sur les dispositifs favorisant la compréhension et l'interprétation. On verra comment la lecture en réseau ainsi envisagée, en mettant en relation des œuvres traversées par une même symbolique cohérente mais opaque à première vision, est comparable dans ses effets au jet de la pierre dans le lac qui propage de texte en texte des ondes de plus en plus larges et fait remonter à la surface des éléments de sens qui finissent par s'agglutiner et prendre forme. Le réseau opère comme un révélateur.

Deux précisions d'importance ici :

– Il convient de ne pas voir des réseaux partout.

– Le réseau efficace ne se confond pas avec un réseau thématique.

Pour qu'il puisse opérer comme un révélateur, le réseau doit répondre à un problème de lecture attesté ou anticipé par le maître et il doit se présenter comme la réponse la plus appropriée. Le recours à un tel dispositif ne se justifie que dans ce cas. Le réseau regroupant des textes autour d'une thématique lâche opportuniste (le calendrier, la vie de la classe), encore très répandu en maternelle, qui consiste par exemple à donner à entendre des histoires de lapins, à faire parcourir des documentaires sur le lapin, dessiner en arts plastiques des lapins, progresser en psycho-motricité à la manière des lapins, sans que les élèves sachent au juste ce qui motive chez la maîtresse une telle frénésie cuniculaire, n'a d'autre souci que de donner un semblant de cohérence aux activités de la classe mais sans profit pour les élèves.

Des obstacles à la lecture peuvent être communs à plusieurs textes. En demandant aux élèves de porter un regard conjoint sur cet ensemble de textes présentant le même problème, on peut espérer construire chez eux, plus qu'une solution locale, une réelle compétence. Cependant la difficulté de la conceptualisation espérée ou des stratégies de lecture qu'on veut induire impose que les élèves s'emparent de la tâche de mise en relation puis de comparaison. Pour que le dispositif didactique soit efficace, plusieurs conditions doivent être réunies.

Une bonne sélection des textes

Le maître dispose d'une culture qui lui fait songer par association d'idées à des œuvres qui évoquent le texte à l'origine de son projet d'enseignement. À partir de ce premier corpus informel rassemblé, il doit conduire une analyse du problème initial et des ressources possibles contenues dans le corpus. L'analyse peut révéler combien certains textes d'abord retenus sont peu opératoires, combien d'autres sont trop périphériques par rapport au problème à traiter. Il n'est pas interdit - dans la mesure où leur fréquentation n'introduit pas de perturbation dans l'effort de compréhension et de conceptualisation des élèves - de leur (faire) lire ces textes, en marge, mais ils ne constitueront pas une étape du travail. **Bien entendu, les élèves, initiés au tissage, contribuent aussi à leur manière, à la constitution du corpus.**

Un ordre de présentation pensé

On peut opter pour plusieurs configurations :

a. Dans une démarche de résolution de problèmes, commencer par un texte-noyau, difficile et problématique, qui sera éclairé par les autres textes du réseau, d'accès plus facile.

Un réseau centré sur des récits d'illusion / affabulation

CE1

Ainsi dans une classe de CE1, au mois de septembre, les élèves sont en difficulté pour élaborer une lecture pertinente de l'album *Ne te mouille pas les pieds, Marcelle !* de John Burningham (Flammarion-Père Castor). Ils ne perçoivent pas l'ironie de la mise en scène de l'album : sur les pages de gauche, les scènes réalistes d'une journée familiale à la plage accompagnées des paroles maternelles de conseil ou de rappel à l'ordre ; sur les pages de droite, des scènes muettes sorties de l'imaginaire de la fillette. Ils ne parviennent pas à saisir le passage de la réalité à l'imaginaire parce que, ne comprenant pas que deux points de vue concurrents (celui du narrateur et celui du personnage) sont juxtaposés, ils ne peuvent construire le point de vue absolu attendu du lecteur. Ils ne sortent pas d'entreprises qui visent à inclure une série dans l'autre ou à installer une relation de cause à effet entre l'une et l'autre. Le maître décide alors de pratiquer un détour. Il tente de cerner au plus près ce qui manque à l'intellection des élèves. Il définit trois sortes d'obstacles. Le premier tient à leur méconnaissance du jeu de la focalisation. Un second tient à la juxtaposition des deux séries sans marquage explicite du changement de point de vue. Le troisième obstacle – sans doute le plus lourd – tient à l'absence, dans la culture des élèves, de références qui leur permettraient de concevoir le sens ironique de cette juxtaposition. Le maître imagine alors une mise en réseau qui puisse lever ces obstacles. Il sélectionne des œuvres qui serviront de référence, plus explicites dans leur intention ironique. Et d'abord, il propose des récits d'illusion, narrés à la première personne de sorte que la focalisation interne soit nettement perceptible et dont le personnage "joue" à se faire croire des choses (par exemple, *Drôle de zoo* de G. Mac Hargue et M. Foreman, Gallimard-Jeunesse- *Safari*, d'Ann Jonas, L'école des loisirs), ensuite des récits à affabulation qui déploient la juxtaposition des points de vue dans l'opposition marquée entre les paroles de personnages ou entre les paroles de personnages et les images et font en quelque sorte voir l'ironie (par exemple, *L'Afrique de Zigomar*, de Ph. Corentin, L'école des loisirs). C'est ainsi que le détour par *Drôle de zoo* permet de facilement repérer comment un personnage peut développer une fantasmagorie personnelle : Stéphane, qu'aucun adulte ne veut conduire au zoo, décide de sortir seul faire le tour du pâté de maisons. Il joue à observer les ombres des gens qu'il rencontre et à y lire celles d'animaux exotiques. Un travail de devinettes sur les ombres décalquées puis d'appariement des ombres et de leurs propriétaires réels, avant la lecture du texte, permet de comprendre le fonctionnement mental de Stéphane, d'analyser *a posteriori* le titre et de commencer à percevoir le sens des doubles pages de *Ne te mouille pas les pieds, Marcelle !* premier travail de prise de conscience qui sera poursuivi et affiné avec les autres albums.

b. Selon une progression classique, commencer par un texte simple dont le procédé d'écriture peut être nettement circonscrit pour aller progressivement vers des textes utilisant le procédé de manière plus complexe ou moins évidente.

Un réseau centré sur des histoires de rêve

CE1

Les histoires de rêve, qui mettent en scène le passage d'une scène réaliste à des scènes oniriques puis organisent le retour à la scène réaliste du réveil, constituent un genre à part entière (très représenté dans la littérature de jeunesse) et non une simple thématique. Elles ont leurs codes, plus ou moins déchiffrables, qui reposent sur des techniques d'écriture plus ou moins évidentes. Le glissement dans le rêve peut être signifié et par les circonstances (le personnage est dans son lit) et par le vocabulaire (le mot "rêve" est prononcé explicitement : "*il s'endormit et se mit à rêver*") ou ne l'être en aucune manière ; le déclenchement du rêve, comme sa fin, peut être marqué linguistiquement par un signe de rupture, ("*soudain il entendit un pépiement*", "*tout à coup il reconnut sa maman*") ou suggéré à la manière d'un fondu enchaîné ou encore nullement spécifié ; le rêve et la réalité peuvent constituer deux mondes nettement bornés, sans communication, ou bien deux mondes poreux (des traces de la réalité figurent dans le "rêve" ou, plus troublant, des traces du rêve figurent après le réveil dans la réalité : le récit de rêve rejoint alors le récit fantastique). On voit comment, certains récits de rêve, en gommant les frontières des mondes (rêve ou réalité ? rêve ou jeu de l'imagination ?) posent des problèmes de repérage et invitent nécessairement à l'interprétation, parce que les auteurs y multiplient les ruses et que le lecteur n'y est jamais sûr de rien. Pour aider ses élèves de CE1 à entrer progressivement dans ces récits ambigus, un maître choisit *Tu rêves, Lili !* d'A. Boulon et Ch. Renauld (Casterman). Le basculement dans le rêve est nettement marqué, les scènes oniriques se distinguent nettement de la réalité en ce qu'elles comportent des invraisemblances particulièrement visibles, les relations entre la scène du réveil et les scènes oniriques sont très nombreuses, comme si la rêveuse avait utilisé dans sa fantasmagorie les éléments de la réalité de sa chambre pour les transformer, visiblement. Le problème posé au lecteur du partage des deux mondes est ainsi facilement identifiable. Le livre offre une situation épurée pour percevoir la ruse d'autres livres plus réticents. Ces autres livres (par exemple *Max et les Maximonstres* de M. Sendak, *Zigomar n'aime pas les légumes, Les Deux Goinfres,* de Ph. Corentin, *Lolotte* de A. Mets, et plus difficiles encore, *Le Chant des baleines* de G. Blythe et D. Sheldon, *Le Rêve de Pierre* de Chris Van Allsburg…, tous parus à L'école des loisirs) viendront plus tard et leur approche en aura été facilitée par l'étude de *Tu rêves, Lili !*

Un réseau centré sur des histoires de méprise

GS, CP

L'Afrique de Zigomar de Ph. Corentin et *Balthazar* de Geoffroy de Pennart présentent un scénario similaire : dans le premier cas un merle vantard prétend avoir emmené ses deux compagnons en Afrique quand les images montrent qu'ils sont allés au Pôle Nord ; dans le second cas, un biquet croit vivre une superbe partie de culbutes avec ses amis les loups alors qu'il revit sans le savoir l'histoire du *Loup et des sept biquets* et passe ainsi les yeux fermés à côté d'un terrible destin. Les deux histoires en ce qu'elles racontent et montrent en images une méprise peuvent être mise en réseau. Elles posent l'une et l'autre le même problème de compréhension : ce qui est dit dans le texte n'est pas ce qui à comprendre (un cas de figure de l'ironie). David Olson[1] remarque que les jeunes enfants ont du mal à distinguer entre ce que le locuteur dit et ce qu'il veut dire. “Lorsqu'on propose des affirmations ironiques à des enfants, ils ont tendance à les traiter [d'abord] comme si elles étaient vraies” (puisque “c'est écrit”), ensuite “comme des mensonges (i. e. le locuteur ment) ou encore comme des erreurs (le locuteur voulait dire... le contraire) et ce jusqu'à l'âge de huit ou neuf ans.” Dans ce cas, ce qui est difficile à saisir c'est que le locuteur puisse *croire* (de bonne foi) quelque chose de faux. Reste que l'ironie de *l'Afrique de Zigomar* est sans doute plus facile à saisir que celle de *Balthazar* et qu'il convient de penser une progression de l'une à l'autre.

1. David R. Olson, *L'univers de l'écrit. Comment la culture écrite donne forme à la pensée,* Retz, 1998.

Dans *L'Afrique de Zigomar,* les compagnons de voyage de Zigomar, personnages naïfs, sont prêts à croire tout ce que leur raconte le merle, et même à croire que les éléphants puissent ressembler à des morses. De leur point de vue, ils sont bien allés en Afrique, même s'il y faisait étrangement un peu froid, même s'ils ne se représentaient les lieux ainsi. Avoir compris l'histoire c'est avoir compris qu'ils *croient à la vérité d'une chose fausse.* L'attitude du merle est plus ambigüe et mérite interprétation : croit-il lui-même à ses justifications dans une sorte d'auto-suggestion, se méprend-t-il aussi ou, plus lucide, ment-il pour ne pas mettre en péril la réputation qu'il s'est lui-même forgée ? Un débat sur la psychologie du personnage est à ouvrir en classe. En tout état de cause, la compréhension de la "vérité" est facilitée par la présence des images qui matérialisent et visualisent l'*écart* entre croyance ou mensonge et vérité et par le commentaire du narrateur qui pose la vantardise du merle Zigomar. Le pacte de lecture repose ici, comme dans toute narration, sur le fait que le narrateur-illustateur détient toujours la vérité, quel que soit le dit de ses personnages.

Dans *Balthazar,* la découverte de l'ironie est rendue plus difficile parce que le biquet raconte à la première personne son aventure sans marquer d'hésitation ou de trouble sur l'interprétation qu'il faut lui donner (il s'agit d'une bonne partie de galipettes malencontreusement interrompue par la venue d'une vache "très méchante" et des parents qui, décidément, ne comprennent rien au jeu des enfants et des loups). Pas de contrepoint donc, du narrateur ou d'autres personnages, qui mettrait la puce à l'oreille du lecteur. Par ailleurs, les images qui accompagnent la narration ne sont pas massivement en décalage avec elle, comme dans *L'Afrique de Zigomar* : on y voit bien ce que raconte le biquet, comment en particulier trois loups se saisissent du biquet et le font passer, virevoltant de main en main, on y voit bien l'arrivée de la vache qui fonce sur les loups et interrompt ainsi "la partie"... Pour saisir qu'il y a néanmoins un décalage, le jeune lecteur doit d'abord savoir qu'un personnage peut croire quelque chose de faux et donc que ce qui est écrit n'est pas forcément la vérité, ce que la lecture préalable de *L'Afrique de Zigomar* lui aura appris. Il doit ensuite *connaître* l'histoire du *Loup et des sept biquets,* un type de connaissance que n'impliquait pas *L'Afrique de Zigomar,* puis la *reconnaître* en creux dans le texte en train d'être lu. C'est le décalage entre l'histoire connue et la présente histoire, qu'il lui ressemble sans lui ressembler, qui doit conduire le jeune lecteur à percevoir que les images ne sont pas tout à fait en accord avec l'interprétation du biquet et donc à supposer que le biquet mésinterprète. Des détails très discrets (détails portant sur la physionomie des loups principalement) peuvent alors lui apparaître comme autant d'indices.

Une simple scène, celle où l'un des loups, dérangé dans son entreprise par l'intervention de la vache, revient un peu plus tard accomplir son projet : le biquet note le sourire du loup et en déduit qu'il est très heureux de reprendre le jeu ; l'image quant à elle, montre un sourire carnassier, détail qu'un lecteur non alerté peut négliger. On voit que dans cet album l'ironie n'est pas manifestée à l'évidence par la distorsion texte / images. Elle est à découvrir par un fin travail d'interprétation.

Dans cette progression, il convient aussi de penser que les œuvres qui trouvent leur intérêt dans un jeu littéraire entre l'auteur et le lecteur sont plus difficiles d'accès que les œuvres qui racontent d'abord une histoire. Il est important de préserver la lecture d'identification avant de songer à une lecture de distanciation et donc, dans le réseau, de présenter d'abord l'œuvre ou les œuvres qui présentent une intrigue passionnante avant celles qui, peut-être, relèvent plus de la description d'atmosphère.

Un réseau centré sur le symbole du mur

CE2

Dans une classe de CE2, le maître souhaite conduire les élèves vers une lecture symbolique, qui se déprenne de la seule identification au personnage. Il choisit comme symbole le mur, à cause de sa fréquence et de sa lisibilité. Il sélectionne un premier ensemble d'œuvres : *Tillie et le Mur* de L. Lionni (L'école des loisirs), *Le jardin de Max et Gardénia* de F. Bernard (Albin Michel-jeunesse), *Volubilis et les trois jardins* de C. Bernos et A. Cesari (Ipomée Albin Michel-Jeunesse) et *Le mur* de A. Esteban (Syros). Ces livres présentent un scénario commun de transgression du mur : un personnage plus ou moins déçu par son univers borné décide de franchir le mur qui l'enferme. Le motif du mur y joue un rôle similaire : le mur oppose un monde en deçà et un monde au-delà. Le personnage imagine souvent le monde d'au-delà avant même de s'y confronter et cette anticipation nourrit son désir d'"aller voir".

Le maître propose comme premier livre *Tillie et le Mur* parce qu'il peut être lu comme la simple narration de la curiosité d'une souris et parce que dans l'au delà du mur la souris trouve bel et bien le caillou qu'elle avait vu dans son rêve éveillé. Le symbole est directement accessible : le mur sépare un monde ordinaire et un autre monde qui réalise l'imaginaire. Vient ensuite *Le jardin de Max et Gardénia* où les personnages fantasment d'abord un monde plein de dangers puis découvrent progressivement derrière le mur que tous les dangers qu'ils avaient anticipés ne reposaient que sur un jeu d'illusion (arbres taillés en forme d'animaux gigantesques, masques...) accessible à la compréhension des enfants. *Volubilis*, qui vient ensuite, est plus difficile. L'héroïne n'anticipe pas l'au-delà, elle ne désire que "voir le monde". Au-delà du premier mur, passant d'un jardin à l'autre, elle rencontre à chaque fois un personnage qui lui désigne un nouveau mur qu'elle n'ose franchir. C'est dans le troisième jardin qu'un nouveau personnage lui indique une voie inattendue pour réaliser son vœu : s'asseoir sur un "arbre sans nom" et fermer les yeux. L'interprétation est beaucoup plus délicate, parce que plus ouverte. Arrive enfin le dernier livre qui se présente comme une épure. Dans *Le mur*, le lecteur ignore jusqu'au bout ce que le héros, anonyme, imagine trouver derrière le mur et ce qu'il découvre. Le récit s'en tient à la difficile ascension du mur. Le franchissement peut être compris comme pur symbole de la liberté conquise et du prix à payer puisque le personnage use sa vie à l'entreprise. Les élèves sont ici mis dans la posture de devoir faire jouer le symbole sans qu'il soit nettement réalisé.

D'une façon générale, le maître doit déterminer à quel moment il est opportun d'introduire les autres textes choisis autour du texte-noyau, c'est-à-dire à quel moment les élèves peuvent en tirer vraiment profit. C'est tout un parcours qu'il lui faut prévoir, avec ses périodes de recherches intenses, ses périodes où les problèmes mûrissent, celles où l'investigation reprend, celles où la relecture porte ses fruits... À ces conditions la mise en réseau entre vraiment dans une logique de résolution de problème et autorise une réelle finesse de lecture.

c. Ne proposer en apparence aucune progression, aucun texte-noyau, c'est-à-dire donner à lire en même temps les textes du réseau pour que s'engagent entre eux des allers et retours. C'est ce cas de figure que nous développons dans ce qui suit.

Un exemple développé de lecture en réseau

Nous développons ici longuement un exemple, déjà évoqué, celui centré sur les œuvres de Rascal, pour souligner combien la lecture en réseau entre dans une logique de résolution de problèmes, comment elle permet de multiplier les voies d'accès aux textes et provoque chez les élèves une réflexion interprétative d'une grande finesse.

Un réseau centré sur l'œuvre de Rascal

CM

Le corpus

Il s'agit certes à travers le réseau de découvrir que Rascal, comme tout écrivain, possède un univers mental, des valeurs, un style propres, qui dès lors qu'ils sont devenus familiers, servent de signes de reconnaissance, favorisent l'anticipation et fondent une connivence entre œuvre et lecteur. Il s'agit aussi, surtout, de provoquer dans la confrontation des textes des mouvements ondulatoires, de se servir d'un élément élucidé là pour élucider un autre élément ailleurs, et ainsi de proche en proche, et d'apprendre ce faisant que lire littérairement c'est mettre en relation.

Le corpus est composé de : *Fanchon, Moun, Pied d'or, La nuit du grand méchant loup, Petit lapin rouge, Poussin noir*. Les textes retranscrits et privés de leurs illustrations sont confiés à des élèves de CM1, rassemblés par groupes de 3 ou 4 afin qu'ils les classent, sur le ou les critères de leur choix à expliciter. On relève plusieurs types de classements qui, pris dans leur ensemble, dégagent avec pertinence ce qui fait l'essentiel de la thématique et de la stylistique de Rascal :

– classement par la nature des personnages représentés ("*Moun* et *Fanchon* vont ensemble parce que ce sont des petites filles", "*Fanchon, Pied d'or, La nuit du grand méchant loup* : ce sont tous des jouets") ; ou des lieux traversés *("Poussin noir, Le petit lapin rouge, La nuit du grand méchant loup,* ils vont dans les bois et dans les bois il y a du danger") ;

– par l'effet sur le lecteur : ("La tristesse dans *Fanchon* (le masque imaginaire), dans *Moun* (la guerre et qu'elle quitte ses vrais parents), dans *Pied d'or* (la fille qui va se faire étouffer) ; la poésie dans *Fanchon* ("Le fil invisible qui nous relie les uns aux autres"), dans *Moun* ("Elle la serra une dernière fois contre son cœur et la confia à l'océan"), dans *Pied d'or* ("baigna son corps de nacre") ;

– par une thématique jugée récurrente : l'eau ("*Moun* et *Pied d'or* par l'importance de l'eau"), le feu ("*Fanchon* et *Moun* : les deux histoires parlent du feu"), le voyage ("Dans *Pied d'or, La nuit du grand méchant loup, Poussin noir, Moun, Le petit lapin rouge*, les personnages voyagent"), la recherche des origines ("*Moun* va avec *Poussin noir* parce que Moun n'a pas ses vrais parents et Poussin noir n'a pas ses vrais parents lui aussi. Ils ne connaissent pas leurs origines") ;

– par une technique littéraire : la pratique de l'intertextualité ("*La nuit du grand méchant loup* et *Petit lapin rouge* et *Poussin noir,* car il y a des contes mélangés que l'on connaît", "Ils font tous allusion à des histoires connues"), la pratique de la fin ouverte ("L'auteur de *Poussin noir*, *La nuit du grand méchant loup* et du *Petit lapin rouge* nous laisse imaginer et nous on aime ça", "On peut imaginer plusieurs fins, sans les illustrations").

Chacun de ces classements sera successivement considéré en grand groupe. On ne retiendra pas cependant ici le travail accompli *in fine* autour de l'entrée "intertextualité". Du fait de ce choix, on ne fera guère allusion qu'à trois albums : *Fanchon, Moun* et *Pied d'or* (déjà présentés).

Fanchon, pour être *compris*, nécessite que soit *interprétée* la métaphore filée des masques et sa symbolique. De nombreux enfants ont signalé sur leur feuille l'hermétisme du récit : "on ne comprend pas *Fanchon* mais on le trouve quand même très beau". On va voir comment progressant pas à pas dans l'œuvre de Rascal, d'un cercle concentrique à l'autre, autrement dit d'un texte à l'autre, du plus limpide au plus opaque, d'une thématique en apparence transparente à une thématique jugée plus obscure, les enfants vont parvenir au centre où se dénoue ce qui était noué et où, comme une onde qui se propage, la lumière qui se fait sur l'objet d'abord noir finit par éclairer en retour, d'un autre jour, ce qui en amont semblait relever de l'évidence. Le réseau, loin d'être une simple mise en relation de textes, devient mise en relation de lectures qui s'auto-alimentent en spirale et s'ouvrent à d'autres lectures, convoquées hors du corpus, qui génèrent à leur tour de nouvelles ramifications. Et c'est parce que la maîtresse les lance sur la voie du travail interprétatif, leur trace un itinéraire, calculé, pour parcourir le réseau (sans pour autant pointer et décrire par avance sur l'itinéraire les lieux qui valent le détour), enfin les aide à accomplir les allers et retours qui s'avèrent nécessaires que les enfants vont, en particulier, enfin *comprendre* Fanchon, sans cesser de le trouver beau.

Le rôle de l'enseignante

L'enseignante, dans ce qui suit, se fait en apparence discrète. Son rôle est en réalité déterminant, moins dans le déroulement même des séquences et la gestion des interactions, sur la scène de la classe, que dans le choix pensé en coulisses qu'elle fait d'aborder tel principe proposé de regroupement de textes avant tel autre, et dans tel regroupement tel texte avant tel autre, c'est-à-dire dans son anticipation du meilleur angle d'attaque pour provoquer le ricochet le plus spectaculaire. C'est elle qui choisit d'entrer en lecture(s) par la thématique de l'eau, parce qu'elle la suppose d'une certaine façon familière aux enfants, pour aller vers la thématique du feu plus étrangère mais dont elle sait que l'interprétation symbolique en contexte va se dégager à partir de ou par la confrontation à l'interprétation de la symbolique de l'eau dans un autre contexte.

Le premier cercle ou la thématique de l'eau : "On a trouvé qu'on pouvait mettre ensemble *Moun* et *Pied d'or* car l'eau y est importante."

L'eau y est importante mais non encore investie de signification(s) :

M– de quelle eau s'agit-il et en quoi vous paraît-elle importante ?

P– dans Moun c'est l'Océan

Y– c'est l'océan qui emmène Moun de l'autre côté

L.– l'océan transporte Moun et la sauve.

L'attention se déplace de l'eau perçue comme "agent" de voyage au voyage lui-même lorsque F., qui a appris dans cette classe à explorer sa mémoire culturelle pour alimenter son processus interprétatif, perçoit un premier rapprochement possible entre le destin de Moun et celui de Moïse :

F– moi, j'ai déjà vu ça dans un film.

M– quel film ?

F– "Les dix commandements"

Ma– moi aussi / c'est pour sauver Moïse…

P– moi je connais l'histoire de Moïse / on l'a vue au catéchisme

M– où ça au catéchisme ?

P– dans la Bible

M– peux-tu nous raconter en gros cette histoire ?

(Pierre raconte, à sa manière. M. lit ensuite le passage correspondant de la Bible)

M– quels points communs entre Moun et Moïse ?

E– la boîte de bambou et la boîte de jonc c'est pareil

L– le bébé est confié à l'eau par ses vrais parents pour le sauver de la mort

S– et tous les deux sont adoptés

L'eau, si elle évoque la légende de Moïse, ne reçoit pas encore d'interprétation symbolique. On a vu (partie II, p. 86) comment la quête du sens se poursuit dans *Pied d'or* et comment l'eau est alors clairement perçue comme un élément purificateur ou pourvoyeur d'une nouvelle vie.

Le deuxième cercle ou la thématique du feu : "*Dans* Fanchon *c'est le feu qui est important.*"

Un enfant suggère de rapprocher Fanchon de *La petite fille aux allumettes* d'Andersen, en laissant entendre que Rascal, *"tel qu'on commence à le connaître"* n'a pas pu ne pas en nourrir son écriture. L'analyse des enfants est, à chaque nouvelle histoire évoquée, d'une finesse surprenante mais tout se passe encore comme si le fil qui doit relier les œuvres entre elles n'était pas encore tissé : *la re-naissance* de Moun n'est pas tout de suite rapprochée de la *renaissance* symbolique de Pied d'or ou de celle également symbolique de Fanchon. Pas décisif cependant, car disparaît peu à peu ce qui faisait obstacle à la compréhension de Fanchon. Dans sa face visible, l'obstacle se manifeste par la difficulté à attribuer une signification aux masques. On peut aussi supposer que, dans l'ombre, le rapport initial des élèves au(x) texte(s) n'incluait pas la possibilité d'une écriture métaphorique impliquant une opération de traduction. Parce que la nécessité de ***traduire Moun et Pied d'or*** s'est imposée d'elle-même, la même opération devient possible sur *Fanchon* :

S– elle sort vainqueur de ses masques

M– et que sont ces masques ?

Y– le texte dit des "images lorsqu'on lui demande d'être sage"

M– qu'est-ce que tu comprends ?

Y– moi ça me fait penser à "Sage comme une image"

S– c'est une qualité

Ma– oui mais elle le fait même si elle a pas envie

J– à force de vouloir plaire elle a peur de déplaire

MG– elle n'existe plus quand on ne lui donne pas d'ordres

S– à chaque fois elle met un masque parce qu'elle n'est pas la vraie Fanchon / elle fait ce qu'on lui dit pour plaire et puis c'est tout

L– alors un jour elle se perd en elle-même et elle essaie de retrouver sa vraie personnalité

M– comment fait-elle ?

L– elle utilise le feu et elle brûle la fausse Fanchon et elle devient la vraie

Le et Lu – nous on avait pas compris mais on l'avait quand même trouvé très beau

M– qui encore n'avait rien compris à Fanchon ?

[18 élèves lèvent la main]

M– et maintenant qui a compris des choses ?

[tous lèvent la main]

M– à partir de quoi avez-vous compris ?

C– moi j'ai compris quand j'ai compris ce que c'était les masques

Mo– moi aussi et quand j'ai vu l'importance du feu et quel était son rôle.

M– c'est-à-dire ?

Mo– ben il permet à Fanchon de se libérer

C– elle renaît de ses cendres / "de la cendre sombre … à la lumière".

La maîtresse, qui se veut pourvoyeuse de références, ne pouvait ici enchaîner autrement qu'en racontant la légende du Phénix (connue de L : *"Ah ! oui, le Phénix, c'est une légende de la mythologie")* dont l'ensemble de la classe s'accorde à dire que *"c'est bien comme* Fanchon".

Où se fait la jonction des deux thématiques : Pied d'or, un pont entre les deux cercles et entre les œuvres

Ce n'est que lorsque les enfants ont le sentiment de s'être approprié tous les éléments du corpus qu'ils ont l'esprit suffisamment libre pour enfin saisir des similitudes et dégager la thématique commune à *Pied d'or* et *Fanchon*, celle de la renaissance après purification par l'eau ou le feu et, plus en sourdine, celle, connexe, de la quête d'identité :

> *L– à la fin de l'histoire de Pied d'or la petite fille est "libre et légère" / ça fait penser à Fanchon / à la fin elle est "libre et réunie"*
>
> *S– toutes les deux elles sont libres et heureuses / elles renaissent / elles sont elles-mêmes*
>
> *C– et puis la petite fille au pied d'or / elle a un nom*
>
> *J– elle retrouve une identité / le feu lui a permis d'avoir un pied en or et du coup un nom / / c'est grâce au feu qu'elle trouve un nom*
>
> *S– moi je trouve qu'elle renaît deux fois / une fois avec l'eau elle retrouve sa dignité elle est purifiée / et une deuxième fois avec le feu / elle trouve son identité*
>
> *L– ça fait penser au Phénix* [il déclame] *: "de la cendre naît une jambe d'or…" / d'or en plus / comme les plumes du Phénix / il a des plumes couleur d'or…*

Le troisième cercle ou les saisons de la vie

Dès lors que l'eau, le feu et le cordon, c'est-à-dire les œuvres mêmes, ont pu être mis en relation, le processus interprétatif s'accélère. L. suggère à ses camarades de franchir un nouveau pas vers le cœur de la problématique en s'intéressant à la thématique des saisons dont il pressent sans doute qu'elle est susceptible d'enrichir le réseau symbolique construit autour du réseau de textes *("Moi j'ai dit qu'il faudrait regarder les saisons")*. Et c'est ainsi qu'après avoir lentement *constitué*, autour de l'eau et du feu, un ensemble de valeurs symboliques, qui relèvent certes pour le lecteur lettré de stéréotypes culturels, mais qui est patiente et capitale découverte pour les lecteurs novices qu'ils sont, les enfants *reconstituent* les stéréotypes attachés aux saisons, qui leur sont plus familiers parce qu'inscrits dans les usages de la langue et dans l'imaginaire collectif qu'on pourrait dire quotidien. Les reconstituant, ils en cherchent la signification en contexte. Les trois histoires sont relues au crible de la symbolique printanière. *Moun* d'abord : *"Moi je trouve que le printemps dans*

Moun est important parce qu'elle commence une nouvelle vie avec de nouveaux parents dans un nouveau pays / une vie plus heureuse", "Et au printemps les fleurs repoussent / il fait beau / il y a du soleil / Moun recommence une nouvelle vie comme la nature au printemps". Fanchon ensuite : *"C'est écrit qu'elle brûle ses masques comme on brûle la campagne en hiver / ça veut dire quand arrive le printemps comme ça c'est tout prêt pour que la nature renaisse comme Fanchon" "L'hiver c'est le froid / c'est la mort de l'ancienne Fanchon". Pied d'or* enfin : *"Et puis dans* Pied d'or *aussi elle se cache derrière les manteaux d'hiver / elle a peur / elle est triste", "Mais derrière il y a le soleil et tout change", "Tirelire c'est lui le soleil".* La symbolique de l'automne est plus résistante :

> *MG– dans Moun il y a l'automne*
>
> M– oui et alors ?
>
> [silence]
>
> M– que se passe-t-il à ce moment-là ?
>
> *L– Moun comprend ses vrais parents / elle leur en voulait de l'avoir abandonnée mais maintenant elle a compris que c'était pour la sauver*
>
> M– à votre avis à quel moment de sa vie le comprend-elle ?
>
> *L– c'est écrit au fil du temps / elle a grandi / le temps a passé*
>
> *P– moi je crois qu'elle est adulte et c'est pour ça qu'elle comprend mieux et qu'elle leur en veut plus*
>
> M– que se passe-t-il a l'automne ?
>
> *Ma– on fait les vendanges*
>
> M– pourquoi ?
>
> *Ma– ben parce que les fruits sont mûrs*
>
> *L– ah ! oui, c'est ça / c'est comme les fruits / Moun elle a mûri*
>
> *P– l'automne c'est quand on est grand / qu'on est adulte*
>
> M– alors que signifient les saisons chez Rascal ?

Une fois le cycle de l'année parcouru, il revient à L., qui avait initié la thématique, d'en synthétiser la signification : *"Les saisons, c'est notre vie / au printemps, on naît / l'été on est plus grand mais là on n'en parle pas / l'automne on est adulte / on est mûr et l'hiver on est vieux / c'est la mort."* Il découvre par la même occasion, sans le savoir, une figure sur laquelle Rascal ne cesse de broder et que l'on retrouve par exemple dans *La route du vent*, non présentée dans le corpus.

Au centre de l'œuvre : la frontière

C'est encore L. qui a l'intuition ultime qu'un autre thème mérite exploration

(*"Moi je crois que l'horizon c'est très important dans Moun*"), intuition confirmée par plusieurs de ses camarades :

S– dans Moun on a l'impression que ça sépare deux mondes

C– la guerre et la paix

E– et aussi la vraie famille et la famille adoptive

X– et elle renaît de l'autre côté de l'horizon

M– elle appartient à ces deux mondes / comment est-ce possible ?

C– elle naît dans l'un puis elle renaît dans l'autre et puis à la fin quand elle a tout compris elle va donner une part de sa vie

M– précise ça

C– elle donne son enfance / elle envoie ses souvenirs d'enfance de l'autre côté

L'onde se propage alors sur Pied d'or :

Ça- et dans Pied d'or aussi / de l'autre côté c'est un monde inconnu mais pour Tirelire c'est la liberté

M– c'est un nouveau monde / l'horizon c'est comme une frontière

L– oui mais Moun connaît les deux côtés et pas Tirelire

C'est Ma qui apporte la conclusion de l'étude : *"Ils se ressemblent beaucoup Moun, Pied d'or et Fanchon"*, et souligne l'homogénéité profonde de l'univers de Rascal au-delà de la disparité des traits de surface.

Quels savoirs construits ?

Les élèves ont bien entendu construit des savoirs sur l'auteur Rascal, dont on peut supposer qu'ils constitueront dans la découverte future d'autres œuvres du même auteur, le "répertoire" indispensable à la connivence (au terme de l'étude, un élève, prenant suffisamment de distance, donne sa clé de l'œuvre : *"À chaque fois il nous raconte comment prendre son destin en main")*. Ils ont aussi découvert à son contact les principales valeurs symboliques attachées dans notre culture à l'eau, au feu, aux saisons. Ils se sont appropriés un héritage. Au-delà du cas particulier, ils ont mis en œuvre un savoir-faire qui relève du tissage des textes, et qu'on suppose, là encore, transposable hors de l'étude singulière de l'œuvre de Rascal.

Des dispositifs de questionnement du texte

1 *Des dispositifs qui utilisent des canaux variés*

Les échanges oraux

Ils ont une importance capitale pour parler des textes, faire parler les textes, se parler sur les textes. Ils doivent donc se dérouler autant que possible comme des échanges naturels.

Dès la fin de toute lecture, et surtout quand le texte est ouvert à une pluralité d'interprétations, il convient d'accueillir les réactions orales spontanées des élèves. Le maître formule la demande de la manière la plus générale possible, pour ne pas préorienter les premières appropriations. Il ne va pas au-delà de formules comme : *"Et alors ?"*, *"Qu'avez-vous à dire ?"*, *"Qui veut s'exprimer sur ce qui vient d'être lu ?"*. Au bout de trois ou quatre séances de ce type, il n'a plus besoin de poser une question : les enfants savent ce qu'ils doivent faire. À ce stade, le maître ne fait que distribuer la parole, il ne manifeste ni approbation ni désaccord, il est à l'écoute. Parmi les élèves, chacun entend l'interprétation de l'autre, sans qu'on puisse encore parler d'apprentissage organisé. Les enfants habituellement peu bavards peuvent se sentir en sécurité dans cette forme de travail : ils savent que toutes les suggestions sont reçues à l'identique (sauf, bien entendu, en cas de contresens flagrant, en principe vite souligné par la communauté des élèves). Il arrive parfois que, dans cette phase, les élèves annulent la pertinence des objectifs que se fixait le maître pour les séances suivantes, tout simplement parce que leur compréhension spontanée est précisément la compréhension fine qu'il visait. C'est ce qui se passe dans le cas suivant.

Les fables d'Ésope lues par Maître Renard, Ésope et Mitsumasa Anno (Circonflexe)

CM1

Le projet du maître est de faire lire à ses élèves de CM1 des albums qui mettent en scène des grands textes du patrimoine littéraire. Le premier album choisi est *Les fables d'Esope lues par Maître Renard,* Ésope et Mitsumasa Anno, Circonflexe. Son dispositif énonciatif est complexe : le texte d'Esope est illustré par les images d'Anno et ce sont ces illustrations qui sont "lues" par Maître Renard en lieu et place du texte pour cacher à son enfant son analphabétisme. C'est dire qu'il imagine d'après les illustrations des histoires qui n'ont que peu de rapport avec celles d'Esope. Le maître souhaite faire découvrir la clé de ce dispositif énonciatif puis montrer la richesse de possibilités qu'il ouvre. Or, une fois le livre montré, le texte liminaire lu, les élèves trouvent d'emblée la clé du dispositif :

– *c'est l'entrée de ce livre / ça fait découvrir toutes ces histoires / quand on les lit on a l'impression que c'est papa Renard qui les lit*

– *nous on a l'habitude de lire / lui pas*

– *c'est la première fois qu'il lit un livre*

– *il dit "j'ai sommeil" mais c'est parce qu'il a pas envie de lire le livre*

– M : pourquoi ?

– *il doit pas très bien savoir lire le papa Renard*

– *peut-être aussi que c'est parce que il lit pas / il invente des histoires / il fait semblant de lire mais il invente des histoires*

Le **questionnement magistral**, après ce type d'échanges, se fait **le plus discret possible,** étant entendu qu'un questionnement "indiscret" peut désamorcer tous les pièges tendus par un texte fondé sur la méprise ou fermer prématurément les ouvertures de sens d'un texte "proliférant". Pour peu qu'elles soient bien menées, les interactions verbales des élèves autour du texte ont pour effet de permettre la résolution collective de problèmes de compréhension ou d'interprétation mais aussi de permettre à chaque élève d'approfondir sa propre compréhension du texte dans la confrontation à celle des autres. Toutes les conditions sont particulièrement réunies dans l'exemple suivant.

Le Petit Lapin rouge, **Rascal** (L'école des loisirs)

CM1, CM2

Nous retrouverons ici Le Petit Lapin rouge présenté par la technique du dévoilement progressif. Les élèves découvrent la phrase finale du *Petit Lapin rouge*, prononcée par le *Petit Chaperon rouge, "Eh bien, mangeons mon lapin…j'ai une faim de loup"*. La phrase est présentée en deux temps.

[M. donne *"Eh bien, mangeons, mon lapin…"]*

[agitation fébrile]

– c'est même pas une phrase

– elle est pas finie l'histoire

M– qu'est-ce qu'on mange ?

question du maître en apparence innocente qui va déclencher immédiatement le processus interprétatif

– le lapin

la réponse *"le lapin"* n'était pas attendue aussi vite : elle révèle une compréhension en profondeur du jeu littéraire de l'auteur et de la "psychologie" du personnage PCR

– c'est peut-être là que ça commence l'action / on va savoir l'histoire du PCR[7]

– il y a toujours pas de suspens

M– il y en a qui me disent "on mange le lapin" / moi j'aimerais bien qu'on regarde comment c'est écrit

première fois où le maître sollicite la confrontation de l'interprétation aux données du texte

cette injonction a le mérite de faire apparaître d'autres interprétations possibles mais dont la dernière n'est pas moins inquiétante que celle donnée par l'élève précédent puisqu'elle pose à sa manière l'égalité PCR = Loup

– il y a une virgule quand même pour montrer qu'on mange pas le lapin / c'est pour montrer que "mon lapin" c'est pour lui parler / ou alors c'est comme si un loup arrivait et disait "eh bien mangeons mon lapin"

– souvent dans les dessins animés on voit un petit garçon et une sorcière et en fait le petit garçon croit que la sorcière est son amie et il demande "qu'est-ce qu'on fait ?" et la sorcière répond "eh bien mangeons mon lapin" [voix appropriée] *et lui saute dessus*

7– Dans la suite, PCR = Petit Chaperon rouge, PLR = Petit Lapin rouge

on voit comment les élèves mobilisent naturellement leur culture (ici celle des dessins animés) pour conforter une interprétation et montrer que la logique du texte l'emporte sur la logique de la ponctuation

– c'est comme si par exemple / euh / Hugo a dit si c'était une sorcière / mais ça pourrait être une sorcière vu qu'ils ont pas détaillé son visage / c'est pas

– eh ben / "mangeons mon lapin" c'est le chaperon qui le dit mais il va le dire comme ça mais ils ont mangé autre chose

il n'empêche que la partage des interprétations ne ferme pas les possibles et que chacun conserve le droit de se rassurer comme il peut…

M– les enfants il reste encore un morceau / elle dit encore autre chose qui vient un peu après / qu'est-ce qui le montre ?

– les points de suspension

M- je vous propose quelque chose / je distribue le dernier papier mais vous ne le touchez pas le temps que je fasse le tour de la classe pour que nous le découvrions ensemble / vous attendez pour le retourner que tout le monde l'ait ... eh bien retournez

le maître recourt à une mise en scène pour augmenter le suspense

[Rires - brouhaha - Oh ! là, là!]

– souvent dans les contes pour les petits on dit "j'ai une faim de loup, remettons-nous de nos émotions"

à l'appui d'une interprétation "soft", la culture (celle, livresque, des contes) est à nouveau convoquée

– elle parle à un lapin et le loup mange les lapins et "j'ai une faim de loup" ça veut dire que soit elle mange le lapin

– si ça se trouve le loup est juste à côté ou c'est elle le loup

explicitation d'une interprétation jusqu'alors avancée sur le mode de l'implicite : "PCR est un loup" à laquelle est objectée une donnée du texte, objection à son tour levée par des considérations sur l'hétérogénéité du dire et du faire (personne ne relève toutefois le jeu de mot possible sur "faim de loup" / "fin de loup")

– ça peut pas être elle qui dit "j'ai une faim de loup" elle dit qu'on ne mange plus les lapins à la bière ou aux raisins

– ça dépend comment elle le dit

à aucun moment les enfants n'entrent en conflit sur leurs interprétations : ils semblent admettre l'existence des possibles comme une donnée de fait

M– elle peut le dire comment ?

– avec une voix de loup [imite : "*j'ai une faim* (voix normale et ton allègre) / *de loup* (grosse voix caverneuse menaçante)"]

[Rires]

– elle peut le dire normalement aussi

jeu intéressant d' "interprétation" au sens théâtral du terme

– ou de manière violente

– elle peut le dire en se léchant les babines

– elle peut le dire d'une voix très grave [imite]

– dès le début c'est peut-être un loup déguisé et là il peut plus se retenir de parler comme une fillette

– on dit que dans le PCR le loup y mange la grand-mère et se déguise en grand-mère / c'est peut-être la même chose / là il se serait déguisé en PCR mais il dit que on ne mange pas le lapin mais il dit aussi au début / quand il dit "horriblement mal" peut-être que déjà il veut le manger le lapin

résistance à l'interprétation selon laquelle PCR aurait du loup en elle (ou oubli que les hommes, tout en n'étant pas loups, mangent cependant du lapin...) et substitution de l'idée du déguisement

que le PCR ait ou non des instincts carnivores, le simple fait d'en émettre l'hypothèse invite à une lecture récursive et à réinterpréter certaines données antérieures

M– ce qui veut dire encore que là il y a ?

– choix

M– plusieurs choix possibles

– interprétations

M– plusieurs interprétations

le maître se saisit du fait que chez le même élève apparaît un conflit d'interprétations pour clore la séance sur ce qui constituait son premier objectif : faire prendre conscience de l'ouverture du texte et du mode de lecture que cette ouverture implique

On voit dans ce court échange comment plusieurs interprétations, de la plus "soft" à la plus "hard", cohabitent pacifiquement dans l'espace de la classe, sans que le maître éprouve le besoin de trancher. La lecture collective étant par définition plurielle, il serait dommage qu'un individu, fût-il maître, s'arroge le droit de la réduire à l'unité.

Pour autant le rôle du questionnement magistral est loin d'être négligeable. On a vu, dans les moments de classe évoqués çà et là, comment les questions du maître ont essentiellement pour fonctions :

a. de faire expliciter ou développer les interprétations des élèves

À propos de *Moun :*

> *S– dans Moun on a l'impression que ça sépare deux mondes*
>
> *C– la guerre et la paix*
>
> *E– et aussi la vraie famille et la famille adoptive*
>
> *X– et elle renaît de l'autre côté de l'horizon*
>
> M– elle appartient à ces deux mondes. Comment est-ce possible ?
>
> *C– elle naît dans l'un puis elle renaît dans l'autre et puis à la fin quand elle a tout compris elle va donner une part de sa vie*
>
> M– précise ça
>
> *C– elle donne son enfance / elle envoie ses souvenirs d'enfance de l'autre côté*

b. de pointer sur le texte de manière très précise des zones d'indécidabilité, des portes ouvertes qu'il invite à franchir

À propos de *"Ils coupèrent le cordon qui enlaçait la boîte"*, dans *Moun*

> M– que signifie pour vous cette phrase que j'ai choisie ? Vous rappelle-t-elle quelque chose ?
>
> M– pourquoi l'auteur n'a-t-il pas employé le mot "ficelle" par exemple ?

c. d'amorcer le débat de manière souple ("alors ?") ou rusée parce que faussement innocente :

À propos du *Petit lapin Rouge* et singulièrement de *"Eh bien, mangeons, mon lapin"* :

> M– ben qu'est-ce qu'on mange là ?

d. de renvoyer les élèves à la littéralité du texte

À propos de *Petit Lapin rouge* :

> M– il y en a qui me disent "on mange le lapin" / moi j'aimerais bien qu'on regarde comment c'est écrit

e. d'inviter les élèves à un retour métacognitif sur leur façon de lire :

À propos du *Petit Lapin rouge* :

> M– mais comment se fait-il que vous ayez compris dès le début que c'était l'histoire du PCR ?
>
> M- comment avez-vous fait pour reconnaître cette histoire ?

f. surtout et avant tout d'inviter les élèves à construire leur propre questionnement sur le texte comme on le verra ultérieurement.

La gestion des échanges autour du texte est pour le maître une forme d'aventure, qui implique qu'il soit constamment sur le qui-vive et qu'il consente à courir des risques : accepter de renoncer à ses questions préparées ou de les reformuler, être prêt à en construire d'autres inopinément, modifier sa propre interprétation initiale pour accompagner les élèves dans une autre logique, etc.

Le rôle possible du dessin

Comme l'écriture, le dessin permet, dans un autre registre sémiotique, d'exprimer une interprétation et d'en discuter la pertinence à partir d'un support tangible. En libérant les élèves de la difficulté de la mise en mots, il peut même se révéler plus efficace que l'écriture, à condition de le réserver à des scènes problématiques nettement circonscrites et ne posant pas de véritables difficultés de représentation. Le fait que les élèves soient en mesure de représenter avec précision les référents évoqués dans la scène en s'appuyant sur une certaine connaissance du monde, de commenter leurs dessins et d'y lire la manifestation d'une interprétation, en est une autre.

Safari, Ann Jonas (L'école des loisirs)

CE1

Dans l'étude d'un réseau sur les livres à "illusion", dans un CE1, le maître propose *Safari* sans les illustrations. Une fillette y narre son trajet quotidien vers l'école comme s'il s'agissait d'une exploration périlleuse : elle prétend rencontrer des bêtes fauves, alors que l'illustration (cachée) montre un paysage urbain ordinaire, mais légèrement déformé pour que le lecteur puisse y lire, à peine évoquées, les chimères de l'héroïne. Les seuls indices du jeu d'illusion volontaire résident dans le mépris qu'affichent les adultes pour le "danger" supposé. Les élèves lisent silencieusement le texte. Le maître leur demande ensuite d'illustrer par le dessin une scène de leur choix. Les dessins sont ensuite confrontés et discutés. Certains représentent la fillette accompagnée de sa mère. D'autres la présentent seule. Les deux hypothèses de lecture sont étudiées et chacune pose une grave question (si la mère est présente aux côtés de la fillette, alors elle ne peut qu'être aveugle, ce que le texte ne dit pourtant pas ; si elle n'est pas présente aux côtés de sa fille, comment imaginer qu'une mère puisse laisser aller seule sa fille dans un territoire aussi périlleux ?).

Aucune hypothèse n'est recevable. Le problème est posé. Deux ou trois dessins laissent entendre qu'il s'agit une fois encore d'un jeu d'imagination. Les élèves sont renvoyés aux livres déjà lus pour y chercher comment s'exprime l'illusion et finissent par isoler dans le texte du jour l'indice pertinent qui donne la clé, le possessif dans : "certains de *mes* animaux sont dangereux". Le maître présente alors les illustrations cachées, qui confirment l'hypothèse de l'illusion.

Le rôle de l'écrit de travail

De nombreux dispositifs que la recherche a répertoriés utilisent l'écriture comme moyen de construire la compréhension ou l'interprétation. **Les écrits sont, en la circonstance, conçus comme des écrits de travail, transitoires et éphémères, au service de l'élaboration de la pensée et de l'échange des opinions.** Le discours que tient A. Vérin[8], didacticienne des sciences, sur la fonction des écrits de travail accompagnant la démarche expérimentale peut être exactement transposé dans le domaine de la lecture littéraire :

> "Dans une pédagogie constructiviste, qui veut mettre l'élaboration des connaissances par les élèves au centre du processus de la formation scientifique, des écrits de travail accompagnant les démarches d'investigation peuvent jouer un rôle important pour mobiliser la pensée des élèves et engager une dynamique de changement conceptuel. [...] Il s'agit de faire produire aux élèves des écrits par lesquels ils donnent une forme écrite à l'état de leur pensée. Même si la forme, à ce stade, n'est pas canonique, ce sont bien des écrits propres à la formation scientifique car il s'agit d'interprétations de la réalité physique qui sont questionnées et modifiées pour avancer : idées, prévisions, organisation et résultats de mises à l'épreuve, argumentations. Ces écrits ne garderont cependant leur caractère fonctionnel que s'ils demeurent au service du débat scientifique et de la progression des idées dans la classe et si l'investissement dans l'activité même d'écriture reste assez léger pour ne pas saturer complètement la mobilisation cognitive. [...] On peut penser que l'écriture a un rôle important à jouer :
>
> – par rapport aux confrontations entre les idées des élèves (des conflits cognitifs peuvent naître de la mise en relation de traces de pensées d'élèves, dont la divergence apparaît alors et qui aurait pu passer inaperçue sans ce retour sur l'écrit) ;
>
> – par rapport à la confrontation de différents écrits produits par la même personne (une prise de conscience de sa pensée antérieure dans une phase maintenant dépassée peut conduire à une réflexion métacognitive sur les obstacles à la construction des connaissances."

Ce qui suit est une tentative de classement de ces écrits en prenant comme entrée principale leur fonctionnalité première.

8– Vérin, A., "Mettre par écrit ses idées pour les faire évoluer en sciences", *Repères* n°12, 1995, INRP Paris, p. 21-36.

2 *Typologie des écrits de travail*

Des écrits pour accueillir ou faire s'exprimer les premières (ou ultimes) impressions de lecture, ce faisant permettre la mise au jour d'erreurs de *compréhension*

Expression des premières impressions de lecture, à partir d'un incipit

Mieux, souvent, que les questions du maître (dont l'expérience apprend qu'elles passent souvent à côté des problèmes réels rencontrés par les élèves), les journaux de lecture rédigés par chaque élève en début de la lecture d'un roman puis échangés et discutés favorisent l'identification des contresens et permettent de mesurer leur étendue. On sait que les erreurs de compréhension se concentrent sur les premières pages des romans et conduisent bien souvent à l'abandon du livre.

La Main coupée, Chaland et Fromental (Nathan)

CM

L'incipit de *La Main coupée* présente un jeune détective privé, Simon Solovitch, qui trouve dans son courrier un billet de 500 francs sur lequel un correspondant anonyme a griffonné un message : "*ce soir, minuit, musée de cire (il y en aura beaucoup comme celui-là)*". Alors qu'il attend au lieu fixé, il est assommé et, lorsqu'il reprend ses esprits, un jeune garçon qui semble bien le connaître et l'accompagnera pendant la majeure partie de l'histoire, se trouve près de lui. Pénétrant dans le musée de cire dont la porte est restée inexplicablement ouverte, il va découvrir un homme, travesti en empereur mandchou, qui agonise parmi les mannequins. L'enquête peut commencer…

Du premier chapitre sont extraits cinq passages (la classe de CM est elle-même divisée en cinq groupes qui reçoivent chacun un extrait). Le choix des passages a fait l'objet d'une attention particulière : il s'est agi de retenir des passages comportant des indicateurs facilitateurs ou au contraire trompeurs quant à la première identification du genre. La distribution est accompagnée de la consigne suivante : *"Voici un extrait du début du livre que nous allons lire. Surlignez les mots ou expressions qui vous permettent de dire quelle sorte d'histoire va être racontée. Notez dans votre journal de lecture vos arguments et vos difficultés de lecture."* Plus tard, l'ensemble du chapitre sera lu et les premières réactions feront l'objet d'un débat. Une élève, Emeline, a reçu l'extrait suivant :

> "La lettre m'attendait sous l'avalanche matinale des factures et des rappels d'huissiers. Mon correspondant jouait sur du velours en confiant à Blaise Pascal le soin de me transmettre son invitation. Rien ne me rend plus serviable que le portrait de ce grand philosophe, surtout quand il orne les billets de la Banque de France. N'allez pas croire que je sois cupide. J'avais de cet argent un besoin pressant. Les clients étaient rares. À part une minable affaire de caniche volé qui ne rapportait plus un sou depuis des mois, je disposais de tout mon temps pour me lamenter sur le sort des détectives privés. Privés de ressources en particulier. C'est sans doute à la joie de me sentir riche que je dois d'avoir commis mes deux premières erreurs. À midi, j'ai filé chez Bofinger, la brasserie de la Bastille, pour échanger mon billet contre un énorme plateau de fruits de mer et une bouteille de vin de Moselle. J'aurais pu en garder une photocopie, recopier à la main le message qui y était inscrit. Mais non. Je l'ai plié au contraire, à l'instant de régler l'addition, de façon que le garçon ne puisse voir qu'il était maculé. L'affaire n'avait pas commencé que je supprimais déjà un indice important. Le soir, plus grave encore, je suis allé au rendez-vous."

Sur une page blanche en regard du texte, elle est invitée, comme ses camarades, à noter le cadre de lecture qu'elle compte mettre en place à partir de la lecture de l'incipit, les éléments dont elle est sûre, ceux qui lui posent problème. Elle commente ainsi ses impressions ou interrogations de lectrice :

> "On dirait que l'homme est un détective parce qu'il fait des enquêtes. Ce texte n'est pas récent parce que Blaise Pascal est mort depuis 300 ans. L'homme doit être riche parce qu'il va dans un grand café. Il y a du suspens. Ca doit être un roman policier"

Elle a certes identifié le genre du roman et le rôle thématique de son héros. Mais (et le fait se confirme dans la discussion qui suit l'échange des journaux), elle voit en Blaise Pascal un personnage de l'histoire (ce faisant, elle confond de surcroît le temps du récit et le temps de l'énonciation : *"Ce texte n'est pas récent parce que…")*. On sait que le personnage est d'abord saisi chez les jeunes lecteurs par le biais de la mention du nom propre. Il s'en suit, inversement, que tout nom propre cité est susceptible d'être interprété comme renvoyant à un personnage. Par ailleurs, elle infère d'un sentiment fugace et relatif du héros *("c'est sans doute à la joie de me sentir riche")* une propriété permanente, la richesse, totalement démentie par d'autres informations convergentes. Deux erreurs graves de lecture dont on peut supposer qu'elles affecteront, si elles ne sont pas corrigées, la compréhension de la suite du roman. Pour ne considérer que l'erreur faite sur le rôle de Blaise Pascal, la discussion qui suit l'échange des journaux et la lecture intégrale du chapitre met en évidence l'étendue insoupçonnée de la confusion. Deux interventions déstabilisantes de l'enseignante seront nécessaires pour que Blaise Pascal soit remis à sa véritable place :

A– il donne le billet pour être sûr qu'il viendra

H– peut-être que le correspondant veut voler le musée de cire

Mi– *Blaise Pascal ne peut pas voler le musée de cire, allons ! pourquoi il l'inviterait ?*

M– où est Blaise Pascal ?

– c'est dur à dire

Mi– *il est à Clermont-Ferrand* [les élèves habitent Clermont-Ferrand et par la force des choses B. Pascal leur est d'une certaine manière familier]

M– l'histoire se passe à Paris / relisez le passage où il est question de Blaise Pascal

Ma– c'est pas Blaise Pascal le correspondant puisqu'il "confie le soin…"

S– il "orne" les billets de la Banque de France

C– ben alors il doit travailler à la Banque de France [précisons que c'est aussi à Clermont-Fd, plus précisément à Chamalières, que se fabriquent les billets de la Banque de France…]

T– c'est lui qui est sur les billets puisqu'il est mort

Mi– *c'est le correspondant qui a écrit le mot sur le billet alors…*

T– oui, quand il parle de Blaise Pascal / il parle du billet.

Expression des ultimes impressions de lecture

Au terme de l'étude collective méticuleuse d'un texte, le maître peut penser que les mauvaises orientations initiales prises par tel ou tel élève ont été corrigées et s'en tenir là. S'il s'avise cependant de demander à chaque enfant d'écrire ce qu'il a personnellement compris du texte et ce qui l'a le plus étonné, les réponses fournies peuvent lui apporter leur lot de surprises.

W. S., P. H. Hartley in *Histoires de fantômes*, réunies par Roald Dahl (Hachette)

CM

La nouvelle raconte comment un auteur de romans, Walter Streeter, reçoit chaque jour des cartes postales, signées W. S., postées d'endroits de plus en plus proches de son domicile et de plus en plus menaçantes. Le romancier se livre à des supputations qui le conduisent progressivement à penser que W.S ne peut être que l'un de ses personnages, William Stainsforth, inventé par lui autrefois comme une incarnation du mal absolu, et décidé à se venger de son créateur. Le romancier fait alors appel à la protection de la police et s'endort tranquillement jusqu'à ce qu'un étrange policier, qui n'est autre que W.S. déguisé, s'introduise dans son appartement et, après s'être fait reconnaître, l'étrangle.

La nouvelle a été lue dans une classe de CM1. Toutes les hypothèses sur l'identité du correspondant, celles des élèves, celles successives du romancier, ont été étudiées puis confrontées à l'hypothèse ultime qui prend finalement corps. Le texte a été relu pour y repérer les indices parsemés à dessein qui auraient dû normalement indiquer au lecteur la bonne et unique piste. Il est clair pour le maître que tous les enfants ont désormais compris qui était W.S. et quelles étaient ses motivations. Tel est bien le cas pour Antoine :

"J'ai compris que le signataire anonyme était un de ses personnages. Mais sa façon de l'avoir crée ne lui plaisant qu'à moitié, il a décidé de se venger sur son créateur. Le tuer.

Le fait qu'un de ses personnages, William Stainsforth, débarque dans la réalité m'a beaucoup surpris."

Il est loin d'en être de même pour une bonne moitié de la classe :

"J'ai compris que c'est le policier qui l'a tué mais je me demande pourquoi"

"J'ai compris que celui qui avait écrit les cartes postales était un ex-policier. Ce qui m'a surpris c'est que l'inconnu en voulait à Walter Streeter pour le tuer."

"J'ai compris que W.S. va rencontrer l'écrivain et que l'écrivain se demandait comment il savait tout ça. Ce qui m'a étonné c'est quand l'écrivain a voulu mourir, que W.S soit un personnage de bande dessinée. Je me demande pourquoi W.S. était un voleur et maintenant un policier"

"J'ai compris qu'on lui envoyait des lettres et il ne savait pas qui c'était. En fait, c'est une écriture de femme" [hypothèse émise par l'écrivain au tout début dans la "phase d'ouverture de sens" du texte, très vite rejetée et explicitement réduite à néant dans la "phase de fermeture de sens"]

Un tel exercice permet de relativiser la réussite apparente d'une séquence de lecture, à laquelle quelques réponses pertinentes d'élèves peuvent toujours laisser croire, et de mettre au jour des zones d'ombre intense chez certains élèves, que rien dans la discussion n'a permis de débusquer.

Comme le texte n'invite pas à une pluralité d'interprétations et ne peut se lire que d'une seule manière, ceux des élèves qui seront parvenus à une bonne compréhension auront ensuite pour tâche de pointer les erreurs dans la lecture de leurs camarades.

Des écrits pour faire repérer et identifier le problème de compréhension posé volontairement par un texte piégé

Reprenons ici le cas de ce court récit biaisé qu'est *Un voleur dans la nuit*

> "Pendant la dernière grève des transports en commun, un jeune homme rentrait chez lui en passant par un jardin public. Il était tard et il était seul. À mi-chemin, il vit quelqu'un venir dans sa direction. Il y eut un moment de panique : il changea de côté, l'homme aussi changea de côté et, comme ils le firent en même temps et dans le même sens, ils se heurtèrent en se croisant.
>
> Quelques instants plus tard, le jeune homme pensa que cet incident pouvait difficilement être fortuit. Il mit la main à la poche où était son portefeuille. Celui-ci avait disparu. La colère l'emporta : il fit demi-tour, rattrapa le pickpocket et lui demanda son portefeuille. L'homme le lui tendit.
>
> Quand il arriva chez lui, la première chose qu'il vit, ce fut son portefeuille. Il n'y avait pas moyen de se cacher la vérité : il avait volé quelqu'un."

Pour mettre en évidence le leurre programmé puis identifier son origine, le texte fait l'objet d'une manipulation délibérée. Deux dispositifs sont combinés : un dispositif de présentation (en l'occurrence le dévoilement progressif qui permet, en fragmentant la lecture, d'accentuer la surprise finale), un dispositif de questionnement écrit qui prend quatre formes successives.

Un voleur dans la nuit

CM

Le texte est d'abord lu privé de son dernier paragraphe. La reformulation orale qui suit cette première lecture partielle montre que les élèves mobilisent (à tort mais sous la pression du texte) le scénario du roman policier : tous pensent que le second personnage suit (poursuit) le premier. L'idée qu'un mauvais coup se prépare les conduit à forcer le texte dans le sens de leur interprétation. Pour lever le malentendu, la scène est mimée, les relations spatiales sont précisées. Le dernier paragraphe est alors donné.

1er écrit :

Invités à dire par écrit ce qu'ils ont compris (**reformulation** écrite), les élèves reprennent en chœur la formule du texte : *"il avait volé quelqu'un"*. Mais lorsque l'enseignante demande qui est ce "quelqu'un" les réponses sont plus évasives. Il n'est pas sûr à ce stade que les élèves aient compris la méprise.

2ème écrit :

Un autre titre, plus explicatif que le titre d'origine, qui *"prouve que l'on a bien compris l'histoire"*, est exigé. Un seul élève parvient à montrer par le biais du **titrage** qu'il a perçu la méprise. Il écrit : *"La croyance du jeune homme"*. Les autres titres proposés ne signalent en aucune manière la méprise : *"Le voleur du portefeuille"*, *"Deux portefeuilles de nuit"*, *"Le voleur du mauvais portefeuille"*, voire signalent le contresens : *"Le pickpocket vole un portefeuille"* L'enseignant ne fait pour l'heure aucun commentaire et met les titres en attente.

3ème écrit :

Le troisième écrit se limite à une tâche de **soulignement**. La consigne est la suivante : *"Souligne en rouge les GN, les pronoms, les adjectifs possessifs se rapportant au jeune homme n° 1 et à son portefeuille, en vert les GN, les pronoms, les adjectifs possessifs se rapportant au jeune homme n° 2 et à son portefeuille"*. La consigne de soulignement, dont l'objectif réel est soigneusement caché dans la mesure même où l'intérêt de l'exercice réside dans sa découverte, par les élèves, permet de repérer un lieu d'ambiguïté passé inaperçu (l'ambiguïté de "son" dans "et lui demanda son portefeuille"). Ce premier repérage conduit les élèves vers une recomposition de l'histoire.

4ème écrit

La recomposition sera totale après un dernier exercice qui permet cette fois d'identifier la raison profonde de la mésinterprétation : l'exercice consiste à imaginer, à partir d'une bande dessinée schématisant les étapes du récit, les paroles et les pensées des deux personnages au fur et à mesure des événements.

Il apparaît vite que le texte ne fournit qu'un point de vue et qu'il convient d'imaginer l'autre, et donc les réactions intérieures sans doute apeurées du deuxième jeune homme détroussé. Il apparaît aussi qu'il faut trouver une astuce pour garder dans le style direct l'ambiguïté du style indirect dans : *"Il lui demanda son portefeuille"*. *"Le portefeuille !"* est la seule formule possible susceptible de préserver le malentendu.

On connaît l'exercice qui consiste à faire **réécrire** une histoire lue et comprise **en changeant le point de vue (on peut parler de "transformation")**. Il est en passe de devenir un exercice obligé et souvent vide de sens (didactique). Il est ici utilisé à un autre moment et à d'autres fins : non point montrer qu'on a saisi toutes les composantes d'une intrigue et qu'on sait écrire mais écrire pour s'apercevoir qu'on n'a pas compris et identifier le mécanisme de la ruse narrative.

L'activité se termine par un retour sur les titres écrits en début de séance : ce retour n'a d'autre objectif que de manifester aux élèves le chemin qu'ils ont parcouru dans la compréhension du texte.

Des écrits pour faire repérer une mauvaise posture de lecture

Le dispositif consiste à placer l'élève momentanément dans la posture de l'écrivain, à partir **de tâches partielles d'écriture, qui sont autant d'interventions dans le texte d'origine.**

La Malédiction de la momie, Robert-Lawrence Stine (Bayard Poche)

CM

Après avoir observé les couvertures et identifié grossièrement le genre dans lequel semble s'inscrire le roman (l'épouvante), les élèves doivent rédiger l'incipit. Les interventions qu'on leur demande de faire sur le texte de l'auteur doivent pouvoir mettre en évidence les cadres interprétatifs qu'ils ont construits avant l'approche directe du texte et, par confrontation au texte authentique, leur éventuelle inadéquation. Dans le cas présent, tous les élèves ont cru devoir attaquer frontalement, sans préparation et sans gradation, l'événement "épouvantable".

Deux exemples :

Écrit 1 : "C'est l'histoire de Jean-Paul qui se perd dans une pyramide. Il ne sait plus où aller. Il y a plusieurs passages. Il part dans un chemin et il voit une momie. Il court de tous les côtés pour échapper à cette momie. Il s'est dit : J'aurais dû écouter mon père. La malédiction m'a puni. Maintenant je suis bien perdu."

Écrit 2 : "Je m'aperçus qu'une horrible momie blanche sortait du sarcophage, toute bandelée. J'ai hurlé, hurlé. Personne m'entendait. Elle m'a pris. C'était comme si c'était un squelette d'avant qui était toujours resté là. J'avais des frissons, c'était une pyramide hantée. Elle était hantée qu'on avait très peur. C'était elle j'en suis sûre, c'était elle qui avait enlevé Sari. Cela était épouvantable, c'est une horreur. Je n'ai jamais vu ça."

La lecture du véritable incipit donne l'occasion de découvrir que les histoires qui donnent "la chair de poule" n'entrent pas directement dans la terreur et de s'interroger sur les raisons pour lesquelles elles procèdent de cette manière. On apprend ainsi que la lecture est un art de la patience (apprentissage essentiel pour les lecteurs en difficulté qui ont tendance à quitter le livre pour peu que la situation initiale du récit qu'il contient s'étende un peu trop).

Des écrits pour aider les élèves à problématiser eux-mêmes leur lecture

Devant un texte qui ne pose pas de problèmes de compréhension particulier, mais qui sollicite grandement des formats culturels et imaginaires, le maître peut laisser aux enfants la tâche de piloter le travail de lecture. Sur la base de la première anticipation à laquelle il a convié les élèves, il leur propose de formuler des questions qui leur semblent pertinentes pour lire l'ensemble du texte.

Le Musicien de l'ombre, Claude Clément (Duculot)

CM

Dans un CM, on propose à la lecture des élèves *Le Musicien de l'ombre* qui présente le destin d'un homme singulier : en une époque préhistorique, celui-ci se montre "comme étranger" au souci de la survie qui anime ses contemporains et à l'univers des techniques qui la rendent possible. Pris dans sa contemplation de la nature, mû par le désir de participer à son concert, il coupe une tige de roseau et imite des chants d'oiseaux. Mais comme il refuse de mettre son invention au service d'une technique de chasse, il se trouve abandonné par la tribu, livré à toutes les angoisses d'une nuit préhistorique. C'est alors qu'il invente la musique qui permet de *"vaincre la peur et les ténèbres"*. Et, ce faisant, il initie un jeune enfant de la tribu attaché à ses pas.

Le maître propose la première de couverture qui illustre la scène de l'invention de la musique sous une pleine lune rayonnante. Il demande aux enfants d'écrire chacun trois questions qu'ils se posent sur l'ensemble du texte au vu de cette couverture. Puis la classe sélectionne les questions qui ne trouveront pas de réponse immédiate dans le texte et qui "feront réfléchir".

Ils retiennent alors ces quatre questions :

– Pourquoi cet homme est-il dans une position différente (différente de celles que nous adoptons naturellement) ?

– Pourquoi joue-t-il d'un instrument de musique ?

– Pourquoi l'appelle-t-on le musicien de l'ombre ?

– Pourquoi le titre s'appelle "Le Musicien de l'ombre" alors que l'image est dans la nuit ?

Ce sont ces questions, surtout les deux dernières, auxquelles s'en ajouteront trois autres portant sur les relations entre les personnages, qui vont fournir un outil d'investigation dans la découverte progressive du texte. Elles seront rappelées à toutes les séances. On notera qu'en se plaçant directement sur le plan symbolique, elles vont bien au-delà de ce qu'un maître aurait probablement pensé pouvoir demander d'entrée de jeu à de jeunes enfants. Preuve, s'il en est besoin, que les exigences et les potentialités des enfants sont avec constance sous-estimées.

C'est ainsi que dès la première séance, les élèves évoquent plusieurs valeurs possibles au mot "ombre". Ils y voient :

– le symbole d'une tristesse : *la nuit / ça veut dire seulement qu'il fait ça la nuit mais l'ombre c'est plutôt qu'il est triste / ça veut dire que c'est la nuit d'accord et que c'est aussi la tristesse*

– la possibilité d'un refuge : *il a peur / il joue dans l'ombre pour pas qu'on le voie / l'ombre c'est comme un toit / un abri pour lui / son ombre c'est un symbole pour lui / comme s'il était avec lui-même*

– la marque d'un mystère : *le musicien de l'ombre ça fait plus mystérieux que musicien de la nuit peut-être c'est une légende / que c'est quelqu'un comme les autres mais pour les autres c'est une légende / ils le connaissent pas / il existe mais on peut pas le voir* (allusion à l'expression *armée des ombres* récemment rencontrée dans la classe ?)

– une singularité énigmatique : *peut-être il a l'air d'une petite ombre dans la nuit / la lune elle brille beaucoup / on dirait le soleil / / ce n'est plus tout à fait une nuit / on dirait qu'on est plus dans le jour / et la lune, ça peut faire de l'ombre - musicien de l'ombre ça veut dire qu'il ne joue que dans la pleine lune quand la lumière et la lune lui fait une ombre.*

Au fil de la lecture, la réflexion s'enrichit :

– *c'est écrit "souffla pour imiter ces chants": il est comme l'ombre de ces oiseaux, l'imitation c'est comme l'ombre.*

– *"C'était dans la nuit des temps": c'était pour ça, c'était la nuit l'ombre...*

– *il est triste pour lui même je trouve / dans sa tête, c'est l'ombre / c'est pour ça*

À la fin du travail, quand les élèves découvrent le dernier paragraphe, ils situent clairement l'appellation comme un choix stratégique de narration :

– *l'auteur il a remis l'homme aux yeux couleur de ciel / il a pas remis le musicien de l'ombre*

– *c'est qu'il a arrêté de jouer moi je pense...*

– *quand il joue on l'appelle le musicien de l'ombre et quand il joue pas on l'appelle l'homme aux yeux couleur de ciel*

M : qui ça "on" ?

– ben l'auteur…

– il l'appelle juste une fois le musicien de l'ombre

– mais aussi dans le titre !

M : oui / et à quel moment l'auteur l'appelle le musicien de l'ombre ?

– quand il y avait l'enfant / quand ça s'est arrêté avec l'enfant la musique / c'était le musicien de l'ombre / on l'appelle juste quand il a joué

M : bon alors on pense que l'auteur l'appelle le musicien de l'ombre juste quand il vient de jouer / / c'est pour… c'est pour quoi ?

– parce que c'est le moment important.

Les enfants développent ensuite cette importance en pointant que :

– le récit explique l'invention de la musique,

– la musique donne un pouvoir,

– ce pouvoir de la musique consiste à vaincre (la peur et) les ténèbres,

– cette invention correspond au lever de la lune,

– l'émotion de cette invention est indicible.

Des écrits pour confronter, mettre en résonance, reformuler des *interprétations* individuelles spontanées

On peut imaginer un dispositif, équivalent de la réaction orale spontanée, qui implique dans un premier temps des reformulations écrites du texte lu puis, dans un deuxième temps, l'échange et la mise en discussion de ces reformulations. On s'accorde généralement à penser que savoir résumer un récit est le signe d'une bonne compréhension. Mais l'on se comporte bien souvent dans les pratiques comme s'il n'existait qu'un seul résumé possible et c'est ainsi que l'on trouve dans certains manuels des exercices de "vérification de la compréhension" (importés de la psychologie expérimentale), qui consistent à présenter à l'élève plusieurs résumés entre lesquels il doit choisir et dont un seul est valable (les autres modifiant soit les faits soit les personnages). Nous posons que le résumé d'un récit, ou la paraphrase qu'on en fait, est toujours le fruit et donc la trace d'une interprétation. C'est afin d'éviter toute ambiguïté que nous appelons ce type de résumé interprétatif, "**reformulation synthétique**". Le recours à la reformulation a dans le cas présent une double fonctionnalité. La reformulation oblige l'élève à prendre de la distance par rapport à ce qu'il vient de lire, à en trouver l'orientation configurationnelle et ainsi à en saisir l'unité. L'échange des reformulations est ensuite un moyen de découvrir la pluralité des interprétations dans la classe et, ce qui n'est pas négligeable, de se compter (qui pense quoi ? quel est mon degré de conformité, de singularité ?).

Le Musicien de l'ombre, Claude Clément (Duculot)

CM

Par exemple, les élèves sont invités à se prononcer sur les reformulations synthétiques suivantes du ***Musicien de l'ombre***, plus exactement sur leur phrase conclusive :

– *Le plus important dans cette histoire, c'est le caractère de l'homme aux yeux couleur de ciel*

– *L'important, c'est la flûte que l'homme aux yeux couleur de ciel a créée.*

– *L'homme va apprendre à l'enfant à jouer de la flûte.*

– *Le plus important, c'est que le musicien de l'ombre a rencontré un garçon et qu'ils deviennent amis.*

– *On doit vivre dans le calme et la sérénité, vivre avec le plus de paix et le moins de disputes.*

– *J'ai compris que le musicien ne jouait pas d'un instrument comme ça mais pour la nature, il imitait les oiseaux, les roseaux…*

– *L'important c'est que le musicien n'est pas resté banni.*

On voit que les propositions correspondent à des interprétations différentes de l'histoire : histoire d'un "génie", histoire d'une exclusion / intégration, histoire d'une invention (celle de la musique) ou histoire d'une transmission (au fils spirituel).

La reformulation synthétique peut aussi être un moyen de clore le travail interprétatif global ou portant sur une portion de texte : le maître, à partir de la collecte des interprétations manifestées dans la classe, y compris les plus fugaces, fabrique une série de reformulations entre lesquelles il demande aux élèves de choisir *("Laquelle de ces reformulations est en ce moment, après la discussion collective, la plus proche de ton interprétation personnelle ? Tu réponds par écrit en argumentant ta réponse")*. On trouvera un exemple du dispositif en partie III.

Des écrits pour provoquer des interprétations divergentes sur des passages problématiques

L'enseignant sélectionne de courts passages, des phrases, des mots qui lui paraissent particulièrement **ouverts** et sur lesquels il oblige les élèves à concentrer leur attention.

Le temps des villages, Azouz Begag (La joie de lire)

CM

On a déjà vu comment dans *Moun*, l'enseignante a sélectionné le passage portant sur le "cordon" pour mettre en lumière les connotations du mot. On propose ici un autre exemple, pris dans un cours moyen. Il porte sur les romans d'Azouz Begag, auteur contemporain français d'origine algérienne, dont les récits, d'inspiration autobiographique, posent des questions de rencontres interculturelles, sans éluder les difficultés de tous ordres. Ces romans sont lus dans une classe de CM2 où environ la moitié des élèves sont issus de l'immigration. Dans ***Le temps des villages***, le père du narrateur regrette l'époque de son enfance où la vie au village accordait une large place aux relations humaines et prenait en charge ceux qu'on exclut aujourd'hui : les vieillards, les fous, les orphelins. Après lecture magistrale du début du livre, et lecture individuelle de l'extrait à travailler, une discussion collective montre que les enfants vont très vite à l'essentiel ; notamment au thème de la différence entre les deux sociétés. La maîtresse veut permettre à chacun de préciser et de formuler clairement sa position. Elle choisit trois phrases problématiques et ouvertes :

1. *"et quand quelqu'un devenait fou, il était consacré fou du village"*

2. *"et on a construit des maisons de retraite pour qu'ils soient plus tranquilles dans leur solitude"*

3. *"et quand un enfant naissait il était l'enfant de tout le village"*.

Trois groupes sont constitués dans la classe. Chaque élève dans chacun des groupes reçoit une phrase avec la consigne suivante : *"Je vous demande d'expliquer à votre manière cette phrase, ce que vous comprenez et ce que vous en pensez, si vous êtes d'accord ou pas avec cette phrase ; mais avant vous devez l'expliquer, comme si je n'avais pas compris. D'ailleurs, je ne l'ai peut-être pas comprise comme vous. J'ai pris des phrases qu'on peut comprendre de plusieurs manières."* L'exercice permet de recueillir des interprétations plurielles.

Dans le cas de la phrase n° 1, ont ainsi été obtenues les réponses suivantes qui s'appuient sur quatre visions différentes du fou dans la société algérienne traditionnelle (l'absence de distinction perçue entre anormalité et normalité, la folie comme image déformante et drôle de soi-même, la folie comme signe supérieur de distinction, ou honneur du divin) :

- Cette phrase veut dire que les gens n'excluaient pas les fous mais les prenaient pour des gens normaux et je pense qu'ils n'auraient pas accepté qu'on les enferme dans des asiles et qu'ils préféraient que les fous soient au milieu des autres. Et je crois que maintenant les fous sont dans des asiles car ils sont devenus méchants et qu'on a eu peur d'eux au point de les éviter.
- Maintenant les gens sont très méfiants c'est pour cela qu'ils enferment dans un asile. Ils croient que c'est un danger public. Avant les fous on les trouvait marrants, pour eux c'était comme des clowns. Ils faisaient rire les personnes du plus jeune au plus âgé de la tribu.
- Un fou dans le présent on s'en moque, quand on est dans la famille d'un fou on en a honte tandis que dans le passé c'était un grand honneur.
- Maintenant les gens disent que les fous sont dangereux parce que les gens ont peur d'eux. Avant les fous étaient très bien admirés.

Les réponses sont ensuite mises en débat.

Des écrits pour affiner les interprétations spontanées de chacun

Dans la classe précédemment évoquée, après l'étude du *Temps des villages*, vient celle de :

La force du berger, Azouz Begag (La joie de lire)

CM

Le roman a pour narrateur un jeune garçon qui s'oppose à son père notamment sur les connaissances scientifiques qu'il acquiert à l'école. Le titre, qui renvoie au père, est relativement énigmatique et peut paraître en contradiction avec le propos général du livre qui tend à valoriser la culture occidentale du fils, opposée à la culture ancestrale du père. Mais tout l'intérêt est précisément là, dans ce conflit entre deux cultures difficiles à concilier.

La maîtresse souhaite que ce conflit apparaisse et pense que l'étude du titre est apte à le faire découvrir. Le roman a été lu entièrement avant la séance. Une longue discussion collective a apporté la preuve d'une compréhension certaine des problèmes en jeu : *"ça fait un peu comme s'ils échangeaient leurs savoirs, le fils apprend des choses au père et le père aussi il lui apprend à prier vers La Mecque".* C'est alors que les élèves sont invités à donner par écrit leur explication du titre. Les explications ne sont pas toutes très satisfaisantes ou très explicites :

- "la force du berger c'est que le père veut avoir toujours raison même quand il n'a pas raison"
- "c'est de faire comprendre des choses qui sont en fait fausses, il veut avoir raison en cherchant une explication à tout", "le père a une force non pas physique mais de faire quelque chose pour comprendre"
- "je pense qu'Azouz Begag a choisi ce titre en présentant une certaine admiration envers l'obstination de son père"

Le maître pense que les enfants sont capables de mieux formuler leurs réponses. Il leur fait relire un extrait du *Temps des villages* en leur disant que cette relecture va les aider pour répondre une seconde fois. Les réponses sont alors plus longues, plus circonstanciées :

- "C'est qu'il a la force de se battre jusqu'à ce qu'il obtienne un résultat. La force du berger c'est sa foi, l'amour de son pays"
- "Il prend tout le temps la logique des choses, par exemple il dit que la Terre est plate mais il ne veut pas croire que la Terre est ronde parce qu'il lui faut une expérience".

Elles sont surtout plus ouvertes, les élèves sentant bien qu'il n'existe pas de réponse définitive :

- "C'est sa gentillesse, de respecter la loi, d'avoir une force en lui d'être et de faire respecter le village, de se poser beaucoup de questions, de croire que ce qu'il voit et surtout de s'occuper de son fils le maximum que les autres pères arrivent pas"
- "La force du berger, c'est la paix"
- "C'est l'autorité, le caractère et la foi qu'il a en son pays et en sa religion"

Des prélèvements ou biopsies sans indication de l'objectif pour stimuler le travail d'interprétation

La nature des éléments à faire relever, *sans indication de l'objectif*, parce que l'objectif est précisément à découvrir par les élèves au terme de l'activité, dépend entièrement des caractéristiques du texte. Prenons l'exemple de *Panique à la télé* de Marcello Argilli (*Nouvelles d'aujourd'hui*, Père Castor Flammarion), qui raconte comment un personnage découvre son double absolu sur l'écran de la télévision et comment l'un et l'autre, pour finir, simultanément tentent de se supprimer.

Panique à la télé, in *Nouvelles d'aujourd'hui,* Marcello Argilli

(Père Castor Flammarion)

CM

“Après le repas, il alluma le téléviseur et s'installa dans son fauteuil, se préparant à savourer un spectacle agréable. Mais lorsque l'écran s'alluma et qu'apparurent les images, au lieu des acteurs, il vit quelque chose qui le laissa abasourdi : c'était lui-même qui venait d'apparaître sur l'écran, lui-même, assis exactement dans la position qu'il avait devant le téléviseur. Voyons, c'était impossible, absurde : il ne pouvait s'agir que d'un sosie, d'un acteur qui lui ressemblait comme une goutte d'eau ressemble à une autre goutte d'eau.

Déconcerté par cette extraordinaire ressemblance, il se gratta instinctivement la tête, et voilà qu'il se produisit quelque chose d'encore plus bouleversant : le personnage de l'écran se grattait lui aussi la tête, exactement avec le même geste. Alors ce n'était pas un sosie, c'était vraiment lui, d'ailleurs il portait la même robe de chambre et le décor était rigoureusement identique à celui de la pièce où il se trouvait : il reconnaissait très bien le fauteuil, le divan, le tableau accroché au mur.

“Restons calme” pensa-t-il. S'il apparaissait ainsi à l'écran, il ne pouvait y avoir qu'une seule explication : une caméra cachée en train de le filmer.

Il la chercha partout et, tout en farfouillant dans les moindres recoins, du coin de l'œil il continuait de se voir exécutant tous ces gestes à la télé. Force

lui fut d'admettre qu'il n'y avait pas de caméra cachée et pourtant il se voyait toujours sur l'écran. Il frissonna.

Une pensée soudaine accrut sa panique : s'il apparaissait ainsi à l'écran, ça voulait dire qu'en ce moment même la nation tout entière le voyait. À cette idée, il se sentit nu comme un ver devant des millions de personnes.

Il courut éteindre son téléviseur et se blottit dans son fauteuil. Il n'osait plus bouger, angoissé à l'idée que l'on puisse encore le voir. Pour en avoir le cœur net, il prit son courage à deux mains et ralluma l'appareil. L'écran s'éclaira et y défila cette inscription : "Veuillez nous excuser pour cette interruption. La suite du programme dans quelques instants". L'inscription disparut, faisant place à l'image : toujours la même, c'est-à-dire lui, blotti dans son fauteuil.

– Enfin quoi, c'est impossible ! balbutia-t-il.

Mais il ne fut pas le seul à dire cela, son image à l'écran le dit aussi. Alors, cédant complètement à la panique, il perdit la tête. Il empoigna un marteau et son image aussi l'empoigna.

– Assez ! cria-t-il.

– Assez ! répéta en écho la télé.

Il brandit le marteau pour détruire cet appareil infernal et son image le brandit également mais ce marteau qui s'abattait sur l'écran, il ne put le voir. En effet, il sentit un grand coup sur la tête et s'écroula par terre."

Le texte est présenté à une classe de CM2 par dévoilement progressif. Le découpage épouse étroitement le questionnement affolé du personnage confronté à la présence du double et implique que les jeunes lecteurs en même temps que lui tentent de trouver une explication à l'inexplicable. Les hypothèses émises par les élèves sur l'origine du phénomène ne bougent pas du début de la lecture à sa presque fin, envers et contre ce que dévoile progressivement le texte. Parce que l'apparition du double constitue pour eux un scandale cognitif qu'ils ne peuvent en aucune façon surmonter, parce que le genre fantastique qui fait entrer l'irrationnel dans le réel rationnel ne leur est pas familier, les enfants se réfugient dans de piètres explications rationnelles dont ils voient bien les limites, dont ils voient bien aussi qu'elles sont démenties par les mots du texte mais auxquelles ils s'accrochent cependant désespérément, dans une forme d'embourbement.

C'est ainsi que les hypothèses émises sur la première partie du texte (jusqu'à "goutte d'eau") :

– *peut-être c'est un reflet*

– *un sosie*

– *ou qu'il s'est fait filmer en direct*

– *quand on allume la télé la caméra se met en route*

– *pour le vérifier il peut se lever / faire des choses pour voir si c'est pareil à la télé...*

– *peut-être que c'est lui qui a fait le spectacle et qu'il s'en souvient plus*

– *peut-être qu'il a trop bu et qu'il voit n'importe quoi*

sont manifestement démenties dans les deux morceaux suivants :

– *c'est pas un sosie c'est dit dans le texte*

– *c'est peut-être un miroir qui est devant lui*

– si c'est un enfant c'est ses parents qui l'ont filmé

– si c'est un enfant en tout cas il peut pas avoir trop bu

– il faudrait qu'il aille voir chez un voisin pour voir si c'est la même chose

– il a eu la même idée que nous / une caméra cachée mais il la trouve pas

sans qu'elles soient pour autant abandonnées :

– il est filmé mais la chaîne s'est trompée de programme et après elle s'est excusée

– c'est curieux parce que si c'est une caméra ils auraient pas écrit " excusez-nous pour cette interruption "

– M : mais qui est ce personnage sur l'écran ?

– son reflet

– oui mais un reflet ça s'éteint pas

– quelqu'un qui lui ressemble

– son jumeau habillé comme lui

– M : on n'arrête pas de revenir aux mêmes explications / est-ce qu'on peut garder les mêmes suppositions qu'au début ?

– la caméra

– M : mais on a dit que ce ne pouvait pas être une caméra / essaie d'avancer / le personnage / c'est dit dans le texte / n'a pas trouvé de caméra

– peut-être qu'il fait semblant d'être étonné

– c'est son reflet

– M : tu sais bien que ce n'est pas un reflet / c'est lui dans la télé…

En cas de résistance aussi manifeste, l'acharnement thérapeutique est rarement la meilleure solution didactique. De la même manière qu'un lecteur averti peut rencontrer des livres "qui lui tombent des mains" ou dont il n'arrive pas à s'approprier l'univers, il arrive aux élèves de ne pas pouvoir entrer dans la logique d'une histoire. Il faut alors leur reconnaître le même droit d'abandon qu'on accorde au lecteur averti, et ne pas en faire un échec personnel, ou trouver rapidement la clé qui ouvrira les portes. C'est précisément pour tenter de sortir les élèves de leur impuissance interprétative que le maître leur demande de relever dans deux colonnes respectivement les actions et les pensées du personnage puis de faire de même avec les actions et les pensées de l'autre personnage sur l'écran.

Actions	Pensées	Actions	Pensées
allume la télé se met dans le fauteuil se gratte la tête reste calme se voit à la télé cherche la caméra éteint le téléviseur se blottit dans le fauteuil rallume le téléviseur frissonne balbutie	est abasourdi est déconcerté est bouleversé a peur est angoissé panique se sent nu comme un ver	se gratte la tête farfouille dans tous les coins blotti dans le fauteuil balbutie	

Le prélèvement et la mise en tableau permettent effectivement de mettre un terme à la crispation sur l'explication rationnelle :

– M : alors que sait-on du personnage ?

– *ce qu'il fait*

– *et un peu qu'il a peur, ce qu'il ressent*

– M : on regarde ce qui est écrit / il y a une particularité

– *il y a une liste de verbes*

– M : et le sujet c'est ?

– *"il"*

– M : donc je mets "il" au-dessus

– M : si lui je l'appelle "il" comment je vais appeler l'autre ?

– *ben, "il" aussi*

– M : oui mais on va tout confondre / trouvez autre chose

– *la doublure*

– *ou son double*

– M : il va falloir choisir / c'est quoi une doublure ?

– *c'est dans les vêtements*

– *ou au cinéma*

– M : qu'est-ce qui va mieux ici ?

– *"double" parce qu'on le remplace pas comme au cinéma / c'est le même*

[Le maître inscrit "Il" au-dessus des deux premières colonnes, "le double" au-dessus des deux dernières]

– *il fait exactement la même chose que l'autre*

– M : et ce qu'il ressent ?

– *on sait pas ce qu'il pense*

– *il pense pas forcément comme l'autre*

– *ils ont pas le même esprit / c'est pas possible / deux personnes peuvent pas avoir le même esprit*

– *celui qui regarde la télé il sait pas ce que l'autre pense*

– M : sait-on si le double pense ?

– *le texte le dit pas*

– M : ça veut dire que nous lecteurs nous voyons les choses de quel côté ?

– *seulement du côté de "il"*

– M : oui, seulement du côté de "il" mais regardez bien / le double farfouille avez-vous dit / quand on farfouille c'est qu'on cherche quelque chose / que cherche le double ?

– *ben comme "il" la caméra*

[long silence ébahi devant la découverte]

– M : mettez vous à la place du double maintenant

[silence]

– M : que peut-il penser ?

– *il peut penser que comme l'autre personnage*

– M : oui parce que pour le double qui est "il" ?

– *son double*

– *et pour "il" l'autre c'est son double*

– *ben alors le double est dans la même situation que " il "...*

Lecture de la fin

[rires] *[" je ne comprends rien "]*

– *le personnage dans la télé il voit le personnage qui est dans la pièce*

– *c'est pas possible*

– *le double est dans la télé de "il" et "il" est dans la télé du double*

– *comme ils font exactement pareil " il " tape le double / le double tape en même temps / il va s'assommer lui-même*

– *et là le double parle / il dit "assez"*

– "il" aurait dû se taper lui-même sur la tête comme ça l'autre aurait fait la même chose

– et il disparaîtrait

– M : bon, comment comprenez-vous cette fin ?

– le double et "il" ils meurent

– oui, mais tout ce qui est raconté on ne le sait que parce qu'on est dans la tête du personnage " il "

– M : comment sait-on qu'ils s'écroulent par terre ?

– il est probable qu'ils se sont assommés / ils ont un marteau

– M : on est dans quel univers là ?

– fantastique

– M : qu'y a-t-il de fantastique ?

– parce que c'est comme tous les soirs et puis crac c'est plus comme tous les soirs / ça devient incompréhensible

– M : oui

– ils s'écroulent par terre

– M : est-ce que le texte dit vraiment ce que devient le double ? regardez bien le texte

– eh ben non ça le dit pas

– peut-être qu'il prend sa place

– c'est à nous d'imaginer la fin de l'histoire

– M : alors elle continue où cette histoire ?

– dans notre tête

– dans notre imagination

– qui nous dit que les deux sont assommés ?

On opposera les finalités de la technique du relevé telle qu'elle est conçue ici à l'absence de finalité qui est la plupart du temps la sienne dans les classes. Le dispositif, ici, donne en somme d'abord à voir ce que cache la lecture cursive (en particulier une technique de l'auteur : le choix d'un point de vue partiel et subjectif) et ensuite à comprendre. Il permet d'identifier le genre et, dans la foulée, la logique qui le gouverne. Au-delà, il permet de goûter, *in fine*, aux joies de l'indécidabilité.

Retour sur *Le Musicien de l'ombre*, Claude Clément (Duculot)

Pour éclairer un aspect de la symbolique de l'ombre, pointée par les élèves, dès l'entrée en lecture comme on l'a vu, le maître a proposé la consigne suivante : *"Relève dans les deux premiers extraits du Musicien de l'ombre les mots ou expressions "autour" de l'ombre et de la lumière"*. Le mot "autour" a été oralement paraphrasé comme "ce qui évoque", en sorte de provoquer de libres associations d'idées.

La mise en commun a permis d'élaborer le tableau suivant :

L'OMBRE		LA LUMIÈRE
C'était dans la nuit des temps	– le froid	– les premières lueurs
– Le Musicien de l'ombre	– la peur	– le bonheur de l'aube
– la grotte	– le vent	– une clarté
– sans feu	– la solitude	– le soleil qui enflammait
– l'obscurité	– silence	– ce jour
– dans la nuit	– l'étang déserté	– le foyer
	– terrifié	– l'orée de ce jour
	– sommeil	– feu
		– une lueur étrange
		– la rosée
		– les braises
		– yeux couleur de ciel
		– contempla le soleil
		– blanchit l'obscurité
		– la lune

Le travail a d'abord permis de dégager, - et spatialement dans la disposition des colonnes -, la valeur connotative de certains mots. Les enfants en rendent compte en évoquant d'abord d'étonnantes rationalisations. Ainsi à propos du froid : *quand le soleil brille / il fait chaud mais quand c'est l'ombre le soleil éclaire pas la terre / il fait froid ou encore le froid c'est l'hiver et l'hiver les jours sont courts.* Surtout les enfants ont mis dans la lecture leur propre histoire émotionnelle. Ainsi, à propos de la solitude : *c'est comme quand on a quatre ans et qu'on est dans le noir,* ou bien à propos du bonheur *: on a comme une flamme en soi quand on est content.* Une petite fille en tire un principe : *c'est toujours le même principe / on met la peur dans l'ombre.* Le gain cognitif n'est pas nul. Et la résonance du symbole gagne en épaisseur dans la conscience des jeunes lecteurs.

Les discussions ont été plus âpres quand le maître a proposé sa seconde consigne : *"À quel monde appartiennent ces mots ou expressions ? Est-ce au monde de l'homme aux yeux couleur de ciel, à celui des autres membres de la tribu, à celui de l'enfant ?"*

Spontanément, les enfants se sont d'abord intéressés aux mots de la lumière. Pour les attribuer au monde de l'homme aux yeux couleur de ciel. Une vive résistance s'est fait seulement jour autour des phénomènes météorologiques, car *le soleil, il est pour tout le monde !* Et la discussion s'est ouverte autour de la dénomination d'*homme aux yeux couleur de ciel.* Était-ce le bleu ? le gris ? Les yeux changeaient-ils de couleur selon le temps ? Était-il à ce point le miroir de la nature ?

À propos des mots de l'ombre, il est apparu clairement qu'ils appartenaient au monde de l'homme aux yeux couleur de ciel, et qu'au total tous les mots relevés semblaient s'appliquer plutôt à son univers. Ce qu'un enfant a joliment dit : *alors cet homme c'est lui qui fait l'ombre et la lumière… il se partage entre l'ombre et la lumière, les deux…* et ce qu'un autre a repris : *avant au début il est dans la lumière / il regarde le soleil / maintenant il est dans l'ombre / dans la nuit tout seul / après il voit la lune / il va découvrir la lumière.* Voilà esquissée une théorie du génie créatif. En tout cas, sans l'éteindre, ce moment de réflexion a grandement clarifié le questionnement initial des élèves et leur a sans doute permis à la fois de ressaisir l'ensemble des références culturelles et affectives qu'évoquait en eux le symbole et de faire le lien avec cette figuration singulière de l'invention d'un art, voire, qui sait ? comme le suggérait un enfant, l'invention du langage…

Des prélèvements pour objectiver une intuition de lecture

Deuxième retour sur *Petit Renard perdu*, Louis Espinassous et Claude Routiaux (Milan)

CE1

Rappelons qu'en fin de lecture, grâce au dispositif de présentation (cf. p. 000), des élèves de CE1 sont parvenus à saisir intuitivement que l'histoire de la maman renard, à la différence de celle de petit renard, n'est pas saisie du point de vue objectif du narrateur, mais du point de vue de la maman : *"Il y a une histoire qui a plus d'indices parce que la maman elle sait pas, elle voit que ce qu'elle voit"*. Plus exactement, le lecteur ne voit, ne sait, par instants, que ce qu'elle voit et pense, quand le narrateur décide de restreindre son champ de perception et son système interprétatif à ceux de la mère. Le texte est un texte polyphonique où deux "voix" se font entendre en alternance. Pour objectiver cette intuition, lui donner l'aspect concret de ce qu'elle est, à savoir une technique narrative parmi d'autres, il convient de trier, dans la polyphonie du texte, la parole du narrateur et les pensées rapportées du personnage. L'opération n'est pas simple pour de jeunes enfants, dans la mesure où - et c'est le propre d'un effet de point de vue – aucun indicateur net (verbe de perception, présence de guillemets) ne guide le partage.

À titre d'exemple, sur le court extrait suivant, le point de vue de la maman se manifeste dans les phrases mises en italiques :

> "Maman Renard se réveille doucement. Elle ouvre un œil, elle flaire... L'air est vide, vide de la chaude odeur de son petit renard. *Il n'est plus là !* D'un bond, elle est sur ses pattes. Nez au sol, maman Renard cherche. Vers les bois, à peine perceptible au milieu des feuilles mortes, elle retrouve l'odeur et la piste de Petit Renard. *Mais qu'est-il donc venu faire sous ce chêne ? Et où a-t-il filé ?"*

Au-delà de la volonté opportuniste d'objectiver une intuition de lecture, on a vu combien la compétence de lecture des textes narratifs est directement liée à la reconnaissance de la présence d'un effet de point de vue.

Des schémas pour affiner l'interprétation initiale

Le Rêveur, **Ian Mac Ewan** (Gallimard Jeunesse)

CM

Rappelons que le texte s'ouvre dès le premier paragraphe sur deux questions essentielles, celle de l'identité et celle du temps :

> "Lorsque Peter se réveillait le matin, il gardait toujours les yeux fermés jusqu'à ce qu'il ait répondu à deux questions bien simples. Elles se présentaient toujours dans le même ordre. Première question : Qui suis-je ? Ah oui, Peter, âge: dix ans et demi. Puis, les yeux toujours fermés, il se posait la deuxième question : Quel jour de la semaine sommes-nous ? Et la réponse survenait, évidence aussi solide et inamovible qu'une montagne. Mardi."

Concernant la question de l'identité, un travail a été organisé autour des désignations des deux personnages Peter et Guillaume, dans les deux scènes symétriques de "transfert" d'identité (Peter devient chat et Guillaume devient Peter puis Guillaume redevient chat et Peter garçon).

Le tableau obtenu sur le premier transfert se présente ainsi :

Le premier transfert	Peter		Guillaume	
	garçon	**chat**	**chat**	**garçon**
corps	doigts main pouce index dos joue tête cou colonne vertébrale épaule la chaleur de ses entrailles bras jambes comme une chemise	pattes de velours blanc moustaches visage queue bouclée fourrure gorge	poitrine fourrure pattes menton gorge os peau cœur queue une porte les pattes de derrière	pieds
esprit	lueur violette et du blanc le plus pur cœur ronronner		ronronnement esprit chat profondeur lueur rosée chose créature lumière essence volute l'apparition lumineuse	

Constatant que pour la rubrique “esprit”, il était impossible de conserver les oppositions garçon / chat et chat / garçon, les élèves suppriment la colonne. Ils en déduisent que les particularités physiques sont donc des “apparences” d'un esprit qui est “continu” et rappellent la question initiale *“Qui suis-je ?”*. Plus tard, la deuxième scène de transfert donne lieu à la consigne suivante : *“Relevez les termes qui désignent Guillaume le garçon et Peter le chat. Organisez comme vous voulez votre classement pour pouvoir comparer les deux transferts.”*

La tâche est délicate : des phrases comme celle-ci : *“Le garçon-chat et le chat-garçon étaient allongés côte à côte devant la cheminée du salon”* amènent les élèves à s'interroger sur la symétrie des désignations et sur le référent exact de chacune d'entre elles. Un classement est néanmoins élaboré :

	Guillaume le garçon	**Peter le chat**
corps	pied ancien corps main visage dépourvu de poils et de moustaches avec des yeux ronds frère-chat resserra son étreinte sur la nuque *leurs corps attendaient immobiles comme des taxis*	affalé sur l'étagère une patte en guise d'oreiller garçon-chat ronronner yeux nonchalamment chat-frère *leurs corps attendaient immobiles comme des taxis*
esprit	opalescence rose et violette… *les deux esprits*	opalescence rose et violette… *les deux esprits*

Mais la mise en tableau ne va pas sans problèmes, âprement discutés dans la classe, dans la mesure où l'auteur organise lui-même la confusion. Si les corps sont ambigus, il semble bien clair que les “esprits” ne forment qu'un. C'est pour cette raison que les élèves sont conduits à remettre en cause la pertinence de leur présentation statique sous forme de tableau. L'un d'eux propose une représentation circulaire qui rend mieux compte de la dynamique du texte et des choix délibérément “ambiguïsants” de l'auteur :

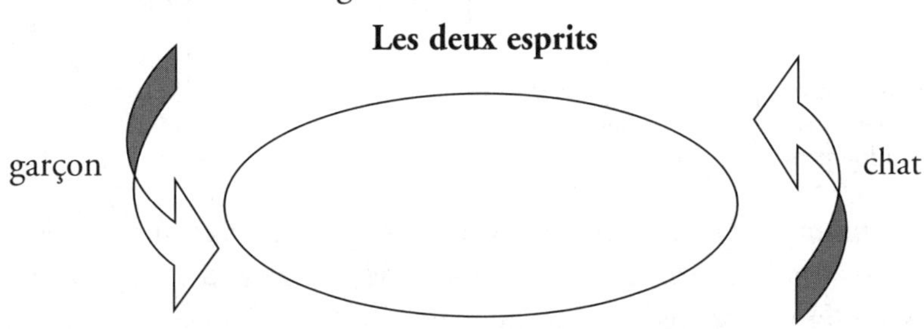

Des mises en tableau pour objectiver une (des) interprétation(s)

À propos du réseau des œuvres de Rascal

CM

Tout en progressant dans les histoires de Rascal cf. p. 153. et suivantes, les élèves, à la demande de la maîtresse et avec son aide, consignent leurs observations dans un tableau, rempli au fur et à mesure des découvertes. Le tableau, sorte de géographie de l'univers mental de l'auteur, se présente alors ainsi :

		Petit Lapin rouge	**Pied d'or**	**La nuit du grand méchant loup**	**Moun**	**Poussin d'or**	**Fanchon**
Personnages	Animaux	X				X	
	Petite fille		X		X		X
	Jouets		X ?	X			
Lieux	Bois, forêt	X		X		X	
	Campagne					X	
	Océan, plage				X		
	Chambre		(X)	(X)			
Éléments	EAU – qui sauve : Moïse				sauve		
	– qui purifie : le baptême		purifie				
	– obstacle à franchir			obstacle			
	FEU pour renaître de ses cendres : le phénix		pour renaître de ses cendres				pour renaître de ses cendres : le phénix
	pour se libérer						se libérer
	pour trouver ou retrouver son identité		trouver son identité				retrouver son identité

De ce premier tableau et de la discussion qui s'ensuit se dégage une conclusion : *"Ils se ressemblent beaucoup Moun, Pied d'or et Fanchon."* Pour mieux souligner encore l'homogénéité profonde de l'univers de Rascal, au-delà de la disparité des traits de surface, un nouveau tableau se construit qui, obligeant à fixer la ressemblance, oblige à l'analyser :

		Moun	**Pied d'or**	**Fanchon**
L'horizon = frontière		Ça sépare deux mondes un peu comme le cordon.	Ça sépare deux mondes différents. De l'autre côté de l'horizon : un nouveau monde inconnu, celui de la liberté.	
Les saisons	**L'hiver** = mort, vieillesse (un peu comme la nuit)		"Les manteaux de l'hiver" Tristesse, peur, malheur.	Fin de l'hiver = Fin de l'ancienne Fanchon.
Les saisons	**Le printemps** = vie, naissance, jeunesse (un peu comme le matin)	Naître, renaître. Elle commence une nouvelle vie, comme la nature qui renaît au printemps. Moun est bébé.	La présence du soleil, c'est comme le printemps, c'est l'espoir qui naît dans le cœur de la petite fille.	Une nouvelle vie pour Fanchon, c'est la nouvelle Fanchon.
Les saisons	**L'automne** = entre la jeunesse et la vieillesse, entre la naissance et la mort, l'âge adulte, la maturité (comme les fruits) (un peu comme la journée)	"Au fil du temps" "À présent" Moun est adulte, elle est mûre. Elle comprend…		

À propos du réseau autour du motif du mur

CE2

Les élèves de CE2 qui travaillent sur le réseau autour du motif du mur, présenté p. 151, dès qu'ils perçoivent la similitude possible entre *Tillie et le mur* et *Le jardin de Max et Gardénia* – c'est-à-dire dès la première séance consacrée à sa découverte – proposent de poser par écrit le fruit de leur travail autour du premier livre lu. Ils imaginent donc un tableau où s'opposent le monde de l'au-delà découvert par le personnage franchissant le mur et celui de l'au-delà imaginé avant le franchissement. Ils cherchent aussi un terme pour désigner le monde d'origine du héros. Le maître leur suggère celui d'"en deçà". Dès lors le tableau devient un véritable outil de lecture. Il sert à saisir le sens prédictif de certaines expressions qui présentent le monde en deçà : ainsi *"la prison dorée"* du *Jardin de Max et Gardénia*, laisse attendre une évasion en même temps que la découverte d'un monde au-delà *"pas top !"* ; la grand-mère *"un peu ridée"*, le parc *"un peu abandonné"* et la maison *"un peu cassé "* de *Volubilis et les trois jardins* suggèrent d'imaginer un monde *"où tout sera bien"*. Le tableau, avec ses trois cases, qui ne sont pas toutes également remplies par chaque album, permet aussi du même coup de localiser des lieux de silence des textes.

	en deçà	**au-delà imaginé**	**au-delà découvert**
Tillie et le mur	monde ordinaire	veut voir un monde extraordinaire	monde ordinaire, avec un caillou de cérémonie
Le Jardin de Max et Gardénia	prison dorée	Max a peur de ce qui vient d'au-delà	Max n'a plus peur : ce n'était que des apparences
Volubilis et les trois jardins	ennui	?	jardins luxuriants / un nain un jardinier Zoé

Le lecteur ignore par exemple ce que Volubilis imaginait de ce monde qu'elle désire tant explorer. Il ignore tout autant ce qu'imagine le personnage du *Mur* de M. Esteban et même ce qu'il découvre, le récit se contentant de narrer le franchissement. Les enfants, devant ces non-dits, se sentent poussés à une relecture pour identifier ce qu'ils pourraient découvrir par inférence. Ils mettent ainsi au jour la probable frustration de Volubilis, le caractère initiatique de son trajet, le fait que s'affranchir d'une médiocrité ne suffit pas à vaincre l'ennui. Son problème n'est pas de changer son environnement mais de se changer elle-même : *"il faut qu'elle grandisse encore, qu'elle aille voir…"*. D'un même élan, les élèves démêlent la construction complexe de l'histoire et lui ajoutent un tiroir :

	en deçà	**au-delà imaginé**	**au-delà rencontré**	**au-delà du deuxième mur imaginé**
Volubilis et les trois jardins	ennui	?	un nain un jardin Zoé	des gens très loin on imagine

À propos du *Mur*, les enfants cessent rapidement de se centrer sur le projet achevé du personnage, dont on ne sait pas grand chose, pour s'intéresser à celui de l'auteur. Ils hésiteront entre ces trois formules : *"pour donner envie au lecteur de planter des arbres pour franchir son mur"*, formule qui laisse entendre que chaque lecteur aurait son propre mur à franchir, *"pour faire un mystère aux gens"*, comme si chaque mur portait sa part d'ombre, *"pour comprendre que le mur est le passage à la liberté"*, comme si la liberté était toujours une conquête sur les entraves.

Plus tard, dans un souci synthétique, pour rendre compte de tout ce que les personnages rencontrés par Volubilis lui présentent, ils diront – mais sans l'inscrire dans leurs tableaux – que *"derrière les murs, il y a la réponse à ce qui fait peur"*.

Des écrits pour rendre les élèves témoins de l'évolution de leur propre lecture

Il s'agit de fixer par écrit une première formulation de l'histoire à partir de l'observation du titre et des couvertures puis, au fur et à mesure de la découverte du texte, de revenir sur la formulation première, qui n'est qu'une hypothèse de lecture, par ajouts, suppressions ou substitutions d'éléments rendus lisibles par l'usage d'encre colorée. Le retour réflexif est renouvelé jusqu'à la reformulation finale. Les reformulations successives considérées dans leur ensemble donnent à voir un parcours de lecture sur lequel il est ensuite possible d'avoir une réflexion métacognitive collective. L'exercice ne trouve son intérêt que si le texte fourvoie le lecteur à plusieurs reprises ou présente un problème de compréhension qui ne peut être résolu que progressivement.

Sept cochons sauvages, Helme Heine (Gallimard)

CP

Présentation de l'album

L'album est tout entier construit sur un jeu de gommage des frontières entre réalité et fiction et sur une interpénétration complexe des deux plans. En ce sens, il rompt le pacte de lecture classique et pose un très sérieux problème de *compréhension* surtout pour de jeunes enfants (quel est le monde représenté ?

quelles sont les lois qui le régissent et quelles attentes construire ?) et pour finir un problème *d'interprétation* (délire de peintre ou réelle intrusion de la fiction dans le monde sensible ?).

L'album figure et intrique trois univers :

1. le monde réel de l'auteur réel Heine : dans ce monde, l'auteur réel Heine peint …

2. un monde fictif où l'auteur fictif Heine peint …

3. un monde fictif composé d'une forêt peuplée de sept cochons.

Or, les sept cochons, sauvages par définition, provoquent des ravages dans la peinture toute fraîche. Furieux, le peintre reprend ses pinceaux et peint dans la forêt une maison jaune de garde forestier. Aussitôt le garde sort, armé d'un fusil et d'un chien, et tue les sept cochons. Dans la maison du garde, on prépare un bon repas à base de cochon rôti auquel est convié le peintre. Saisi de remords, le peintre quitte la maison. On le retrouve perplexe face à son tableau "fichu" car transpercé de sept trous. Il décide de ne plus peindre de paysages avec des cochons et met son tableau à la poubelle. Près de la poubelle, un chien-cochon (transfuge de la peinture ?) contemple le tableau abandonné.

Ainsi l'auteur se représente, à la troisième personne, comme auteur-fictif et donc comme personnage manipulateur d'images, sa représentation iconique fictive prend vie et lui échappe, il devient même personnage de second degré en participant à la vie fictive de sa représentation fictive. Le franchissement de la frontière du plan 2 au plan 3 se double, dans la dernière image, d'un franchissement du plan 3 au plan 2 (le fictif déborde à son tour sur le "réel" fictif : le chien-cochon contemple le tableau mis au rebut, le tableau est transpercé de trous…).

On peut faire l'hypothèse que seulement deux des univers (les deux derniers) seront perçus par les élèves parce que directement lisibles dans la mise en page de l'album (le premier suppose une distanciation critique). L'univers du pseudo-peintre Heine et l'univers de sa création sont distingués graphiquement : le premier est figuré en premier plan et en noir et blanc, le second en arrière-plan et en couleurs (le peintre fait face à son œuvre et la regarde). Au fur et à mesure de l'avancée dans l'histoire = au fur et à mesure que la création déborde sur le "réel", le tableau gagne en surface sur la page jusqu'à en occuper tout l'espace (séquence de la sortie du garde forestier, de la tuerie et du repas) pour progressivement se rétrécir, et n'être plus qu'un objet parmi d'autres, quand le peintre revient à sa réalité quotidienne. Désormais, le tableau n'est plus vu par son auteur (dans tous les sens du terme "voir") mais par l'un des acteurs représentés : dans un jeu de symétrie inversée, le voyeur initial détourne son regard, et c'est le vu qui devient voyeur à son tour. Mais c'est sans compter sur cet autre voyeur suprême qu'est le lecteur, à qui rien n'échappe, en principe, et qui figure un autre niveau du texte.

Parcours de lecture

L'enseignante rédige avec les élèves (dictée à l'adulte) un écrit "Mémoire de lecture", qui est modifié au fur et à mesure de la découverte du texte, et qui rend compte de la perception que les élèves ont de l'album à un moment de la lecture. La conservation des différentes versions doit permettre en fin de parcours de porter un regard distancié et critique sur le parcours de lecture collectif. Voici les quatre versions successives :

État 1 (hypothèse avant lecture, à partir de la page de couverture)

"C'est peut-être une histoire d'animaux, amusante, qui se passe dans la maison des sept cochons. Ils vivent heureux et proprement sans se faire de soucis.
Mais attention de ne pas tout salir en se roulant dans la boue..."

État 2 (en cours de lecture) (en gras les commentaires ou modifications introduites sur la première version, entre parenthèses les suppressions)

C'est peut-être une histoire d'animaux, amusante,
oui on ne sait pas bien
qui se passe (dans la maison des sept cochons).
dans la forêt ou dans la maison peinte
Ils vivent heureux (et proprement) sans se faire de soucis.
oui, c'est écrit "sans crainte"
(Mais il faut qu'ils fassent attention de ne pas tout salir en se roulant dans la boue)

État 3 (en fin de lecture)

C'est (peut-être) une histoire d'animaux, (amusante) triste, qui se passe dans (la maison des sept cochons) la forêt d'un tableau.

(Ils) Sept cochons sauvages vivent heureux sans se faire de soucis, mais ils abîment la forêt.

Alors le peintre peint une maison de garde pour que les cochons s'en aillent. Mais le garde tue les cochons et le peintre a des remords. Il jette son tableau.

La maîtresse relit l'histoire. Plusieurs élèves de la classe confrontent cette relecture aux résumés produits et s'étonnent de la distorsion : *"en fait c'est pas comme on l'a dit l'histoire des cochons mais l'histoire du peintre"*. L'écrit est modifié :

État 4 (après relecture de l'histoire et des versions 1, 2 et 3)

C'est l'histoire d'un peintre qui a peint une forêt. Sept cochons sauvages abîment la forêt alors il peint une maison de garde pour les faire partir. Mais le garde tue les cochons et le peintre a des remords. Il jette son tableau fichu.

Les modifications apportées, et surtout le revirement ultime, montrent comment les enfants sont passés d'une lecture d'identification à une lecture distanciée. En d'autres termes, longtemps ils ont considéré les cochons comme les héros de l'histoire, le peintre comme quelqu'un qui "n'a rien à faire" dans l'intrigue et se contente comme le lecteur de contempler la scène de l'extérieur *("il est comme devant la télévision").* Ils ont pleuré à la mort des cochons. Parallèlement, ils ont aussi perçu l'effacement des frontières séparant normalement les mondes imbriqués représentés et adopté une posture de lecteurs critiques leur permettant une compréhension de plus en plus fine du jeu littéraire ici à l'œuvre, mais tout cela sans en prendre conscience. L'échange se clôt en effet sur ces mots, qui soulignent à quel point, loin d'être appréhendée seulement comme une simple histoire de cochons, l'histoire est aussi saisie comme une histoire d'illusion, de représentation manipulée … par l'auteur qui se confond avec le peintre, et dont le *projet* esthétique est découvert :

K– c'est une histoire de fou

T– on sait jamais si c'est vrai ou si c'est pas vrai

S– c'est l'auteur qui le fait exprès / même sur la couverture il a fait un autre dessin.

Autrement dit, le "véritable" héros est identifié antérieurement à la version 3. La version 3 atteste simplement d'un conflit de lecture, entre *le lecteur pris par l'illusion de vérité et l'identification aux personnages des cochons et le lecteur attentif au jeu d'écriture fondé sur la mise en abyme.* Elle oblitère provisoirement la lecture distanciée pour jouir encore un instant de la lecture naïve. Ce n'est que lorsque la maîtresse invite les enfants à la relire et à la mettre en relation avec certaines de leurs remarques qu'ils opèrent un retournement de point de vue et parviennent dans la version 4 à englober tous les plans du texte et à fusionner leur deux modalités de lecture.

Dans les plus grandes classes, chaque élève peut reconstruire son cheminement interprétatif, une fois le travail collectif achevé, dans un écrit qu'on peut appeler, par référence aux "narrations de recherche" en mathématiques, "narration de lecture". Les **narrations de lecture** constituent un matériau inestimable pour saisir ce qui se passe dans la boîte noire de chaque jeune lecteur, ses fausses hypothèses, la manière dont il les a corrigées, le point de certitude où il est arrivé.

Des écrits pour faire s'exprimer le souvenir de lecture comme manifestation d'une réélaboration personnelle

On travaille ici sur **la mémoire de lecture**. Les élèves s'expriment sur le texte sans le relire, uniquement à partir des souvenirs qu'ils en ont gardés.

– Il peut s'agir de souvenirs immédiats : à partir d'une double consigne, *"choisir librement un passage ou un personnage de l'histoire qui plaît et justifier son choix par écrit"*, les différents écrits produits sont échangés entre pairs puis discutés. C'est l'occasion pour chacun d'expliciter les raisons des sélections opérées et d'entendre celles des autres.

L'enfant et la rivière, Henri Bosco (Gallimard-Jeunesse)

CM2

Voici quelques réponses à la consigne :

Vanessa - "Les meilleurs moments de bonheur sont : le premier jour passé dans le bras mort car c'était le plus beau de la vie de Pascalet. (la lectrice se projette complètement dans le passage), la découverte des coffres car elle permettait de vivre pendant plusieurs jours, la rose des vents en cuivre car elle avait trente-deux pointes et portait seize noms de vents"

Stéphanie - "J'aime quand Gatzo et Pascalet se regardent dans les yeux, qu'ils voient qu'ils sont les meilleurs amis, les lèvres de Gatzo avaient l'air de serrer le sommeil avec fureur. Pascalet est content d'apprendre à faire du feu et admire l'assurance de Gatzo. Il savait tout. Pascalet était heureux de vivre ces instants de bonheur."

Comme on peut le constater, l'expression de ces souvenirs passe par la reformulation mais aussi par la convocation de citations quasi littérales, quand il s'agit de rappeler des éléments descriptifs qui ont frappé par la force poétique de leur expression : un éclat de couleur *("Gatzo avait des poissons au dos bleu quand il pêchait")*, une séquence descriptive entière renvoyant à la profondeur fascinante des eaux et à la vie foisonnante du marais *("j'ai bien aimé le passage où on parle des oiseaux dans le marais car il est bien détaillé.")*, le retour aux gestes primitifs *("La découverte d'une barque remplie d'engins de pêche et surtout de nourriture. La pêche pour se nourrir, allumer le feu avec des pierres. Gatzo sait tout faire.")*

– Il peut aussi s'agir de souvenirs qui remontent à plusieurs semaines.

L'Enfant et la rivière, Henri Bosco (Gallimard-Jeunesse)

CM2

Un bon mois après la lecture du roman, on demande à chaque élève de compléter, à partir de ses souvenirs, un tableau distribué en cases affectées chacune d'un mot-clé (l'eau, la terre, le feu, le vent / sentir, entendre, voir, toucher, goûter / rêve, sommeil, bonheur, danger ...). La consigne est accompagnée du commentaire suivant : *"Les cases ne doivent pas forcément être toutes remplies ; si les souvenirs ne sont pas rigoureusement exacts, cela n'est pas grave ; pas plus que d'habitude, le travail ne sera noté, il servira à échanger des impressions sur le roman ..."*

On a là un exemple de collaboration du maître et des élèves. Le maître propose une amorce de grille de (re)lecture qu'il laisse compléter aux élèves. **Il s'agit d'une provocation à l'appropriation personnelle du texte, s'opposant à la technique, trop répandue dans les classes, qui consiste pour l'enseignant (surtout s'il est spécialiste) à d'abord donner son interprétation puis à faire rechercher aux élèves les mots entrant dans le champ lexical qui justifie cette interprétation préconstruite. Ce qui est visé ici, ce n'est pas d'emblée une reprise exhaustive des éléments pertinents du texte mais la construction de réseaux poétiques personnels,** car, comme le dit Johan : *"c'est un livre pour faire des rêves, pour rêver de la rivière ou d'autre chose."*. À l'issue de la discussion, beaucoup d'élèves estiment que le roman est un rêve d'aventure, plutôt qu'un véritable roman d'aventure, ce qui est une façon de conjuguer le plaisir du rêve ouvert par le texte et celui de la distanciation analytique du lecteur expert.

Les reformulations demandées après un long temps de latence servent parfois à baliser le chemin que l'œuvre continue de faire en l'esprit de chaque enfant.

Des écrits pour permettre aux élèves d'exprimer leur vision des objectifs poursuivis par le maître

On n'apprend véritablement que si l'on est au clair sur les objectifs de l'apprentissage. Souvent, en classe, l'objectif poursuivi par le maître échappe aux élèves. Deux cas de figure peuvent alors se présenter : les élèves ne perçoivent aucun objectif à l'activité en cours, les élèves perçoivent un autre objectif que celui poursuivi par le maître. Dans le premier cas de figure, l'apprentissage est compromis, dans le second les élèves peuvent apprendre autre chose que ce qui est visé. Pour éviter un apprentissage décalé, le mieux est encore que le maître annonce d'entrée de jeu l'objectif qu'il poursuit. Il est des cas cependant où le maître, qui désire mettre les élèves en situation de résolution de problèmes complexes, ne peut présenter son objectif, sauf à courir le risque de résoudre lui-même le problème avant qu'il ne se pose. Dans ces cas-là, interroger les élèves en fin de séance, oralement ou par écrit, sur leur représentation des finalités de la séance est indispensable pour construire une "clarté cognitive" chez chacun des élèves.

La Belle au bois dormant, texte original et adaptations

CM2

Des élèves de CM2 ont comparé plusieurs versions de *La Belle au bois dormant*, la version d'origine de Charles Perrault (Éditions Garnier) et différentes adaptations de plus ou moins grande qualité, prises chez Mango, Au temps jadis et Nathan, sans savoir au point de départ quelle était la version d'origine (l'activité sera plus amplement décrite dans la partie III p. 219). Interrogés par écrit en fin de parcours sur les objectifs perçus des séquences *("On a comparé ces quatre versions : à votre avis dans quel but ? pour vous apprendre quoi ?")*, avec pour intention d'ouvrir ensuite un débat sur les réponses produites, certains élèves, minoritaires, montrent qu'ils ont interprété (représentation d'origine scolaire) l'activité comme une activité de vocabulaire *("pour apprendre des mots")*. De fait, le vocabulaire exotique de Perrault, les substitutions lexicales opérées par les adaptateurs, ont fait l'objet d'une étude particulière. Mais les élèves cités n'ont pas intégré cette activité subordonnée à l'activité cadre qui la justifiait. Dès lors, le bénéfice qu'ils peuvent tirer des séquences de classe s'en trouve réduit. On peut espérer que l'échange des écrits, la confrontation de leur représentation de la finalité de l'activité à celle des autres, vont leur permettre de synthétiser autrement les savoirs à tirer de l'expérience. D'autres élèves en effet ont eu une perception fine des intentions éducatives du maître. Ils assignent au travail comparatif plusieurs finalités qu'ils désignent en termes de savoirs *("apprendre ce qu'est une adaptation, comment on s'y prend pour adapter")* et de savoir-faire *("apprendre à mieux lire " des textes difficiles en les comparant à des textes plus simples, " apprendre à reconnaître un texte original et ses adaptations")*, savoirs et savoir-faire utiles pour ensuite *"acheter, choisir, trier par catégories"*, autrement dit avoir une stratégie de consommateur : *"Ça peut nous apprendre à choisir un livre pour qu'il nous plaise, par exemple : je trouve un livre, je veux le texte original, si je prends une adaptation, je vais m'ennuyer ; ou, je veux une adaptation, je prends l'original, je ne vais pas comprendre."* Effet secondaire sans doute d'une pratique intensive de l'interaction lecture / écriture, quelques élèves croient déceler chez le maître une dernière intention qu'il n'a jamais eue mais dont il concédera qu'il aurait dû l'avoir : *"nous apprendre à faire nous-mêmes des adaptations pour les petits"*. On voit comment de cet échange peut naître, secondairement, un projet d'écriture, qui est aussi un projet d'apprentissage, et qui ne doit rien au maître.

Partie III

Quels dispositifs pour nourrir la culture de l'élève ?

La mise en relation concertée des textes comme moyen de construire une culture : typologie des réseaux possibles

Nous avons souligné à quel point il est crucial d'accueillir la culture propre des élèves : le livre ne peut prendre racine que sur le terreau de la mémoire culturelle spécifique de chaque enfant. Pour autant, pour faciliter l'entrée dans les livres qui, d'une façon ou d'une autre, font écho à d'autres livres, pour faciliter le partage intersubjectif, le maître se doit de construire une culture commune dans sa classe. La lecture en réseau peut y pourvoir.

Un réseau à dominante culturelle peut comprendre des extraits aussi bien que des textes complets, les uns et les autres pouvant ne pas être *a priori* destinés au niveau du public auquel on s'adresse. L'approche des éléments du réseau peut être concentrée dans le temps ou étalée sur une année. Le maître, enfin, peut, bien entendu, être à l'origine du réseau comme il peut tenter de structurer un réseau que les élèves ont construit de façon empirique.

On distinguera ici, pour la commodité de la présentation, plusieurs types de réseaux, qui dans la réalité peuvent se chevaucher.

1 *Des réseaux pour faire découvrir ou structurer le socle des lieux communs culturels*

– ***autour des du genre :*** mise en résonnance du texte lu avec d'autres textes appartenant à la même lignée, pour saisir les normes et les variantes du genre, le degré de conformité ou d'originalité du texte lu ;

– ***autour des symboles*** particulièrement vivaces dans notre imaginaire collectif (eau, feu, or, mur, couleurs, saisons…) ;

– ***autour des mythes et légendes*** qui courent en filigrane dans la littérature de jeunesse peut-être plus qu'ailleurs (Atlas, Icare, le Phénix, Jonas…) ;

– **autour** *des personnages-types*, **c'est-à-dire de personnages** (le loup, la sorcière, le héros invincible…) **qui sont traités dans notre littérature comme des figures**, et de l'imagerie qui les accompagne.

2 *Des réseaux pour faire identifier des singularités*

– **singularité d'un auteur** pour peu que cet auteur ait un univers propre, ce qui conduit à regrouper celles de ses œuvres qui s'éclairent dialectiquement ;

– **singularité d'une reformulation** qui conduit à regrouper dans le réseau le texte et son intertexte (les œuvres qu'il cite explicitement ou auxquelles il fait allusion) pour aider à mieux saisir les clins d'œil adressés ; l'hypertexte et le texte dérivé, soit le texte-source (souvent passé sous silence comme s'il allait de soi qu'il était connu) et ses parodies, le texte-source et ses adaptations plus ou moins fidèles et honnêtes, le texte-source et ses réécritures (par exemple, Esope et La Fontaine), pour que l'œuf ne soit pas pris pour la poule, pour éduquer le consommateur, pour s'assurer que les conditions sont remplies qui vont permettre la jouissance (ou la déception) de l'écart… ;

– **singularité d'un procédé d'écriture**, transversal aux genres et aux auteurs, qui peut faire obstacle délibéré à la compréhension ou à l'interprétation et qui conduit par exemple à regrouper des histoires qui se déroulent dans un désordre chronologique, adoptent le point de vue étroit d'un personnage non humain, pratiquent délibérément la rétention d'information (ou la figure du silence), inversent les valeurs couramment admises…

Les chevauchements de réseaux sont bien souvent inévitables :

– Un même texte peut à la fois transformer un texte-source et citer d'autres textes. De ce fait, il peut être mis en réseau aussi bien avec les textes évoqués (réseau intertextuel) qu'avec le texte-source (réseau hypertextuel).

– La parodie peut être traitée de deux manières différentes. Elle peut être traitée d'abord comme *singularité d'une reformulation*. Le choix implique que soient confrontées et comparées la version originale et les versions parodiées d'une *même* histoire (un travail de ce type s'impose avec les multiples parodies du *Petit Chaperon rouge* dont on dispose aujourd'hui).

L'activité de comparaison débouche naturellement sur une évaluation des versions parodiques : quelle version produit l'effet de surprise et de comique le plus fort ? pourquoi ? La parodie peut être traitée encore, dans un simple changement de focalisation, comme procédé d'écriture. Le choix implique que l'on regroupe plusieurs parodies de textes-sources différents (par exemple, des parodies du *Petit Chaperon rouge*, du *Prince et de la Grenouille*, des *Trois petits cochons*, du *Vilain Petit Canard*) pour étudier les procédés communs qui aboutissent à l'effet parodique : comment, sur un fond d'intrigue conservé ou modifié, les auteurs peuvent changer les caractéristiques des personnages (leur sexe, leur âge, leurs traits physiques ou psychologiques, leur degré d'information sur l'histoire en cours de déroulement, leur milieu géographique, historique, social, leur registre de langue, leurs attributs, leur rôle thématique) ; comment l'intrigue se trouve modifiée par l'introduction de personnages supplémentaires, par rupture des attentes (ratages des actions…) ; comment la transformation atteint le mode de narration même (introduction de jugements évaluatifs et intempestifs du narrateur sur le comportement des personnages, par exemple). L'activité de comparaison débouche naturellement sur la construction d'un concept, celui de parodie.

Des réseaux autour d'un personnage – stéréotype

1 *L'Avare au cours préparatoire*

La maîtresse de ce cours préparatoire ose donner à lire une histoire dont la simplicité apparente cache de redoutables difficultés qu'elle a soigneusement identifiées et anticipées. Elle accompagne la découverte progressive du texte (selon une procédure classique) par un travail de nourrissage culturel qu'elle estime décisif pour permettre l'accès à la compréhension. L'accompagnement culturel se fait ici conjointement et non parallèlement aux apprentissages techniques.

Le texte donné à lire est un petit album de la collection "Bonhomme" chez Hachette : *Monsieur Avare* de R. Hargreaves. La collection, distribuée dans les supermarchés, connue de tous les enfants, peut *a priori* être classée dans la sous ou para-littérature et rejetée comme telle pour un premier apprentissage de la lecture littéraire. Cependant, parce qu'il pratique l'ironie, exige des inférences complexes, s'inscrit dans un intertexte qui appelle la connivence culturelle, manipule des symboles et des stéréotypes, singulièrement celui de l'Avare tel qu'il est représenté dans notre tradition littéraire, tel aussi qu'il n'est pas connu des enfants de 6 ans, l'album choisi est typiquement l'exemple du texte à problèmes (cachés).

Émergence d'un problème de lecture

Arrêtons-nous sur une phrase du début : *"Sais-tu ce que Monsieur Avare a offert à son frère à Noël ? Un morceau de charbon !"* Son sens dit "littéral", celui qu'on vérifie traditionnellement au CP par des questions du type : *"Quel cadeau Monsieur Avare a-t-il fait à son frère ? Viens me montrer le groupe de mots qui le dit"*, n'échappe à aucun des élèves de la classe. S'il s'en tient à cette seule étape, l'enseignant ne perçoit pas que la majorité des élèves n'en a pas compris le contenu. Car pour comprendre cette phrase, il faut sans doute connaître la valeur symbolique attachée dans notre culture au "morceau de charbon". Il faut surtout, pour attribuer une valeur positive ou négative au cadeau, avoir préalablement attribué une valeur positive ou négative au donneur. En l'occurrence, le stéréotype de l'avare est peu ou mal connu des enfants, en tout cas n'a pas suffisamment de prégnance pour contrecarrer ce qu'on peut appeler l'effet de positionnement du personnage : on sait qu'en position de sujet de l'histoire, tout personnage est à priori celui auquel le lecteur a tendance à s'identifier, celui, donc, auquel il prête volontiers des valeurs positives. La difficulté est ici que le sujet est investi de valeurs négatives. Les réponses à la question de la maîtresse : *"que pensez-vous de ce cadeau ?"* montrent que beaucoup d'élèves cherchent des circonstances atténuantes au personnage (*"c'est pas risable, peut-être qu'il a pas beaucoup de sous" - "c'est mieux que rien"*). La lecture de la phrase suivante qui dit explicitement la richesse de l'Avare clôt le débat engagé sur sa pauvreté supposée mais pour autant rend plus opaque son comportement. Le trait n'est pas référé à un modèle qui l'intégrerait et le rendrait interprétable. Grâce à un retour imposé sur le début du texte :

> "Il habitait dans une maison qui aurait pu être jolie. Mais il n'avait jamais voulu peindre la façade, ni remplacer les carreaux cassés, ni faire réparer le toit. À l'intérieur, ce n'était pas mieux. Pas de tapis, pas de rideaux, pas de tableaux, pas de feu dans la cheminée !"

les élèves constatent que l'environnement du personnage est décrit par la négative. Ils relèvent *"n'aimait pas, n'avait jamais ni, ni, ce n'était pas, pas de, pas de, pas de"*. Ils saisissent alors implicitement le procédé métonymique à l'œuvre qui veut que l'on infère d'une description négative du contenant une description négative du contenu. Certains, qui se sont forgés une représentation embryonnaire de l'avare, tentent alors pour les autres de dégager les caractéristiques de son comportement : *"il a beaucoup de pièces d'or" - "il les met dans un coffre"*, et convoquent le seul intertexte qu'ils connaissent à l'appui de leurs dires : *"c'est comme Picsou, il compte tout le temps ses pièces d'or, il a des super coffres-forts, il croit toujours qu'on lui en prend, il dit toujours qu'il est malheureux, qu'il est pauvre"*.

Un réseau de textes pour résoudre le problème de lecture

Pour rendre la figure de l'avare plus familière aux élèves, la maîtresse prend d'abord appui sur cette référence culturelle propre qu'est Picsou, sans se poser la question de sa légitimité institutionnelle, en faisant étudier quelques bandes dessinées produites par W. Disney (*"il n'y a que deux différences entre les deux personnages : Picsou a un coffre, Monsieur Avare a une caisse, Picsou a des pièces d'or, Monsieur Avare a des pièces d'argent")*, puis élargit l'horizon en confectionnant un réseau de textes qui, sous une forme ou une autre, mettent en scène l'avarice dans son comportement archétypal :

– La Fontaine : *La Cigale et la fourmi*

– La Fontaine : *Le Savetier et le financier*

– La Fontaine : *L'Avare qui a perdu son trésor*

– La Fontaine : *La Poule aux œufs d'or*

– Molière : *L'Avare (scène de la cassette enregistrée)*

La maîtresse lit et relit les textes du réseau, organise un travail comparatif, *en même temps* que se poursuit la découverte du texte-noyau *pour précisément aider à sa découverte* (il ne s'agit en aucune façon, comme souvent, d'un simple regroupement thématique, convoqué en marge de la lecture principale à titre d'éclairage annexe). Des similitudes de comportement chez les personnages centraux sont perçues d'un texte à l'autre, soigneusement pointées au prix de relectures attentives et relevées avec l'aide de la maîtresse sous la forme de tableaux comme celui-ci :

L'Avare qui a perdu son trésor – "entasser toujours, mettre somme sur somme" – c'est sa passion – "l'avare… vit en gueux" – il possédait de l'or – il a enterré son trésor – "je n'y touchais jamais" – "Voilà notre homme aux pleurs : il gémit, il soupire. Il se tourmente, il se déchire."
Monsieur Avare – "Il entassait tout son argent" – c'est son seul plaisir – M. Avare vit comme un clochard – il possède des pièces – il cache son argent – "Non, jamais de la vie" – "Pauvre de moi ! gémit Monsieur Avare. Oh ! mon argent !…"

Il apparaît aussi que les fables, comme le texte en cours de lecture, opposent deux personnages (dans le texte - noyau l'avare s'affronte à un magicien dont le rôle est très proche de celui du "donateur" potentiel dans les contes merveilleux et qui a pour fonction de lui faire passer une sorte d'épreuve qualifiante en vue d'un éventuel "rachat"). Une comparaison systématique des couples de personnages permet d'aboutir au tableau suivant :

Le savetier – il est pauvre – il est joyeux – il chante – il est heureux	**Le financier** – il est riche – il ne chante pas – il ne dort pas – il a peur
La cigale – elle chante tout l'été – elle danse	**La fourmi** – elle travaille sans cesse, fait des réserves – elle n'est pas prêteuse – elle n'a pas d'amis
Le magicien – il est dodu – il parle beaucoup – il est gentil, poli	**Monsieur Avare** – on l'imagine maigre – il n'a pas d'ami – il ne veut pas perdre du temps – il a peur qu'on le vole

On note que de la "sécheresse" des réponses de l'Avare a été inférée une forme de "sécheresse" physique du personnage. Grâce à l'étude comparative, les élèves sont en mesure de dégager, sous la forme de deux portraits-robots, un certain nombre de prédicats attachés de manière constante dans le corpus étudié aux figures de l'avare et du "pauvre" :

– le riche avare, maigre, peureux, coléreux, sans ami, sans cœur, qui vit comme un malheureux, qui n'est pas joyeux ;

– le pauvre, qui a bon caractère, qui a bon cœur, qui est gai, semble heureux, profite de la vie.

Ils sont en somme parvenus à "dégager un schème abstrait à partir de données indirectes, éparses ou lacunaires", car dans le texte, comme bien souvent, c'est par ses comportements plutôt que par un portrait en bonne et due forme que se signale le personnage. Dans le même temps, ils ont conscience, en disant que *"c'est pas toujours comme ça"*, qu'il s'agit de caricatures ou si l'on veut de l'expression plus ou moins figée d'un imaginaire social.

Le même réseau de textes donne aussi l'occasion de remarquer qu'au-delà de caractéristiques comportementales codées attribuées à l'Avare circulent des moyens linguistiques communs ou voisins pour dire ces caractéristiques, des emprunts à peine déguisés de formules, de techniques narratives (notamment l'insertion de commentaires évaluatifs du narrateur que les enfants parviennent à localiser chez La Fontaine et chez *Monsieur l'Avare*) qui montrent à quel point le texte est saturé de références intertextuelles[1] et qui font entrevoir aux petits si peu disposés à accepter la "copie" en situation scolaire qu'elle est pourtant une pratique attestée "dans les livres". Première et sans doute décisive prise de conscience qu'un texte est toujours traversé par d'autres textes. Le jeu de citation est immédiatement perçu à l'écoute de la scène enregistrée de la cassette dans L'*Avare* de Molière. La mise en rapport est instantanée entre *"Pauvre de moi ! Oh mon argent, mon cher argent, rendez-le-moi, rendez-moi mon cher argent"* et *"Hélas ! mon pauvre argent, mon pauvre argent, mon cher ami, on m'a privé de toi"*. Les autres ressemblances nécessitent une recherche plus difficile qui débouche, par exemple, sur le tableau suivant :

La cigale et la fourmi	**Monsieur Avare**
• *Circonstances* – l'hiver – "quelques graines pour subsister" – "la priant de lui prêter"	– il fait si chaud – "que je meurs de soif… un verre d'eau" – "vous auriez l'extrême bonté de m'offrir…"
• *Commentaires du narrateur* – "La fourmi n'est pas prêteuse. C'est là son moindre défaut"	– "Monsieur Avare ne manquait pas d'argent. Par contre, il manquait vraiment de cœur"

1. Sans véritable retravail, en quoi il relève bien, d'un certain point de vue (d'adulte) de la para-littérature.

• *La nature de la réponse, dure et sans appel* – "Vous chantiez, j'en suis fort aise ! Eh bien, dansez maintenant !"	– "Non, répliqua sèchement monsieur Avare et il claqua la porte au nez !"

Le stéréotype construit comme moteur de l'anticipation

Tout ce travail effectué au fur et à mesure de la lecture du texte-noyau favorise ensuite une excellente anticipation du reste du texte. Deux exemples :

1. Quand le texte pose au lecteur la question du contenu du repas de l'Avare, les enfants semblent avoir si bien compris le fonctionnement de l'avarice dans les représentations que notre culture s'en fait qu'ils en forcent naturellement les traits :

   – il va boire de l'eau

   – il achètera sûrement pas de la Volvic

   – il va peut-être même pas acheter l'eau du robinet

   – il ira la chercher au puits

   – ou dans la rivière

   – ou bien quand il pleut / il met sa tasse comme ça (geste) ou bien il va faire fondre la neige

2. Dans la scène finale, le magicien fait subir une épreuve à l'avare :

   Aussitôt toutes les pièces furent changées en pommes de terre. Oui, en pommes de terre !

   Pauvre de moi ! gémit monsieur Avare. Oh, mon argent, mon cher argent ! Rendez-le-moi ! Rendez-moi mon cher argent !

   – Peut-être, répliqua le magicien. Mais étant donné les circonstances, peut-être pas ! Cependant, si vous me jurez solennellement de ne plus jamais être avare et si vous me promettez d'avoir bon cœur à l'avenir, je vous rendrai votre argent. Mais attention, ajouta le magicien d'une voix sévère, si vous recommencez…

La réponse du magicien est étudiée de très près. La double condition *"si… et si… je ; mais si…"* dégagée fait apparaître un blanc à combler et explique le *"peut-être"* qui marque bien l'hésitation entre une réponse en *"oui"* et une réponse en *"non"*. Le texte se poursuit ainsi :

> Le magicien eut le verre d'eau qu'il avait demandé.
>
> Puis d'un coup de baguette magique, le magicien changea les pommes de terre en pièces d'argent et il disparut.
>
> – Quel idiot ce magicien ! marmonna monsieur Avare.
> Et vite, il ramassa toutes ses pièces.

La maîtresse pose alors une question : *"Monsieur Avare a-t-il compris la leçon ?"* Pour pouvoir y répondre, il faut certes faire des inférences (inférer un comportement futur d'un comportement verbal et gestuel présent) ; il faut aussi avoir saisi que le stéréotype, en ce qu'il statufie un caractère, s'oppose à toute idée de changement[2]. Les réponses des enfants montrent qu'ils sont attentifs au fait que l'avare a retrouvé ses pièces sans avoir promis de s'amender comme le lui demandait le magicien. Ils infèrent de ce constat qu'il est *"plus malin que le magicien"* et du geste final qu'il n'a nulle intention de modifier son comportement.

On a là l'exemple d'une interprétation fine qu'on ne cherche jamais à atteindre au CP, pris qu'on est par d'autres urgences (et sans doute aussi par de fausses représentations sur les capacités des lecteurs-apprenants).

2 Le "vilain pas beau" au cours préparatoire

La figure du personnage "déshérité" est une figure récurrente dans le conte traditionnel. Dans un contexte historique et social où il revenait de droit à l'aîné d'hériter des biens du père, les contes traditionnels venus du moyen âge mettent en scène symboliquement des benjamins, désavantagés par la nature, laiderons ou benêts, ou simplement "différents", qui, par leurs seules vertus personnelles, courage ou bonté d'âme, finissent par gagner leur place au soleil. Le stéréotype implique une fin heureuse.

C'est ce stéréotype, probablement connu confusément par les élèves, qui est travaillé dans une classe de CP, située en ZEP, rassemblant des enfants d'origines ethniques et sociales variées. L'enseignante souhaite aider les élèves à se construire une culture commune qui leur permette de questionner et de vivre leur diversité. Le réseau du "vilain pas beau" est constitué des textes suivants, présentés dans cet ordre, sur une période de six mois : *Le vilain petit canard* d'Andersen, *Pilotin* de Léo Lioni, *Okilélé* de Claude Ponti, *Poussin noir* de Rascal et "Histoire cruelle" in *Les escargots n'ont pas d'histoires* de Claude Boujon (on aurait pu aussi ajouter à la liste la version parodique du *Vilain petit canard* donnée dans *Petit homme de fromage et autres contes trop faits* de Scieszka, où le vilain petit canard finit sa vie en immonde grand canard). Les trois premiers textes reprennent le

2. L'auteur (collection oblige ?) a cependant opté pour une fin lénifiante et relativement incohérente qui ne sera pas donnée à lire aux enfants.

stéréotype ; les deux derniers le déconstruisent et d'une certaine manière ne peuvent être lus et compris sans le passage par un des trois premiers.

La lecture des deux premiers textes permet déjà l'anticipation sur la fin du second : même type de personnage (*"personne ne l'aime, il n'est pas beau, il est différent"*), même fin probable : *"il sera plus beau que ses parents qui ne sont pas ses parents", "il grandira et il va devenir beau"*. La découverte des aventures successives d'Okilélé conforte l'idée qu'il ne pourra pas revenir chez ses parents : *"ses parents l'ont enfermé, ils sont trop méchants", "il va pas revenir sinon son père va le crier"*. Lorsque la fin arrive, les enfants estiment néanmoins pour la plupart qu'il s'agit *"d'une bonne fin"*. Mais, dans le même temps, Anaëlle, suivie par un certain nombre d'élèves, estime que Okilélé ne devrait pas revenir sur terre pour trois raisons, deux raisons narratives (il a été trop maltraité par ses parents et ne s'est pas transformé ; il a accompli des choses extraordinaires et singulièrement *"guéri le soleil"*), une raison externe au récit, sorte de critique adressée à l'auteur (*"c'est trop simple de le ramener chez lui, c'est comme les autres histoires, il était mieux dans les planètes, ses parents ne méritent pas qu'il revienne, la fin n'est pas surprenante"*). On voit donc comment de très jeunes enfants, ayant repéré un stéréotype, au bout d'un certain temps ne s'en satisfont plus vraiment et disent leur insatisfaction aux auteurs.

Pour autant, quand le stéréotype est mis à mal, comme il l'est dans *Poussin noir*, on ne peut s'empêcher d'être étonné et de soupirer sur le terrible destin du héros... Contradiction naturelle entre les attentes du lecteur "lettré" attentif au mode de fabrication du texte, et les attentes du lecteur non distancié qui s'identifie au personnage. La lecture fractionnée de l'histoire conduit d'abord à s'intéresser au projet du personnage : *"le petit poussin noir part pour chercher ses vrais parents"*, puis au fur et à mesure des rencontres qu'il fait, à exprimer des réactions : les échecs successifs de la quête déçoivent bel et bien, certains élèves se sentant prêts à tolérer de "faux" parents pour assurer une fin heureuse. Quand arrive la fin terrible (la dernière rencontre est celle d'un couple de loups attablés, prêts pour un bon repas), seul un élève est dans la capacité de passer par-dessus sa lecture fusionnelle pour reprendre à son compte l'humour noir de l'auteur : *"c'est pour les loups que ça s'est bien terminé !"*. La lecture d'*Histoire cruelle* (une souris qui n'avait pas de moustache, à qui l'on demande de prouver qu'elle est une souris et qui finit par se faire manger par un chat, ce qui prouve bien qu'elle était une souris...) ouvre l'espace d'un nouveau "genre", le genre du "contre-stéréotype" du "vilain pas beau", qui n'est qu'une autre forme du stéréotype...

L'étude du réseau se clôt sur une récapitulation du parcours des personnages qui ont tous en commun d'être "différents" au point de départ. Les élèves suivent leur "voyage" et notent la diversité des trajectoires : le personnage-stéréotype a plusieurs destins possibles.

On aboutit au schéma de synthèse suivant :

Début du récit	Corps du récit	Fin du récit		personnage
		positive	négative	
Personnage dans une famille, rejeté comme le vilain pas beau	Voyage (de la mare au lac, d'un point de la mer à un autre, dans l'espace…)	Vilain petit canard		A changé, retrouvé sa "nature cachée"
			Poussin noir	Est resté poussin
		Pilotin		Est resté poisson noir mais a des amis
		Arc-en-ciel		A perdu des écailles au profit de ses nouveaux amis
		Okilélé		Est resté "laid" mais est "reconnu" par ses parents
		Quasimodo (référence élève)		N'a pas changé, a des amis

Des réseaux hypertextuels

On travaille en classe de plus en plus sur des histoires "réécrites" (parodies de contes classiques notamment). Mais le maître s'assure-t-il toujours que le texte-source est connu des élèves (et de lui-même) ou que ce qui passe pour le texte-source n'est pas déjà une réécriture appauvrie ? Faute de prendre cette précaution, on court le risque de faire passer le texte "réécrit" pour le texte-source et d'entretenir une confusion des valeurs.

Une précision, toutefois : la source d'un texte dérivé peut n'être pas un texte unique mais un ensemble de textes représentant un sous-genre. C'est ainsi que *Le Doudou méchant* de Claude Ponti (L'école des loisirs), peut être lu comme une réécriture / réappropriation (en aucun cas une parodie) d'un ensemble de contes traditionnels à l'intrigue commune : des parents sont dans l'obligation de laisser leurs jeunes enfants et en confient la garde à la fille aînée ; ils signifient à la fille une interdiction, qu'elle transgresse ; la transgression appelle le méfait d'un "méchant" (enlèvement et /ou métamorphose des frères) que la fille s'emploie à réparer en passant un grand nombre d'épreuves.

Les exemples de réseaux hypertextuels qui suivent tâchent d'illustrer plusieurs cas de figure de reformulations : adaptations, variantes, réécritures/ réappropriations, parodies.

1 La Belle au bois dormant *de Perrault et ses adaptations, au cours moyen*

Dans le type de réseau qui va suivre, ce n'est pas tant la compréhension du texte central en tant qu'objet artistique qui est directement visée que la compréhension de son mode de production et de réception en tant qu'objet commercial, mais l'on verra que cette compréhension-là a des effets en retour sur la première. Le réseau a quatre fonctions essentielles : faire découvrir aux élèves certaines formes des mœurs éditoriales, leur faire dégager les principes régissant l'adaptation, les faire réfléchir sur la notion de lectorat, éduquer leur jugement critique et leur comportement de consommateur.

Première prise de contact

Le corpus est constitué de *La Belle au bois dormant* de Charles Perrault (Éditions Garnier) et de trois adaptations prises chez Mango, Au temps jadis et Nathan. Chaque élève reçoit une seule version de l'histoire (sans indication d'auteur mais avec indication de l'éditeur) et ignore que ses camarades disposent d'autres versions. Le maître demande le résumé du début "du" texte. Un élève volontaire précise dans son résumé que le roi invite sept fées. D'autres élèves, qui n'ont pas la même version, s'étonnent de ce détail : leur texte précise que treize fées sont présentes. De telles divergences méritent explication. Un rapide coup d'œil sur les feuilles voisines montre que si tous les textes portent bien le même titre, tous n'ont pas la même longueur ni le même contenu. Le maître informe alors la classe qu'il a distribué aléatoirement la version originale de Charles Perrault et trois versions "transformées" qu'il désigne sous le nom d'"adaptations". Les élèves se réunissent alors autour d'un corpus reconstitué. La consigne est de retrouver le texte original et de justifier son choix.

Le critère d'abord convoqué est celui de la longueur, justifié par le fait qu'une adaptation, c'est *"sans doute pour les petits"* qui *"ne savent pas bien lire"* et par le fait qu'une adaptation fait toujours plus court que l'original (elle supprime les "détails", tout "ce qui n'est pas l'histoire" mais aussi du même coup une partie du merveilleux). Néanmoins, la classe ne sait pas encore de l'édition Garnier ou de l'édition Au temps jadis laquelle désigner comme l'édition originale. D'autres critères plus pertinents suivent : la suppression, dans certaines versions, de détails historiques (comment la reine se rend "aux eaux" pour devenir féconde), la substitution de la "fête" au "baptême", interprété comme une volonté de *"ne choquer personne"* ou de faire *"plus moderne"*, la substitution de termes contemporains à des termes vieillis *"pour que les petits comprennent mieux"*, la suppression de la scène coquine de la nuit de noces par souci des convenances (*"mais ils sont stupides, tout de même, de croire qu'à notre âge on ne sait pas comment on fait les enfants !"*). Par où l'on s'aperçoit que l'adaptation ne procède pas seulement par suppressions mais aussi par substitutions et, ajoute un élève, citant la scène du réveil du palais chez Mango importé des frères Grimm, quelquefois par ajouts.

Les ouvrages d'où sont extraits les textes étudiés sont alors consultés. L'observation des premières de couverture fait prendre conscience aux élèves que les éditeurs se livrent parfois à des malhonnêtetés (un des élèves déclare offusqué : *"mais ce sont des escrocs !"*) en faisant passer un produit transformé pour un produit d'origine (Mango affiche en couverture :

La Belle au bois dormant – Charles Perrault) ou en n'indiquant pas la provenance du produit (Nathan : *La Belle au bois dormant*) comme s'il n'existait aucune propriété intellectuelle de l'auteur (il en va de même pour ce qui concerne l'adaptateur). La version originale est donc identifiée. Certains élèves avouent alors qu'ils avaient jusqu'à présent toujours considéré la version de W. Disney comme la version originale. Perrault est situé dans le temps, ses intentions littéraires précisées.

Au terme de la séquence, les enfants sont convaincus que la longueur des versions est fonction de l'âge du public visé (Nathan, texte le plus court, pour les plus petits, Au temps jadis, adaptation la plus longue, pour les grands, *"peut-être pour les parents"*). Si les faiblesses de Nathan et de Mango sont rapidement perçues, le texte de Perrault ne leur paraît pas "meilleur" que la version d'Au temps jadis, très proche, qui a souvent leurs faveurs. Le maître invite les élèves à étudier de près la question de la valeur des textes dans une autre séquence.

Étude ciblée

Pour faciliter la comparaison, quatre scènes ont été isolées dans le texte de Perrault et leurs versions adaptées placées en regard selon le principe suivant :

L'ÉPISODE DE LA MÉCHANTE FÉE

Perrault	Au temps jadis	Mango	Nathan
Comme chacun prenait sa place à table, on vit entrer une vieille fée qu'on n'avait point priée parce qu'il y avait plus de cinquante ans qu'elle n'était sortie d'une tour et qu'on la croyait morte ou enchantée. Le roi lui fit donner un couvert ; mais il n'y eut pas moyen de lui donner un étui d'or massif comme aux autres parce que l'on n'en avait fait faire que sept, pour les sept fées. La vieille crut qu'on la méprisait et grommela quelques menaces entre ses dents. [...] Le rang de la vieille fée étant venu, elle dit, en branlant la tête avec plus de dépit que de vieillesse, que la princesse se percerait la main d'un fuseau et qu'elle en mourrait. Ce terrible don fit frémir toute la compagnie et il n'y eut personne qui ne pleurât.	Comme chacun prenait place à table, on vit entrer une vieille fée qu'on n'avait pas invitée parce qu'il y avait plus de cinquante ans qu'elle n'était pas sortie d'une tour et que l'on croyait morte depuis longtemps. Le roi lui fit donner un couvert ; mais il n'y eut pas moyen de lui donner un étui d'or massif comme aux autres parce que l'on n'en avait fait que sept, pour les sept fées. La vieille crut qu'on la méprisait et grommela quelques menaces entre ses dents. [...] Le tour de la vieille fée étant venu, elle dit, en branlant la tête avec plus de dépit que de vieillesse, que la princesse se percerait la main d'un fuseau et qu'elle en mourrait. Ce don terrible fit frémir toute la compagnie et il n'y eut personne qui ne pleurât.	La treizième ne fut pas invitée, par négligence ou parce qu'on la croyait morte car elle était fort âgée ; on ne le sut jamais vraiment. [...] Tandis que la douzième fée était penchée sur le berceau, un grand vent froid envahit le château ; la treizième fée apparut comme par enchantement. Sans un mot de salutation, elle jeta au roi d'une voix rauque : "Moi aussi j'ai un cadeau pour la princesse : le jour de son quinzième anniversaire, elle se piquera avec un fuseau et elle en mourra aussitôt !" Sur ces mots pleins de colère, elle quitta le palais aussi rapidement qu'elle était apparue.	Cependant une fée, furieuse de ne pas avoir été invitée, vola sur son balai jusqu'au berceau de la petite princesse : – Un jour, prédit-elle, tu te piqueras la main avec un fuseau et tu en mourras ! Puis elle disparut en laissant l'assistance consternée.

Le réveil de la princesse et la réaction du prince

Perrault

Alors, comme la fin de l'enchantement était venue, la princesse s'éveilla ; en le regardant avec des yeux plus tendres qu'une première vue ne semblait le permettre : "Est-ce vous, mon prince ? lui dit-elle, vous vous êtes bien fait attendre."
Le prince, charmé de ces paroles, et plus encore de la manière dont elles étaient dites, ne savait comment lui témoigner sa joie et sa reconnaissance ; il l'assura qu'il l'aimait plus que lui-même. Ses discours furent mal rangés, ils en plurent davantage : peu d'éloquence, beaucoup d'amour. Il était plus embarrassé qu'elle, et l'on ne doit pas s'en étonner ; elle avait eu le temps de songer à ce qu'elle aurait à lui dire, car il y a apparence (l'histoire n'en dit pourtant rien) que la bonne fée, pendant un si long sommeil, lui avait procuré le plaisir des songes agréables. Enfin il y avait quatre heures qu'ils se parlaient et ils ne s'étaient pas encore dit la moitié des choses qu'ils avaient à se dire.

Au temps jadis

La princesse s'éveilla en le regardant avec un doux sourire : "Est-ce vous, mon Prince, lui dit-elle, vous êtes bien fait attendre."

Le prince, charmé de ces paroles, et plus encore de la manière dont elles étaient dites, ne savait comment lui témoigner sa joie et sa reconnaissance : il l'assura qu'il l'aimait plus que lui-même. Il était plus embarrassé qu'elle, et l'on ne doit pas s'en étonner : elle avait eu le temps de songer à ce qu'elle aurait à lui dire, car il y a apparence que la bonne fée, pendant son sommeil, lui avait procuré le privilège de penser.

Enfin il y avait quatre heures qu'ils se parlaient et ils ne s'étaient pas dit la moitié des choses qu'ils avaient à se dire.

Mango

Ses paupières lourdes s'ouvrirent alors dans un battement de cils et elle vit le prince qui lui souriait. Elle avait l'impression de le connaître déjà comme si elle savait que c'était lui qu'elle attendait depuis toujours. Il la prit par la main et ensemble ils descendirent vers la salle du trône.

Nathan

– C'est vous, mon prince ? dit-elle en s'éveillant. Comme vous avez mis longtemps à venir ! Je suis si heureuse de vous voir !

Le réveil du palais

Perrault	Au temps jadis	Mango	Nathan
Cependant tout le palais s'était réveillé avec la princesse ; chacun songeait à faire sa charge, et comme ils n'étaient pas tous amoureux, ils mouraient de faim ; la dame d'honneur, pressée comme les autres, s'impatienta et dit tout haut à la princesse que la viande était servie.	Cependant tout le palais s'était réveillé avec la princesse et tout le monde mourait de faim. La dame d'honneur, pressée comme les autres, s'impatienta et dit tout haut à la princesse que le dîner était servi.	Sur leur passage, le château revenait doucement à la vie, comme s'il sortait d'une douce torpeur. Les chevaux se mirent à hennir, les chiens à aboyer, les chats à ronronner, les oiseaux à gazouiller et à se lisser les plumes. Les gardes sautèrent vivement sur leurs pieds et ramassèrent leur épée. Dans les cuisines, le chef gifla le marmiton et la servante recommença à faire tourner les broches au-dessus du feu qui pétillait de nouveau. Le roi et la reine ouvrirent leurs yeux et jetèrent autour d'eux un regard étonné, tout comme leurs courtisans, leurs dames d'honneur, leurs valets de pied qui revenaient à la vie après un long sommeil peuplé de rêves étranges, de ronces immenses, et de prince vaillant, jeune et amoureux.	Les chiens se mirent à bondir, le feu à crépiter ; tout le château s'anima et les cuisiniers préparèrent un superbe festin pour le mariage du Prince Charmant et de la Belle au bois dormant.

LE FESTIN ORGANISÉ POUR LA NAISSANCE DE LA PRINCESSE

Perrault	Au temps jadis	Mango	Nathan
On fit un beau baptême. Après les cérémonies du baptême, toute la compagnie revint au palais du roi, où il y avait un grand festin pour les fées. On mit devant chacune d'elles un couvert magnifique avec un étui d'or massif où il y avait une cuiller, une fourchette et un couteau d'or fin, garnis de diamants et de rubis.	On fit un beau baptême. Après les cérémonies du baptême, il y eut un grand festin pour les fées. On mit devant chacune d'elles un couvert magnifique avec un étui d'or massif où il y avait une cuiller, une fourchette et un couteau d'or fin, garnis de diamants et de rubis.	Le roi fit donner une fête somptueuse en l'honneur de son enfant nouveau-né.	Le roi offrit une grande fête pour sa naissance.

Le maître, reprenant des constats faits antérieurement par les élèves mais de manière désordonnée, oriente successivement le regard sur l'ancrage socio-historique, sur l'effet de merveilleux, sur les effets de narration et sur la langue (ce qu'on pourrait appeler le "style"). À partir de ces points de comparaison imposés par le maître, l'échange tourne autour de trois axes : celui des principes guidant l'adaptation, celui de la valeur des textes, celui du positionnement de lecteurs des élèves. Plus qu'à une simple activité de lecture, la comparaison conduit à une réflexion métalexique (quelle représentation du lecteur chez l'adaptateur, quelle position de lecteur imposée par le texte produit, quelle représentation chez les élèves de leur propre appartenance à un lectorat).

Principes à l'œuvre dans l'opération d'adaptation

Les enfants, au cours des échanges, sont parvenus à dégager la logique (et les incohérences) de l'adaptation. À leurs yeux, l'adaptateur s'efforce de coopérer avec un lectorat jeune et peu lettré (auquel, collectivement, ils ne semblent pas s'identifier !) :

– *suppression des détails historiques*

Les élèves commentent ainsi la substitution de la "fête" au baptême initial : *"parce que c'est un peu difficile à comprendre pour les enfants, on enlève les trucs compliqués", "c'est parce qu'à l'époque où a écrit Charles Perrault tout le monde était religieux alors ça se comprenait mais là dans les adaptations c'est plus le cas alors il y en a qui voudront pas acheter le livre donc il se dit vaut mieux supprimer ça."*. Ils ne perçoivent pas l'aspect "politiquement correct" de la modification.

– *suppression des traces d'une langue ancienne*

Les élèves sur ce point montrent, comme on l'a déjà souligné, qu'ils ont une connaissance expériencielle de l'histoire de notre langue

– *suppression des éléments annexes du récit (commentaires du narrateur, détails descriptifs...) susceptibles de ralentir l'action et donc l'intérêt pour ne garder que le noyau.*

> M. – et Mango et Nathan qu'est-ce qu'on peut en dire ? qu'est-ce qui reste ?
>
> *– il reste rien / si on nous raconte une histoire comme ça une princesse se marie avec un prince ben c'est vite fait / on va dans notre librairie on lit trois lignes et on s'en va alors que là d'avoir des détails ça a de l'intérêt / alors que là* [dans la version de Perrault] *ce qui est intéressant c'est les détails / il faut qu'on soit dedans pour avoir de l'intérêt*

Mais l'adaptateur peut faire preuve d'incohérences :

– en modifiant gratuitement des données qui ne posent pas de problèmes de compréhension

– il y a un nombre de fées différent 7 + 1 dans Perrault et Au temps jadis / Mango 12 +1

– c'est idiot parce que ça change pas la complexité du texte qu'il y en ait 7, 8, 9, 12 alors je comprends par pourquoi ils ont changé

– en remplaçant un mot ancien supposé inconnu par un mot d'aujourd'hui mais qui ne fait pas partie du vocabulaire des "petits"

– et puis on a vu que Nathan c'était pour les petits mais "consternés" pour les petits / c'est pas évident qu'ils connaissent le sens de ce mot // j'en connais pas beaucoup des petits qui connaissent "consternés"

Valeurs et destination des éléments du corpus

Dans le souci d'amorcer l'éducation du goût chez ses élèves et de leur donner des instruments pour mieux saisir les singularités des versions pour les « grands », le maître initie une réflexion sur la valeur des textes à partir de ce qu'il considère, lui, lecteur lettré, comme des indicateurs possibles de cette valeur, mais sans jamais donner à entendre consciemment sa propre hiérarchisation des textes. Parmi ces indicateurs, il retient, outre le processus de simplification globalement déjà repéré par les élèves : la présence, dans certaines adaptations, de clichés et stéréotypes, l'effacement du regard complice et amusé du narrateur pour un point de vue narratif plat, le gommage de l'implicite.

Contrairement aux craintes du maître, les élèves repèrent, et souvent avec finesse, les stéréotypes, montrant par là qu'ils en ont déjà une représentation. Il en va ainsi de la transformation de la fée en sorcière dans Mango et Nathan et surtout du balai qu'on lui attribue dans Nathan :

M– maintenant j'aimerais revenir à cette histoire de balai ? quel est l'intérêt du balai ? est-ce que dans les autres textes on nous en parle ?

– c'est pour qu'on sache qu'elle était méchante

M– c'est pour que les enfants qui vont lire cette histoire comprennent bien quoi ?

– qu'elle est méchante / qu'elle est en colère

M– l'enfant ne peut pas se tromper comme ça

– et pourtant dans Perrault elle n'est pas méchante / elle est simplement indignée / c'est par là que se fait sentir la méchanceté / c'est qu'elle est franchement indignée ne pas avoir été invitée / elle est en train de devenir complètement paranoïaque / elle se dit "quoi on m'a pas invitée, mais franchement !"

[l'enfant saisit ici le procédé de réduction de la complexité du personnage]

– et puis le balai et la sorcière c'est vraiment pour les tout bébés

M– on ne nous dit pas qu'il s'agit d'une sorcière mais pourquoi cependant avez-vous pensé qu'il s'agit d'une sorcière ?

– parce qu'on parle de balai et que dans toutes les histoires de sorcières il y a des balais

– la plupart du temps

M- est-ce qu'une sorcière sur un balai c'est quelque chose de rare ? original ?

– non !

– si tu vois une bonne femme dans la rue sur un balai tu te dis c'est original mais bon si dans un conte tu parles d'une sorcière sur un balai c'est presque le quotidien

Il en va de même du traitement très "glamour" du réveil de la princesse chez Mango. La saisie du stéréotype descriptif (battements de cils, regard embrumé, voix doucereuse) nous paraissait nécessiter une culture et une distance critique que nous ne supposions pas aux enfants. Ils avaient ce jour-là et la culture (fût-elle cinématographique et télévisuelle) et la distance critique :

M– (lit Mango) que pensez-vous de la façon dont est présentée cette scène ?

– elle est émerveillée par le prince

M– je te pose la question sur la façon dont c'est dit ? pourquoi a-t-on changé ici ? représentez-vous la scène devant vos yeux

– c'est comme dans un dessin animé / dans le feu de l'action il faut que celui qui voit se représente des images et là il y a des images

– c'est romantique

M– tu veux dire quoi ?

– ces mouvements des yeux là

– c'est américain / c'est une fin à l'américaine

– comme dans les dessins animés

– ou dans les séries de la télévision américaine / y a un gros truc qui arrive / une grosse histoire compliquée / ils arrivent pas à en sortir et tout à coup ça arrive comme ça et ça se finit bien

– c'est comme si c'était un miracle

M- cette fin-là est-ce que c'est original ?

– non on trouve ça dans tous les W. Disney / dans tout

– "ils eurent beaucoup d'enfants et ils vécurent dans la joie et la bonne humeur"

– "pour le restant de leur vie"

– c'est comme dans "Hélène et les garçons" ou "Les années fac"

Les élèves se montrent également capables de saisir et d'expliquer certains effets produits par la position énonciative du narrateur chez Perrault (pas autant cependant que le maître le souhaiterait...), effets perdus dans les adaptations :

– chez Perrault dans la parenthèse il est dit "l'histoire n'en dit pourtant rien"

M- qui s'exprime là ?

– l'auteur

M– l'auteur nous raconte tranquillement son histoire et puis d'un coup il dit "l'histoire n'en dit pourtant rien"

– c'est lui qui parle

– je crois qu'il veut nous faire croire que l'histoire s'est vraiment passée et qu'il la tire de quelque chose

M– il s'adresse à qui ?

– il fait un commentaire directement au lecteur

M– est-ce que vous pourriez citer d'autres phrases qui semblent revenir à l'auteur dans la version de Perrault et qu'on ne trouve pas ailleurs et dire ce qu'on perd en ne les ayant pas ?

– y a sûrement je pense là où il dit "et plus encore dans la manière..."

– "enfin il y avait quatre heures qu'ils se parlaient..."

M– oui, alors ces commentaires, là qu'est-ce qu'ils nous montrent de l'auteur ? si vous pouviez les qualifier d'un adjectif ce serait lequel ?

– c'est comme s'il avait été dans l'histoire et il donne des commentaires

– c'est pour créer un lien entre le narrateur et le lecteur

M– mais sur quoi ou qui portent ces commentaires ?

– ben en fait c'est sur les personnages

M– oui, c'est ça / c'est comme si l'auteur était derrière un rideau et observait / quelle tête fait-il à votre avis ?

– curieuse / étonnée

– il fait la tête de quelqu'un qui est lassé / "ils avaient pas dit la moitié des choses qu'ils avaient à se dire" mais où ça va / ils n'ont pas bientôt fini...

M– finalement l'auteur qui regarde ces personnages, il apparaît comment ?

– attendri

M– et en même temps ? vous le sentez pas ça // vous ne sentez pas qu'il a regard un peu ironique un peu amusé sur ses personnages ? non vous le sentez pas

– oui / ils mettent quatre heures pour se parler / il pense "qu'est-ce qu'ils attendent ?"

Dans tous les cas de figures, c'est la confrontation du texte-source à ses imitations grossières qui favorise l'investigation et la compréhension fine de ses effets, même si les enfants ne vont pas jusqu'à saisir comment le texte leur propose d'intérioriser une pluralité de lectures.

Cependant, si les enfants reconnaissent le stéréotype, ils ne semblent pas lui attribuer explicitement une valeur négative, et cela parce que d'une certaine manière ils refusent dans les échanges d'évaluer dans l'absolu les procédés identifiés. Le terrain qu'ils choisissent, et le fait est sans aucun doute à mettre à leur crédit, est celui de la relativité des valeurs selon le lectorat visé, tel du moins qu'ils se le représentent. Ils réfléchissent en quelque sorte moins en termes de valeurs qu'en termes d'adaptation au public. C'est la valeur qu'ils attribuent au lectorat supposé qui détermine pour eux la valeur des procédés : c'est ainsi que les "petits", aux faibles compétences de lecture, auraient besoin pour comprendre d'indicateurs évidents (le balai indicateur évident d'un trait de caractère évident lui-même indicateur d'un comportement évident).

Dès lors qu'ils se sont exclus du lectorat visé par les adaptations les plus pauvres, qu'ils ont cru avoir identifié ce lectorat en la personne des tout-petits et qu'ils ont dégagé la simplification comme principe de la reformulation, ils trouvent certes dommage qu'une partie du merveilleux et de l'humour du texte-source disparaisse mais le justifient :

M. – et Mango et Nathan qu'est-ce qu'on peut en dire ? qu'est-ce qui reste ?

– il reste rien / si on nous raconte une histoire comme ça une princesse se marie avec un prince ben c'est vite fait / on va dans notre librairie / on lit trois lignes et on s'en va alors que là

– d'avoir des détails ça a de l'intérêt / alors que là ce qui est intéressant c'est les détails / il faut qu'on soit dedans pour avoir de l'intérêt

M– donc c'est un résumé

– oui mais c'est vraiment pour petits parce que c 'est

– oui le petit / pour lui le baptême c'est pas ça l'intérêt de l'histoire il a besoin d'être direct lui dans ce qui se passe

Se posant comme "lecteurs avertis", par instants même comme destinataires des versions les plus élaborées, les élèves font une distinction entre la source de leur plaisir (qui tiendrait autant à la description qu'à l'intrigue) et la source supposée du plaisir des lecteurs débutants (l'intrigue, rien que l'intrigue).

S'il y a une leçon à tirer de ce travail comparatif, elle est la suivante : l'activité de comparaison, en ce qu'elle a poussé les enfants à "mimer" une réception de "grands", leur a permis a) de voir qu'il y avait entre le texte-source et ses adaptations un processus réducteur, b) de constater qu'ils étaient capables ensemble non seulement d'accéder au texte-source (à sa complexité et à la beauté de ses effets) mais d'y trouver un plaisir explicitable. Ce faisant, ils ont tiré la gloire de se compter au rang des lecteurs lettrés adoptant la position du *"dedans"* (ce qui s'accompagne bien évidemment d'une forme de condescendance envers les novices seulement *"en direct"*) et cette expérience-là est à nos yeux déterminante pour leur avenir de lecteurs : ils y ont trouvé une forme de "sécurité lecturale", ou de sérénité sur leurs propres compétences.

2 *Les Trois petits cochons (variantes et parodies), au CE2*

Un ensemble de trois textes *(Les trois Petits cochons,* S. Maggy, SAEP, - *Les trois petits cochons*, Eigoro Fumata et Eriko Kishida, L'école des loisirs, - *Les trois petites cochonnes*, F. Stehr, L'école des loisirs,) est présenté aux élèves dans le cadre du travail évoqué sur le motif du mur. Il s'agit ici d'explorer la figure des murs que l'on construit ou que l'on détruit.

C'est la version de S. Maggy, la plus proche du dessin animé de Walt Disney, qui est d'abord présentée aux élèves. Les élèves découvrent avec plaisir un texte qui déroule ce qu'ils ont déjà en mémoire, en s'étonnant seulement que l'histoire existe sous deux formes. Les illustrations ne sont certes pas identiques au dessin animé mais en sont bien proches. Après un regard sur les illustrations, les élèves se penchent sur la couverture : ils repèrent la mention "Adaptation française" et, sur la base du nom de l'illustrateur (Kennedy), ils déduisent que le livre a été traduit de l'américain :

– *alors c'est bien normal que ça ressemble / sûrement qu'ils connaissaient le film*

– *ou bien c'est le film qui connaissait le livre*

Les élèves constatent qu'ils n'ont pas les moyens de trancher.

Le second texte présenté est une variante, elle aussi connue de certains élèves, qui introduit une façon de différer l'issue de l'histoire. Le loup, ne pouvant manger le dernier cochon, essaie de l'attirer hors de chez lui mais se fait duper par le cochon qui anticipe l'heure du rendez-vous pris. C'est la dernière phrase qui met les élèves au travail de comparaison : "Le petit cochon vécut heureux et tranquille sans le loup et sans ses frères…". Ils ont recherché plus précisément les motivations des personnages dans chacune des deux histoires et la présentation des relations entre les trois cochons. Ils ont alors mis au jour la cruauté de la version japonaise, qui ne sauve pas les deux premiers cochons, et le moralisme de la version américaine.

Le troisième livre repose sur un jeu de masques peu explicite. Les élèves ont donc d'abord été invités à observer la première de couverture. Puis le livre a été lu par la maîtresse qui présentait les illustrations au fur et à mesure. Les élèves ont immédiatement détecté le caractère parodique du récit. Ils ont en particulier repéré l'inversion qu'opère l'auteur : la solidité du mur est rapprochée non plus de son efficacité mais de son prix et du confort qu'elle peut procurer.

La classe a ensuite élaboré le schéma suivant en relevant dans les trois textes ce qui était dit des maisons et de leurs murs :

Version "américaine"

Le mur	Caractère des personnages	Issue
Paille → *"naturellement pas très solide, peu coûteuse"*	1er : paresseux	Issue négative
Bois → *"aux prises avec une scie et un marteau, presque aussi fragile"*	2ème : joueur	Issue négative
Briques → *"superposer les briques avec soin, maison très solide"*	3ème : prudent	Issue positive

Version "japonaise"

<table>
<tr><th>Le mur</th><th>Caractère des personnages</th><th>Issue</th></tr>
<tr><td>Paille → "aussitôt dit, aussitôt fait"</td><td rowspan="2">On n'en sait rien : on a l'impression qu'ils ne choisissent pas,
ils rencontrent par hasard</td><td>Issue négative</td></tr>
<tr><td>Bois → "aussitôt dit, aussitôt fait"</td><td>Issue négative</td></tr>
<tr><td>Briques → "aussitôt dit, presque fait",</td><td>3ème : rusé</td><td>Issue négative</td></tr>
</table>

Version “parodique”

Le mur	Caractère des personnages	Issue
Paille → *“dépense tout son sac d'or pour acheter une grosse maison de pierre”*	aime le confort sensible au tape-à-l'œil	Issue négative
Bois → *“se fait construire pour la moitié du sac de pièces d'or une belle cabane en bois”*	sensible au “peinard”	Issue négative
Briques → *insouciance*	goût simple + ruse	Issue positive

À l'issue du travail, les élèves ont découvert une autre façon de parler des murs. Ils diront que *“quand on parle que les murs sont solides ou pas / on nous dit aussi comment il faut vivre / en étant bien travailleur ou en nous disant qu'il faut pas aimer trop le confort parce que ça aide pas”*. Ils ont aussi touché du doigt le phénomène de la variante et de la parodie :

M– alors est-ce la même histoire ou pas ?

– ben / il y a trois cochons trois maisons et le loup

– non une fois il y a des cochonnes

M– est-ce que ça change ?

– elles veulent plus seulement se protéger / elles veulent trouver un mari

– on veut plus nous dire de travailler / on nous dit qu'il faut pas aimer le tape-à-l'œil

– c'est pas la même histoire parce qu'au début c'est écrit “Tout le monde connaît l'histoire des trois petits cochons ?”

M– oui. “Mais connaissez-vous l'histoire des trois petites cochonnes ?”

– on dit là que c'est pas la même histoire

– mais l'autre jour on avait dit que c'était la même histoire celle des américains et celle des japonais

– oui mais ça disait pareil / qu'il faut travailler

– ça qu'il dit Augustin / au début on nous dit juste qu'il faut connaître Les trois petits cochons pour comprendre ensuite

– c'est pour nous dire que c'est fabriqué

– oui / c'est fabriqué / il nous dit comment c'est fabriqué

– mais pas comment / c'est à nous de le voir

Les élèves, on le voit, ont dégagé, sinon opposé, la relation entre les différents textes. Ils ont bien repéré que la parodie se situe dans un contrat explicite ici, implicite ailleurs, de lecture alors que la variante suppose une même posture de lecture que ses concurrentes.

3 *Une réécriture :* Le Corbeau et le renard, *d'Ésope à La Fontaine, au cours préparatoire*

Depuis le début de l'année, la maîtresse lit des fables de La Fontaine aux enfants, qui en connaissent certaines par cœur. Afin de leur faire comprendre que les fables de La Fontaine appartiennent à notre patrimoine culturel, la maîtresse demande aux enfants d'en discuter avec leurs parents, grands-parents, frères et sœurs... La moisson rapportée le lendemain est intéressante : *"Tout le monde en connaît !" - "même ma nounou et son grand garçon" - "ma mémé la sait par cœur Le loup et l'agneau".* De nombreux parents ont récité des fables (tout ou partie) et ont dit ensuite à la maîtresse le plaisir qu'ils en avaient retiré. Les livres de fables affluent, du "classique Larousse", aux fables illustrées par G. Doré, en passant par *"Les fables d'Ésope racontées aux enfants".* Ces livres sont observés (titre, auteur, éditeur, illustrateur) puis triés en fonction du lectorat qu'ils semblent viser (*"pour vos parents, pour les grands du collège, pour vous, pour les enfants de la maternelle").*

La Fontaine, comme auteur, est devenu familier. Il est reconnu comme élément du patrimoine partagé. C'est précisément le moment que la maîtresse choisit pour introduire un facteur de perturbation. La maîtresse lit successivement deux textes : *Le Corbeau et le renard* d'Ésope et la réécriture qu'en a faite La Fontaine sans aucun commentaire sur leur provenance. Cette double lecture déclenche les réactions spontanées suivantes :

– *c'est la même histoire*

– *non le corbeau il a un morceau de viande et l'autre il a un fromage*

– *en tout cas c'est les mêmes personnages*

– oui et le corbeau il est toujours dans l'arbre

– et ils font la même chose et le corbeau lâche ce qu'il avait dans son bec et le renard l'attrape pour lui

– oui mais la première c'est plus une histoire / il y a des détails

– et la deuxième c'est une poésie / c'est plus joli

– il y a des rimes

Les élèves très jeunes sont donc capables, ce dont on ne doute pas, d'une réaction esthétique. Pour autant, en présence d'un tel doublon, les élèves n'expriment aucune surprise. C'est la maîtresse qui se charge d'introduire le trouble : *"comment expliquez-vous que deux auteurs écrivent la même histoire ?"* Certaines réponses ne manquent pas de piquant (*"peut-être qu'ils ont fait un concours"*). L'option principale est celle de la copie. Mais comme des différences ont été constatées entre les deux versions, il faut bien en rendre compte. Pour certains les différences s'expliquent par des erreurs involontaires de copie (*"il (?) voulait copier et en copiant il (?) s'est trompé"*). Pour d'autres, il s'agit de modifications délibérément introduites (*"Non, il (?) voulait le faire exprès et il (?) voulait le faire un peu mieux"*). Reste à déterminer explicitement qui copie qui. La réponse à la question de la maîtresse : *"Vous me dites "il" mais de qui parlez-vous ? Nous avons deux "auteurs" est des plus ambiguë"* :

– Jean de La Fontaine ne s'est pas trompé / c'est normal c'est lui qui l'a écrit

– alors c'est l'autre qui a copié

Tout se passe comme si le simple fait d'avoir fréquenté La Fontaine le constituait en proche et donc le rendait insoupçonnable 1) d'erreur de copie et 2), bien au-delà, de copie tout court, tout simplement parce que la copie, plus que l'erreur de copie, est ressentie tacitement comme une forme de malversation. Lorsque la maîtresse établit la chronologie des œuvres, elle provoque étonnement et déception. Le copieur n'est pas celui que l'on croyait. On lui cherche des circonstances atténuantes :

– je l'avais bien dit qu'il voulait faire mieux

– oui c'est plus joli / c'est en poésie

– il a juste un petit peu copié

La maîtresse explique que La Fontaine a traduit puis transformé à sa manière (qu'on estime efficace puisque la version de La Fontaine est jugée par tous supérieure à la version d'Ésope) la matière d'un autre et précise qu'une telle opération est fréquente dans la littérature. Elle substitue au mot “copie” le mot “réécriture”.

Plus tard seront étudiées d'autres réécritures de la fable. Tout d'abord, celle présentée dans une page publicitaire de L'école des loisirs pour Kilimax (la scène représente la rencontre du corbeau et du renard ; le corbeau tient dans son bec, au lieu du fromage attendu, un livre).

Les enfants reconnaissent instantanément la fable et en même temps perçoivent les différences. Précisément parce qu'ils connaissent le texte-source comme leur poche et perçoivent avec acuité les différences, ils sont en mesure d'anticiper les modifications probables des motivations des personnages et du scénario initial :

> M. : voyez-vous le titre / l'auteur pour affirmer ainsi qu'il s'agit du corbeau et du renard ?
>
> – *non mais on a reconnu la fable* (cet élève parle pour tout le monde, ou presque…)
>
> – *non c'est une fausse histoire ! il a pas de la viande ou un fromage / il a un livre dans son bec*
>
> – *ça se mange pas un livre*
>
> – *il est peut-être en chocolat*
>
> – *c'est peut-être un corbeau qui sait lire / ça se peut dans les histoires*
>
> – *et le renard aussi il sait lire et il veut avoir le livre*
>
> – *alors il va faire comme l'autre fois*
>
> M. : quelle autre fois ?
>
> – *celle du fromage*
>
> – *oui mais cette fois ça va pas marcher !*
>
> M. : explique-toi
>
> – *le corbeau il va pas se faire avoir deux fois*
>
> – *il s'est déjà fait avoir avec le fromage*
>
> – *c'est peut-être pas les mêmes*
>
> – *ils se connaissent peut-être même pas*

La découverte de la deuxième page du dépliant publicitaire (on y voit un renard tout heureux plongé dans le livre) est une déception. On comprend cette déception. Les enfants ont eu une intuition *littéraire* particulièrement fine (il est exact que les parodies contemporaines exploitent souvent les possibilités qu'offre la postériorité nécessaire de l'histoire parodique par rapport à l'histoire parodiée, en particulier celle de permettre aux personnages du texte dérivé, parce qu'ils ont connaissance du texte source, d'anticiper sur leur aventure pour mieux la rejouer ou l'éviter avec soin), mais elle est contredite par les faits. La logique argumentative et, au-delà, publicitaire du document n'a pas été perçue à l'origine, ce qui interdit par la suite d'en prévoir la logique narrative. La maîtresse précise alors l'origine, la nature et la finalité du document et demande pourquoi l'éditeur s'est servi de la fable pour vendre des abonnements Kilimax :

– c'est pour nous faire penser aux livres
– les fables c'est dans les livres
– et à la fin le renard est content de lire

Sous forme de dictée à l'adulte, les paroles du renard, les pensées du corbeau seront imaginées, sans perdre de vue qu'il s'agit de part et d'autre de montrer une passion de la lecture.

Après avoir découvert les finalités esthétiques, puis argumentatives de la réécriture, les élèves, au travers d'une parodie de la fable parue dans *Le Blaireau*, où l'on voit le corbeau tendre un piège au renard avec un fromage en savon, découvrent sa finalité humoristique :

– c'est peut-être pour rire / l'auteur a changé des choses exprès pour nous faire rire
– c'est le corbeau qui va faire une farce parce qu'il sait que le renard veut lui prendre son fromage
– il fait semblant de pas le savoir
– le renard croit que le corbeau le sait pas

Au terme de ce cycle, les élèves se sont constitué une culture qui leur permet ensuite le plaisir de la *reconnaissance*. Ils ont aussi de ce fait appris à mieux lire, soit à mettre en rapport les textes et à décrypter certaines de leurs intentions cachées. Ils ont enfin et surtout, parce que tel était l'objectif, modifié leurs préventions contre la "copie", leur conception de la propriété intellectuelle et de l'originalité, admis qu'il était légitime de réécrire l'œuvre d'un autre à des fins esthétiques ou satiriques conscientes (*"l'auteur le fait exprès"*) et donc corrigé leur représentation même de l'écriture. Plus tard, seront affinées les différences entre réécriture, adaptation et plagiat.

Des réseaux intertextuels

1 L'Annonce, *au cours moyen*

Pour montrer comment, faute de soupçonner *a priori* une défaillance culturelle chez ses élèves, le maître peut ne pas s'aviser d'une erreur profonde de lecture, nous nous appuierons sur les réactions d'élèves de CM1 à la lecture d'une pièce de théâtre, *L'Annonce* de Gérard Moncomble et Michel Piquemal (*17 Pièces humoristiques pour l'école,* Bibliothèque Richaudeau, Albin Michel). La pièce met en scène un "Auteur" qui, secondé par un "secrétaire" prénommé Charles, dont on apprendra plus tard qu'il n'est autre que Perrault, auditionne divers personnages de contes (qui sont précisément ceux de Charles Perrault) pour tenter de trouver l'inspiration. Agacé, déçu, par les histoires des uns et des autres, l'"Auteur" renonce à écrire et congédie son secrétaire… qui s'empresse de prendre des notes à son tour. La pièce est présentée dans un manuel accompagnée d'un questionnaire destiné à en faciliter l'accès et d'un glossaire expliquant en marge les mots ou expressions jugés difficiles. Le questionnaire du manuel ne permet pas vraiment de débusquer les zones d'incompréhension chez les élèves tout simplement parce qu'il présuppose chez eux une connaissance de Charles Perrault (sa vie, son œuvre !), dont on doute, et plus généralement table sur une "connivence culturelle naturelle". Il ne s'assure pas que le jeu méta-narratif est saisi, que la figure de l'"Auteur" et de Charles Perrault comme *personnages* est cernée. Il convient en effet pour comprendre la pièce de distinguer :

Les personnes réelles extérieures à la fiction	**Les personnages dans la fiction**
1. Gérard Moncomble et Michel Piquemal, auteurs contemporains d'une pièce de théâtre	1. L'Auteur, personnage ayant des attributs du XVIIe siècle et du XXe siècle
2. Charles Perrault, auteur de contes ayant vécu au XVIIe siècle	2. Le secrétaire, personnage qui porte le nom de l'auteur réel Charles Perrault

Le questionnaire du manuel résout en quelque sorte le problème de lecture avant qu'il ne se pose. Le maître, à l'inverse, anticipant la défaillance culturelle, prévoit un dispositif qui va confronter les élèves à leur carence et faire naître chez eux la nécessité de son traitement. Sa stratégie consiste principalement à mettre les enfants face à leur impossibilité de trouver un point commun aux personnages ayant répondu à l'annonce.

La pièce est présentée aux élèves sans les illustrations qui l'accompagnent dans le manuel (parce qu'elles montrent les personnages des contes qui vont apparaître sur la scène) et sans les quelques répliques du début qui donnent les noms des personnages. Après la découverte d'une première partie de la pièce où se sont présentées devant l'Auteur et son secrétaire, successivement, Cendrillon, Le petit Chaperon rouge, La Belle au Bois Dormant et Peau d'âne, les élèves sont conviés à préciser les caractéristiques des personnages entrevus. Il apparaît comme prévu que certains enfants confondent l'"auteur-personnage" avec l'auteur véritable de la pièce :

– c'est un des auteurs qui joue dans la pièce

– c'est un des vrais auteurs qui joue

Quelques-uns, plus fins lecteurs, font remarquer que le véritable auteur connaît les histoires des personnages alors que l'auteur dans la pièce les ignore. Au terme de la discussion, on convient que l'"Auteur" est un personnage inventé par deux vrais auteurs, Moncomble et Piquemal, mais, comme le secrétaire, un personnage différent des autres personnages en ce qu'il ne provient pas d'histoires déjà écrites. Le maître demande alors aux enfants s'ils connaissent les histoires d'où proviennent les autres personnages. Comme prévu également, la connaissance qu'ils ont des contes est une connaissance essentiellement cinématographique ou télévisuelle :

– ce sont tous des personnages de Walt Disney

– pas le Petit Chaperon rouge

– ni Peau d'Âne

– oui mais Peau d'Âne est passé en film à la télé / on a vu la cassette chez madame Porte

– oui mais pas le Petit Chaperon rouge

– c'est un conte le Petit Chaperon rouge

Il est clair que les enfants ne connaissent les contes évoqués qu'au travers d'adaptations et qu'ils ignorent l'existence d'un auteur commun possible. De ce fait une grande partie de la logique de l'histoire leur échappe. Le fait est confirmé lorsque le maître demande de dire par écrit qui peut venir à la suite des personnages déjà entrés en scène et exige une justification. Un élève remarque que l'auteur a d'abord fait entrer les femmes et que l'heure est probablement venue de faire entrer les hommes. Les "hommes" que les élèves attendent se répartissent en trois catégories qui répondent à trois logiques étrangères à la logique du texte :

– Une logique de l'action (et singulièrement du "conflit") là où est attendue une logique littéraire : les hommes attendus sont des hommes forts capables d'en imposer (par leurs muscles ou leur finesse) à l'auteur méprisant (Hercule ou Lucky Luke *"parce qu'il est fort, il peut venger les autres personnages"*, Le Petit Poucet *"parce que l'auteur n'aime pas les enfants mais le Petit Poucet est malin, il peut avoir l'auteur", Peter Pan "pour venger les personnages") ;*

– Une logique auctoriale autre que celle attendue (Pinocchio ou Aladin *"car c'est bien connu chez W. Disney") ;*

– Une logique de la variation pour la variation (Petit Lapin rouge ou La Princesse aux cheveux d'or *"pour introduire une histoire pas trop connue dans celles qui sont connues").*

Les personnages attendus par les élèves sont affichés tandis que la suite du texte (on s'arrête juste avant que l'"Auteur" ne désigne le secrétaire sous le nom de Perrault) est découverte. Entrent en scène Le Petit Poucet, Barbe-Bleue, Le Chat botté.

– c'était bien le Petit Poucet !

– oui mais il n'est pas plus malin que l'auteur / il est vite mis à la porte

– c'est qui Barbe-Bleue ?

[long silence]

– enfin lui il impressionne l'auteur

– c'est certainement un personnage de conte lui aussi…

Barbe-Bleue n'est donc pas connu, ce qui n'a rien d'étonnant. Plus inattendu : certains élèves seulement ont entendu parler du *Chat Botté* mais sont incapables d'en raconter l'intrigue avec précision. Ils sont en revanche capables de décoder les allusions contenues dans le discours de l'Auteur, allusion à *Blanche-Neige* (*"il parle de nains qui travaillent dans la mine de diamants"*), aux *Trois petits cochons* et plus subtilement aux *Contes du chat perché*. L'intertexte est mis en tableau :

Personnages dans la pièce appartenant à des histoires	Allusion à d'autres oeuvres
Cendrillon	Fables de la Fontaine
Le Petit Chaperon rouge	Blanche-Neige
La Belle au bois dormant	Pinocchio
Peau d'Âne	Les contes du chat perché
Le petit Poucet	Les trois petits cochons
Barbe-Bleue	
Le Chat botté	

Le maître demande alors pourquoi les auteurs ont choisi les personnages de gauche plutôt que ceux de droite. Aucune réponse satisfaisante ne vient spontanément. C'est parce que le maître précise : *"Ils ont sans doute un point commun"* qu'un élève suggère : *"ils appartiennent peut-être aux œuvres d'un même auteur"* et qu'un autre ajoute : *"ou alors ce sont les histoires préférées des deux auteurs"*. La dernière partie du texte dévoile aux enfants le nom du secrétaire. Seuls quelques enfants ont *entendu parler* de lui comme auteur de contes mais bien d'autres sont dans l'ignorance la plus complète à son sujet. L'ensemble de la classe suppose que ce Charles Perrault a écrit les histoires. L'édition Albin Michel des *Contes* de Perrault est présentée à la classe, Charles Perrault replacé dans son contexte historique et littéraire. La supposition est confirmée. La pièce n'en devient pas plus claire pour autant. De même que l'auteur-personnage était confondu avec l'auteur de la pièce, c'est désormais Charles Perrault-personnage qui est confondu avec Charles Perrault auteur du XVIIe siècle : *"alors ça c'est passé comme ça en vrai ?"* Le maître fait repérer la date de publication de *L'Annonce* et la date de première publication des *Contes* de Perrault pour parvenir à faire formuler l'idée que les auteurs de *L'Annonce* sont des auteurs contemporains qui inventent une histoire mettant en scène les personnages des *Contes* de Perrault et Perrault lui-même traité comme personnage imaginaire. Le recadrage temporel a instantanément le mérite d'inciter les élèves à revenir sur le texte et à comprendre plus finement le comportement de l'"Auteur". Les élèves remarquent ainsi un certain nombre d'anachronismes, ce qu'ils matérialisent ainsi :

Dans une époque éloignée	Récemment
perruque sur la tête	"je me suis un peu mélangé les pédales"
plume d'oie	"j'en ai liquidé six"
vareuse	"je vais craquer"
"nous avons devisé"	"celui-ci ne vaut pas un clou"
	passer des petites annonces (dans les journaux)
	la chambre froide
	la sonnette

Remarque : La mise en réseau des *Contes* de Perrault et de la pièce *L'Annonce* s'impose d'elle-même. Mais on peut aussi rapprocher *L'Annonce* d'autres albums qui mettent en scène la figure de l'"Auteur". C'est singulièrement le cas de *Victor Hugo s'est égaré* de Ph. Dumas (L'école des loisirs). L'histoire raconte comment Victor Hugo, égaré dans la forêt au cours d'une marche, est recueilli par une famille d'ânes qui reconnaissent en lui le grand écrivain et l'invitent à dîner. Afin de les remercier, Hugo, au dessert, déclame avec enthousiasme son poème *Le crapaud* (160 alexandrins). Ses hôtes reconnaissent dans l'âne, héros de l'histoire du *Crapaud*, un de leurs ancêtres. On voit comment les mondes historique et fictionnel se mêlent allégrement. Ils se déploient sur trois plans marqués topographiquement et typographiquement : l'espace du narrateur se trouve en bas de page ; l'espace des ânes et de leur invité est au centre de l'image (les paroles échangées sont en écriture liée dans des bulles) ; l'espace du poème déclamé sortant de la bouche du poète en caractères spéciaux. Dans l'espace qu'il s'octroie, le narrateur se livre à une reformulation burlesque du poème, fragment par fragment (c'est ainsi qu'il résume 15 vers en une seule ligne, en mêlant langage ampoulé et langage trivial, de façon à faire apparaître les stéréotypes du poème de Hugo). On avait dans *L'Annonce* un "Auteur" fictif, ridiculisé par son impuissance et son absence de goût, voisinant avec un "vrai-faux" auteur, Charles Perrault, qui trouvait là l'occasion de rencontrer ses futurs personnages. On a ici un "vrai-faux" auteur, Victor Hugo, qui rencontre les descendants de son personnage et se trouve ridiculisé, pour sa trop grande puissance, par le narrateur. L'"Auteur" de *L'Annonce* tire implicitement une leçon dérisoire de son aventure qui pourrait être quelque chose comme : *"il vaut mieux ne pas inviter les personnages"*. Les élèves de CM lisant *Victor Hugo s'est égaré* en tirent cette autre morale : *"Il vaut mieux ne pas inviter les poètes."*

2 Autres réseaux possibles

Autour de *Bon Appétit Monsieur Renard*, Claude Boujon, (L'école des loisirs)

GS ou CP

Peuvent bien entendu être convoqués : *Le Corbeau et le renard* de La Fontaine et *Le Roman de Renart*. Et, comme le renard de Boujon dit : *Tu ne sais même pas à qui tu parles. Tel que tu me vois, j'en ai vu et connu bien d'autres,* peuvent aussi être convoquées d'autres fables de La Fontaine, *Le Renard et les raisins, Le Renard et le coq*. Mais c'est dans le *Roman de Renart,* et non dans la fable, que, comme chez Boujon, le renard prétend manger, outre le fromage, Tiécelin, le corbeau.

L'histoire de Claude Boujon, extrêmement drôle en même temps que savante, n'est pas si facile, bien qu'à l'évidence elle communique directement avec la fable de La Fontaine (la première, la plus fameuse, celle que tout le monde connaît par cœur). On y rencontre, certes, un renard et un corbeau, mais c'est surtout dans les profondeurs de la langue que tout se joue : et il y a là des ressemblances qui ne trompent pas. Le mode de référence n'est point la citation, l'allusion seulement. L'idiolecte de La Fontaine pénètre de plusieurs manières dans la langue de Claude Boujon, ce qui se marque en particulier par l'emploi d'expressions proverbiales (*"courir deux lièvres à la fois"*, *"avoir les yeux plus gros que le ventre"*, *"ce n'est pas bien de se moquer de celui qui tombe"*, *"manger du lion"*). On sait quelle place le "genre" du proverbe tient dans le corps du texte des *Fables* comme à l'endroit des moralités. L'allusion se marque aussi dans le choix des désignateurs : *"Monsieur Renard"* sur le modèle de *"Monsieur du Corbeau"*, *"Monsieur le carnassier"* ; *"le ruminant"*, *"l'emplumé"*, sur le modèle de *"le galant"*, *"le drôle"*, *"le rustique"* ; *"le renard volant"*, *"l'oiseau ricaneur"*, *"le vermisseau gigoteur"* sur le modèle de *"ce chat exterminateur"*, *"la bête scélérate"*, *"la chétive pécore"*. On note encore un goût partagé pour les adjectifs couplés ou accolés : *"meurtri et vexé"*, *"haletant et honteux"* sur le modèle de *"honteux et confus"*, de *"adroit et matois"*. Le récit fait en outre allusion à une antériorité… qui ne peut avoir eu lieu que dans d'autres fables ou quelque "branche" du *Roman de Renart*. On a ainsi un récit qui renvoie à une fable qui renvoie à d'autres fables et récits. Les rencontres mêmes du personnage central ne sont pas sans rappeler d'autres rencontres : outre le renard et le corbeau, le renard et la grenouille, le renard et le vermisseau (venu de *La cigale et la fourmi*).

Les enfants de GS, qui connaissent par cœur *Le corbeau et le renard*, découvrant le livre de Boujon, mobilisent spontanément leurs références : La Fontaine, bien sûr *(c'est Maître Renard !, ça va être Maître Corbeau et Maître Renard)* mais aussi l'œuvre même de Boujon *(Bon appétit ! Monsieur lapin, Verdurette cherche un abri, La brouille).* Un enfant veut à tout prix placer, hors situation - en fait, tout à fait en situation sur le plan linguistique ! - la suite du proverbe que lui suggèrent les sonorités du dernier mot de la phrase lue : *Maîtresse, quand tu dis "la chasse" c'est comme "perd sa place"* ! Comme la maîtresse ne réagit pas, il y revient : *qui va à la chasse...* On peut interpréter cette digression de plusieurs façons : réaction décalée par rapport à l'histoire lue, comme souvent en maternelle ou prescience d'un des procédés d'écriture de l'auteur. Un autre enfant confirme la seconde hypothèse lorsqu'il glose l'expression du livre *"avoir les yeux plus gros que le ventre" en "c'est quand on croit qu'on a une faim de loup".* Le maître a toujours intérêt à se souvenir que les enfants ont l'expérience d'un fonctionnement "poétique" de la langue.

Autour de *Plouf !* Philippe Corentin, (L'école des loisirs)

GS ou CP

Peuvent être convoqués : *Le loup et le renard* (fable VI livre XI) de La Fontaine / "Renart et Isengrin dans le puits", dans le *Roman de Renart.*

Le gag du reflet de la lune (prise pour un fromage) dans l'eau du puits est une invention de La Fontaine. Dans le *Roman de Renart,* le goupil se penchant dans le puits aperçoit son propre reflet qu'il prend pour sa femme. Descendu dans le puits à l'aide du seau, il s'y morfond jusqu'à l'arrivée d'Isengrin qui, de même, prend son propre reflet pour sa femme... qu'il croit en compagnie de Renart ! Au cycle III, on peut aller jusqu'à repérer ces différences, l'exercice de comparaison permettant d'évaluer le travail de création d'une œuvre à l'autre, qu'il s'agisse des personnages (renouvelés par Corentin), du gag des deux seaux (sa répétition dans la variation chez Corentin), du reflet de la lune (motif poétique et trivial à la fois, dans toutes les variantes).

Autour de *Tibert et Romuald*, A. Jonas (Milan)

GS ou CP

L'histoire est celle d'un souriceau cultivé (Romuald) qui réussit à échapper aux griffes et aux crocs d'un chat (Tibert) séduit par les histoires (en l'occurrence, la sienne)…

Autour de cette histoire, on ne peut faire autrement que de convoquer "Tibert et l'andouille" dans le *Roman de Renart adapté par Christian Poslaniec* (Milan), histoire contenue dans l'histoire. L'illustrateur est le même dans les deux cas ce qui souligne, s'il en est besoin, la parenté entre les deux histoires. Dans l'album *Tibert et Romuald,* en effet, la dernière histoire racontée par Romuald à Tibert et qui l'aide à s'endormir les yeux plissés de plaisir, est sans doute la meilleure qu'il puisse entendre. L'image montre, dans un livre ouvert sur le lit, un chat juché sur un calvaire et dégustant une andouille. Il s'agit d'une citation prise au *Roman de Renart.* Tout le problème du rapprochement consiste à faire en sorte que les enfants se rendent compte que l'affaire de Tibert 1 et de l'andouille est une "très vieille histoire" que tous les chats, dès qu'ils savent parler comme dans les *Fables* se racontent évidemment de génération en génération et que, bien sûr, si le Tibert 2 est envoûté à ce point par le récit de Romuald c'est qu'il savoure une victoire dont on parle encore et qu'il s'approprie.

Des réseaux autour d'un auteur

1 *Claude Clément et son univers fantasmatique en CM2*

Le travail dont il va être question ici se déroule dans la classe qui a lu *Le Musicien de l'ombre* et dont nous avons rapporté les réactions (p. 176 et 189).

La géographie mentale de Claude Clément

Après avoir rappelé les différentes manières de lire *Le Musicien de l'ombre* rencontrées dans la classe, le maître distribue aux élèves d'autres œuvres de Claude Clément :

- *Longtemps*
- *Le Luthier de Venise*
- *Le Peintre et les Cygnes sauvages*
- *L'Homme qui allumait les étoiles*
- *Le Masque de brume*

Chaque enfant ne reçoit d'abord qu'un seul texte. En cours de travail, tous les textes seront lus par l'ensemble de la classe. La tâche première est de sélectionner dans chaque œuvre lue les *"éléments qui font penser au Musicien de l'ombre"*. Le maître note dans un grand tableau présentant une colonne par œuvre les remarques successives. Les remarques sont discutées puis peu à peu regroupées, avec l'aide de l'enseignante, autour de six axes : le(s) personnage(s), l'art, la métamorphose, le décor, les refrains, la narration.

	L'homme qui allumait les étoiles	Longtemps	Le luthier de Venise	Le masque de brumes	Le musicien de l'ombre	Le peintre et les cygnes sauvages
Un personnage singulier	Voyageur / passant / vagabond / Va-t-en, ailleurs ! Champ déserté / sans famille / L'enfant prit peur /tu n'as rien à craindre	C'était une ombre fatiguée Personne ne l'aimait plus Les gens s'étaient lassés / seul dans son atelier	Tous ses amis se lassèrent / le jeune homme fut offensé / Alors, dans le silence	Il part tout seul / ces immenses solitudes	Semblait comme étranger à la chasse / Ils l'abandonnèrent dans le marécage Il est seul dans le marécage / resté seul et sans feu	Il les trouve étrangers [ses tableaux d'avant] / Il abandonne pour trouver la beauté absolue / Il abandonne ses amis / Teiji est dans l'eau glacée, il a peur de mourir / Son cœur était plein de plaisir et d'angoisse
Un décor	Un seul oiseau pouvait encore voltiger autour de sa main / Il y a du vent Il y a de l'eau / dans ce pays mouillé / Une échelle (pour passer) / Une étoile à demi allumée	Un vent coquin, soudain, tourna la roue	Des kyrielles d'hirondelles venaient se poser La brise surgie du fond de la lagune La lagune ; sur un canal très animé	Oiseau protecteur qui trônait sur son crâne Un vent brûlant ; le vent puissant Eau du fleuve, autour de l'île, de la lagune, de l'Océan	Quelques oiseaux se rapprochèrent Le frémissement du vent Les étangs et les marécages La nuit	Un vol de grands oiseaux blancs si beaux Une bourrasque de vent Une île au milieu du lac
Des refrains	Sans bagage, sans famille et sans domicile	Longtemps : titre et dernier mot Sa voix un peu sèche, un peu fêlée	Une musique plus ensorcelante / Des kyrielles d'hirondelles	Je m'en vais où mes pas m'emportent, en suivant les tambours du vent, chercher le masque disparu de ma pauvre et triste tribu	Dans la nuit des temps / Au–delà de toute parole	Je me souviens avoir…, avoir…, je me souviens…

	L'homme qui allumait les étoiles	Longtemps	Le luthier de Venise	Le masque de brumes	Le musicien de l'ombre	Le peintre et les cygnes sauvages
L'art	Avec effort, avec patience / À bout de forces, à bout d'espoir / C'est pas ordinaire de polir les étoiles	N'avait cessé de l'aimer / Construction de la vielle : il l'avait fabriquée avec patience	Fabriquer le plus parfait des violoncelles	De la pointe d'un coquillage cisela un masque	Le chant des oiseaux / La flûte / Il construit une flûte / Le secret qui permet de vaincre la peur / Il écoutait la voix des animaux et le frémissement du vent	Ses amis s'extasiaient sur ses derniers tableaux / Il sentit son corps se couvrir de plumes
La métamor-phose	Perd son échelle Ramones–tu les cheminées (méchants) = → Là, regarde, une étoile filante (émerveillés)	Personne ne referma plus ses volets Les gens aiment à nouveau la vielle	Le luthier fit découper l'arbre / Le luthier est content / Quand son arbre meurt, il est triste / Il est à nouveau content quand l'artiste joue de son instrument	Il perd ses amis	Resté seul et sans feu / L'homme aux yeux couleur de ciel devient le musicien de l'ombre / Ils vont le chercher	Il vendit sa maison et ses tableaux / Le peintre est un cygne / Je me souviens de ma vie d'autrefois
La narration	On ne sait pas ce que ressentent les personnages à la fin	Plus personne ne sait trop bien sur quel sentier…	Alors dans le silence, l'inquiétude et la douleur…	On ne sait pas la réaction de la tribu et on ne sait pas où est Amadou et Bokolo	On ne sait pas s'ils rejoignent vraiment la tribu	On ne sait pas la réaction des amis

Sans pouvoir rapporter l'intégralité des discussions qui ont entouré la confection de ce tableau, notons simplement qu'il manifeste la saisie de constantes dans l'univers de l'auteur, constante du personnage central solitaire et artiste, constante des éléments naturels qui l'entourent et sont autant de motifs (l'eau, le vent, l'oiseau…). Constantes aussi du “style” de l'auteur qui aime la musique des mots et, tout autant, leur silence : silence ménagé sur le destin des personnages auquel répond le silence même des personnages.

Claude Clément, si c'était… : le portrait chinois de l'auteur

À l'issue de ce travail, la maîtresse propose l'activité suivante : *"On a voyagé dans l'univers d'une femme, on a lu plusieurs de ses livres maintenant, on va voyager autrement en faisant son portrait chinois"*. La règle du jeu du portrait chinois est explicitée.

Pour l'essentiel, les enfants réinvestissent les items du tableau et parviennent à trouver des éléments neufs qui évoquent l'univers de l'auteur et s'en justifient. Ainsi :

– *un petit champ qui entoure un village : "parce que ce n'est ni la forêt, ni le village mais un endroit entre les deux et c'est un champ parce que ça se travaille ; ce n'est pas une prairie, il faut des efforts"*

– *une marguerite "parce qu'on en trouve dans les prés, sans chercher et pourtant si on regarde c'est très beau"*

– *une goutte d'eau "parce que la pluie, tout le monde sait ce que c'est, ce n'est pas intéressant mais une goutte d'eau il y a plein de bêtes dedans, c'est plein de choses"*

– *un conte "mais attention, au début je croyais quand j'ai vu conte sur la couverture je pensais que ça parlerait de princesse, de moyen âge et de mariage mais c'est pas ça, c'est des contes mais pas comme ça, c'est des contes où on apprend pas qu'on va se marier mais on apprend qu'il faut faire bien attention"*

Le maître intervient en ce point pour approuver et préciser que Claude Clément écrit en effet des "contes pour faire réfléchir", des "contes qui ne disent pas la morale mais font penser qu'il y en a une".

Un exemple de portrait chinois

Si Claude Clément était un objet, elle serait :

Un vase	Un vase avec des roses
Une poterie	Un voilier
Une échelle	Un tableau de peintre
Un vase antique	Un masque
Un objet fabriqué en bois	Un vaisselier
Un encrier	

2 *Philippe Corentin et son univers langagier au cycle II*

La connaissance de l'œuvre d'un auteur permet, certes, de raffiner dans l'interprétation, d'anticiper (par une connaissance antérieure et des réflexes prêts à l'emploi) sur ce qui va arriver, et par là même de jouir de l'inattendu si tout se passe autrement mais surtout, dans le cas de jeunes enfants de maternelle dont le mode d'appropriation est l'écoute, d'en apprendre la langue. Les souvenirs d'histoires entendues, avec ou sans images, s'inscrivent alors dans la mémoire et deviennent des références. L'école maternelle n'est assurément pas le lieu où l'on cherche à savoir si les enfants ont été sensibles au style d'un auteur (écrivain ou illustrateur), mais force est de constater que rien de ce qui constitue son langage ne leur échappe, même s'ils n'ont pas les mots (nos mots) pour le dire.

C'est ce qui se produit dès le début de la lecture des *Deux goinfres* de Philippe Corentin, dans une grande section de maternelle ayant par ailleurs déjà fréquenté d'autres albums du même auteur.

Une reconnaissance fondée sur le style des illustrations (trait, gamme de couleurs)

À la vision de la seule couverture, un enfant s'écrie aussitôt : *"C'est une autre histoire de Mademoiselle Sauve-qui-peut !"*, opinion partagée par la classe. Or, l'enseignante n'avait nullement fait le rapport entre les personnages de couverture des deux albums, aux cheveux communément carotte et au même costume vert cru, assez indifférencié par ailleurs (ni vraiment jupe ni vraiment culotte). Elle ne corrige pas immédiatement la "méprise" mais saisit l'occasion pour faire établir, d'abord, ce qu'il en est du rapport entre les deux personnages *(Qui a écrit et dessiné Mademoiselle Sauve-qui-peut ?)*. Les enfants sont conduits à comparer le nom de l'auteur sur les deux albums *("c'est **le même** !" / "**la signature** du même !"*, désignant ici l'écriture manuscrite / *"**le nom** du même !"*). Le "même" que l'on sait désigner : *"Ah ! c'est celui qui a écrit Papa !" / "c'est celui qui a écrit Pipioli / et Plouf ! / Philippe Corentin !"*

Une reconnaissance fondée sur le lexique

Le titre lu par la maîtresse ne suscite ni question ni demande d'explication. C'est que le mot "goinfre" est connu… rencontré déjà dans *Patatras !*

(*"C'est un goinfre. C'est un sauvage. C'est une bête !")*. Il en est de même du mot "cauchemar". À la lecture de *"Maman me dit tout le temps : – Bouboule, tu vas être malade à manger autant de gâteaux. Tu vas faire des cauchemars !"*, un élève répond : *"C'est comme dans Papa !"* Le cauchemar joue en effet un rôle essentiel dans *Papa* !, et le mot revient plusieurs fois tant du côté du petit monstre (p. 13 : *"Calme-toi ! Tu as fait un* ***cauchemar****, c'est tout !"* dit le papa-monstre – p. 14 : *"Il a fait un* ***gros cauchemar****", dit encore le papa* – p. 16 : *"Et tu sais pourquoi tu as fait un cauchemar, gros bêta ? C'est parce que tu as trop mangé de tarte aux pattes de mille–pattes. Voilà !" dit la maman-monstre*) que du côté de l'enfant dans le lit du petit monstre (p. 21 : *"N'aie pas peur ! Ce n'est qu'un cauchemar." dit le papa* – p. 23 : *"Il a qu'il a trop mangé de tarte aux pommes. Alors il a fait un gros cauchemar, voilà !" continue la maman.*). Et, parce que le cauchemar dans *Papa* ! est constitutif de l'intrigue elle–même, qui peut être interprétée comme l'histoire d'une peur irraisonnée liée à l'étrangeté du monde adulte, la reconnaissance du "cauchemar" n'est pas seulement celle d'un mot, mais d'une situation sur laquelle on a mis un nom, dont l'aspect inquiétant est désamorcé par la réaction affectueuse du père et de la mère (*"ce* ***n'est qu'****un cauchemar"*) et dont la cause est banale : une *"indigestion de gâteaux"*. La situation de malaise est la même dans les deux albums, si la cause en est sans doute différente (est-ce pour avoir trop mangé de gâteaux que Bouboule est malade ? Ou l'est-il d'avoir trop fait le malin ?). En tout état de cause, l'image de Bouboule et Baballe couchés dans le même lit (peu avant la sortie sur le pont du bateau) ne laisse aucun doute aux enfants : *"ils font un cauchemar"* : c'est du déjà vu. De même pour l'image du bateau ballotté par les vagues : *"elle est malade, alors elle a fait un cauchemar."*

Une reconnaissance fondée sur les personnages qui sont des "caractères"

L'erreur (?) initiale d'identification du personnage n'ayant pas été d'abord "corrigée" par la maîtresse, les enfants cherchent à la confirmer dans le texte. C'est ainsi que les propos de Bouboule (*"Bouboule, c'est moi et c'est vrai que j'en mange beaucoup, des gâteaux. / Attention ! Pas tous les gâteaux. Je ne mange pas n'importe quoi. / J'ai mes préférés. Et j'en ai plein, des gâteaux préférés et je peux en manger plein, si je veux. Plus même."*) sont lus comme une confirmation du caractère de Mademoiselle Sauve-qui-peut *("C'est mademoiselle Sauve-qui-peut ! c'est elle qui décide !")*. Mademoiselle Sauve-qui-peut est en effet un garçon manqué, sûr de soi et autoritaire, et peu importe que le goinfre soit prénommé Bouboule, c'est en ce point son caractère, au sens psychologique du terme, et le caractère qu'il représente, au sens donné par La Bruyère, qui compte. Cette remarque d'enfant témoigne d'une capacité d'investigation qui conduit droit à ce qui est le plus juste.

Une reconnaissance fondée sur un motif

Le motif est ici celui du "chou à la crème", représentatif de la catégorie plus générale du "gâteau" omniprésent dans l'univers de Corentin, et que les enfants disent avoir déjà rencontré dans *L'Ogre, le loup, la petite fille et le gâteau.* Ce qui est intéressant ici dans la démarche des enfants, c'est que, dans *L'Ogre,* figure bien un gâteau (sur l'image : une "religieuse" glacée de vert) mais que ce gâteau, en lieu et place du chou attendu, n'a pas d'autre nom que celui de "gâteau". La présence du "chou à la crème" est donc une interprétation que les enfants construisent en reliant deux histoires ou en jouant avec Corentin sur les mots : dans *Les Deux Goinfres* l'expression "chou à la crème" peut se déduire de : *"Et bing ! Dans le chou. Et pan ! Dans la crème."*

Une reconnaissance fondée sur des idiomatismes

Lorsqu'apparaissent les personnages-gâteaux, apparaissent aussi des expressions que l'auteur affectionne particulièrement : *"un gros baba plein de rhum", "un vieux gâteau mal sucré", "ces gros pleins de crème".* Dans *Zigomar n'aime pas les légumes,* on trouve : *"un gros navet prétentieux"* ; dans *Patatras !* : *"un gros méchant même", "un gros glouton"* ; dans *L'ogrionne* : *"C'est un bipède, un gros bipède"* ; dans *Biplan, le rabat-joie* : *"le bourdon, c'est un gros pédezouille",* dans *L'ogre, le loup...* : l'ogre est *"un gros plein de soupe",* le gâteau, *"un gros plein de crème".* Les enfants réagissent instantanément aux expressions rencontrées en se les réappropriant à leur manière qui prouve qu'ils les réfèrent à leur "patron" :

– ça les a tout surpris ces gros pleins de soupe !.. .

– elle devrait les manger

M. : Qui ?

– la petite fille

– comme ils sont dans un bateau / ils ont dit "gros pleins de crème" au lieu de "gros pleins de soupe"

Il y aurait bien sûr d'autres pistes à explorer :

– l'univers des personnages (enfants ou animaux) et leurs caractéristiques bien typées : le ronchon, le vantard, le pleurnicheur, l'impertinente…

– le fait que les récits de Corentin sont toujours des histoires à gags, dans les mots (voir le rôle de "ressort" joué par les onomatopées), dans la conception de l'image (ici le cadre qui bascule après le basculement intérieur des personnages), dans la mise en pages (rimes et enjambements dans le rapport texte / images), dans la fabrication du livre lui–même (format vertical de *Plouf !* découpages de *L'ogre…*) ;

– la nature polyphonique du texte – véritablement écrit pour des voix – où les personnages s'expriment dans leurs registres de langue propres (avec des expressions familières et une syntaxe enfantine), où le narrateur, en voix off, bascule de la langue archaïque des contes traditionnels au registre de la conversation ordinaire (*"Pif ! Paf ! pouf ! et patapouf ! … Et zou ! la voilà partie !"*, dans *Mademoiselle Sauve-qui-peut*), et, de connivence avec le lecteur, compte les points (*"Il n'a pas l'air content, le gros navet. Qu'est-ce qu'il a ?"* ou *"vouman jédep lente matondi ?" dit le roi. / "Moi ? Jamais !" dit Zigomar. **Oh !** / "Moi non plus !" dit Pipioli.* **Oh ! / Oh ! Les gros menteurs."**).

Quand les élèves parviennent à structurer l'univers de Corentin

Dans une autre classe (un CP/CE1 en ZEP), la maîtresse propose aussi aux élèves de découvrir l'univers de Corentin. Rappelons qu'il ne suffit pas que les textes soient d'un même auteur pour que le réseau soit pertinent, encore faut-il qu'ils s'éclairent mutuellement et qu'ils ne fassent pas l'objet d'un rapprochement superficiel. Ainsi, ces lectures de Corentin, qui ont duré toute l'année scolaire (car il faut du temps et de nombreuses relectures), entrecoupées bien évidemment ou nourries d'autres textes, se sont organisées autour de deux sous-réseaux :

– le premier avec *Plouf ! Mademoiselle Sauve-qui-peut* et *L'Ogre, le loup, la petite fille et le gâteau* , qui subvertissent la notion de personnage principal (qui est-il ? que veut-il ?) ;

– le second avec *Papa !*, *Les Deux goinfres* et *Zigomar n'aime pas les légumes,* dans lesquels la frontière entre rêve et réalité est effacée.

Soit six albums qui ont permis à de très jeunes enfants de repérer et d'apprécier comment un auteur se jouait de son lecteur et donc l'invitait à jouer avec lui.

Plouf et *Mademoiselle Sauve-qui-peut* sont rapprochés par l'intermédiaire d'un personnage commun, le loup :

– le loup c'est le loup de Plouf !

– ils se ressemblent

– ils se ressemblent comme des frères

– ça se peut pas car il était petit dans Plouf !

– c'est des sortes de frères quand même

Mademoiselle Sauve-qui-peut est tout aussi naturellement rapprochée du *Petit Chaperon rouge.* La recherche des points communs et des différences a pour objectif de construire la cohérence du personnage de Mademoiselle Sauve-qui-peut (MSQP) et, au-delà la cohérence de l'univers de Corentin :

Ce qui est différent

Le PCR ne tire pas sur le nez du loup Il ne tire pas sur les lèvres Il ne tire pas sur la langue Dans les deux ça parle des dents mais ça dit pas la même chose	MSQP tire le nez / les lèvres / la langue
Le PCR dit : "Mère–Grand que tu as de grandes dents ou de grands yeux"	MSQP dit : "Tes yeux sont tout gros tu as dû avaler tout rond"
Le PCR ne monte pas sur un cochon Le PCR cueille des fleurs	MSQP brûle la queue du chien
Le PCR ne sort pas le loup du lit	Elle met le loup en dehors de son lit
Le loup mange la grand–mère	Le loup n'a pas mangé la grand–mère
Dans le PCR il n'y a pas d'animaux qui courent	Il y a des animaux qui courent partout
	Ce n'est pas écrit "Tire la chevillette"
Elles ne parlent pas pareil	MSQP dit "trucs", "mamie" "ouste"
Le PCR a peur du loup	Elle n'a pas peur, elle ne se laisse pas faire
Elle ne fait pas la différence entre le loup et sa grand–mère	Elle fait la différence (elle dit : "tu crois que je ne sais pas faire la différence entre un loup et…")

La conclusion de l'étude est que *"on* ***croyait*** *qu'on connaissait l'histoire mais c'était pas la même", "ça fait pas peur comme dans le PCR, ça fait* rigoler" et *"MSQP est plus méchante et plus maligne que le PCR". "Elle fait comme si c'était le PCR mais en vrai c'est pas vrai".*

Ont été lus aussi, selon le même principe, d'autres albums d'autres auteurs. La singularité d'un auteur ne peut en effet être perçue que dans la confrontation, dans la perception d'une différence. Le dialogue suivant prend place au moment où les enfants découvrent *L'ogre, le loup, la petite fille et le gâteau…* sans savoir qu'il s'agit d'un album de Philippe Corentin. Or, comme dans *Plouf !* le récit, qui propose le problème logique bien connu de la chèvre du chou et du loup, s'articule autour des allers et retours de l'ogre d'un bord à l'autre de la rivière (6 allers, 5 retours et au 6e l'ogre est englouti par un hippopotame). Comme toujours chez Corentin, le narrateur commente son histoire (*"ça c'est bête alors", "c'est encore une histoire"*). **L'objectif de l'enseignante est de vérifier que les élèves sont capables d'eux-mêmes, sans sollicitation particulière, de faire des rapprochements avec l'ensemble de l'œuvre de l'auteur, c'est-à-dire de manifester spontanément le comportement cognitif qu'on a cherché à développer chez eux à propos des textes littéraires.** Les élèves, initiés au tissage, ne déçoivent pas les attentes : l'apprentissage de la mise en résonance des textes porte ses fruits.

– *c'est fini parce que l'ogre il s'est fait manger*
– *et le bateau il est cassé*
– *c'est un peu comme Plouf ! il y a le seau qui est cassé*
[premier rapprochement spontané qui met en lumière la similitude des situations finales dans les deux albums : *Plouf* et L'*Ogre*]
– *et le loup il est tombé dans l'eau*
– *là c'est pareil*
– *c'est pas gagné pour l'ogre*
– *c'est perdu*
– *c'est pareil pour le loup il est pas malin et là l'ogre il est pas malin non plus*
[deuxième rapprochement qui porte sur les similitudes des caractéristiques des personnages centraux]
– *les deux ils mangent rien*
– *et puis ça s'arrête ça recommence ça s'arrête*
– *ça s'arrête et puis après ça recommence*
– *c'est comme Plouf c'était écrit fin et puis on pouvait continuer* [troisième rapprochement qui porte sur la structure narrative répétitive commune aux deux albums]
– *c'est une farce pour l'ogre et pour nous aussi*
– *j'aimerais bien savoir qui c'est qui l'a écrite cette histoire* [l'absence du nom de l'auteur est posée explicitement comme une énigme à résoudre]
– *ça doit être Philippe Corentin il fait toujours des farces*
– *c'est qui madame ?*
– *on sait pas qui est l'auteur*
– *c'est Grégoire Solotareff* [hypothèse erronée mais non absolument impertinente dans la mesure où Grégoire Solorareff, également bien connu

sait lui aussi faire rire ses lecteurs]
– M. : pour quelles raisons ?
– parce qu'il a écrit des histoires d'ogre
– parce qu'il écrit des histoires d'ogre rigolotes
– Philippe Corentin aussi
– C'est Philippe Corentin / le loup est marrant et dans Mademoiselle Sauve-qui-peut aussi [quatrième rapprochement, avec élargissement du corpus, qui porte sur l'intention pragmatique]

Le nom de l'auteur est donné par l'enseignante
– moi je croyais que c'était Grégoire Solotareff mais c'est Philippe Corentin / en fait il y a un truc quand le loup il veut manger la petite fille et quand la petite fille elle veut manger le gâteau et dans Plouf ! *il y a des pièges* [révision pertinente de l'hypothèse première erronée avec apport d'arguments : l'erreur conduit ici à la lumière]
– ça raconte toujours des histoires de pièges
[cinquième rapprochement qui porte sur le ressort de l'intrigue]
– et puis les personnages ils montent et ils descendent
– et c'est un peu pareil comme dans L'Ogre
– il prend toutes les choses qu'il a chassées et il va et il revient
– ils font des allers et retours
– dans l'histoire de l'ogre ils vont à gauche à droite à gauche à droite / dans Plouf ! *ils vont en bas en haut en bas en haut* [véritable travail de conceptualisation du trajet des personnages chez Corentin : déplacement vertical ou horizontal incessant des personnages, qui commande le format de l'album]
– les fins se ressemblent
– il nous raconte des histoires rigolotes
[rappel et synthèse des points de comparaison : ***L'Ogre*** **est inséré désormais dans un ensemble qui s'est structuré dans et par la mise en résonance**]

3 *Claude Boujon et son univers humoristique au CE1*

La production de l'illustrateur/auteur Claude Boujon à l'École des loisirs, qui s'est étendue sur une dizaine d'années, porte les marques très stables d'une forte personnalité et constitue un ensemble caractéristique tout à fait approprié pour initier les jeunes lecteurs à la notion d'univers d'auteur, parce que le repérage des personnages et des thèmes récurrents est aisé.

Dans un premier travail, les élèves reconstituent à partir de pages (texte et illustrations) données dans le désordre l'intrigue de *L'Intrus* mettant en scène les problèmes de cohabitation entre des rats et un éléphant. Dans une deuxième séquence, ils repèrent assez facilement le retour du thème de l'exclusion dans un nouvel album présenté, *Cousin Ratinet*. Le thème est ici repris sur le mode du rire jaune puisqu'il s'agit cette fois–ci d'une exclusion entre congénères : trois compères, rats d'égout, seigneurs des tuyaux, ne parviennent pas à supporter la venue chez eux d'un cousin, décidément trop propre, un rat des villes qu'ils trouvent bien maniéré... Ce passage d'un humour bon enfant à un humour plus subtil et grinçant (lié notamment au renversement des valeurs) peut permettre, dans le cadre d'une progression, de saisir ensuite les intentions sous–tendant la très brève nouvelle, *Une histoire cruelle* (in *Les Escargots n'ont pas d'histoires*), qui reprend le thème de l'intolérance mais cette fois–ci sur le mode (délicat à manier avec les enfants) de l'humour noir : l'impassibilité des personnages face à la mort programmée de la souris née sans moustache ne sert pas à provoquer le rire satisfait, mais la révolte et l'indignation chez le lecteur.

Plus simplement, le repérage des différents procédés d'humour peut être conduit tant au niveau des illustrations qu'à celui du texte : traits caricaturaux, effets de surprise, gags, effets amusants d'intertextualité, emprunts au monde de la B. D, aux dessins animés américains (*Ah, les bonnes soupes*), voire aux rengaines populaires (dans *Pauvre Verdurette*, où le tracteur que la sentimentale grenouille prend d'abord pour le prince charmant qu'elle attend, *"sentait bon le moteur chaud"*).

Après lecture autonome individuelle et présentation mutuelle opérée par le groupe classe d'albums de Claude Boujon, les élèves sont conviés à un exercice de tri : il s'agit de reconnaître, en s'appuyant sur le travail de repérage précédent, parmi un corpus de pages empruntées à divers auteurs d'albums, celles qui ont pu être produites par Claude Boujon. Une seule confusion, dans la classe de CE choisie : la page de couverture de *Loulou* de Solotareff (tronquée de son titre) est attribuée faussement à l'auteur de *On a volé Jeannot Lapin*, deux albums au graphisme proche, il faut bien le reconnaître.

Ce qui ressort de cette expérience, c'est la satisfaction des enfants à se poser progressivement comme lecteurs experts, "spécialistes avertis" par rapport à un auteur avec lequel ils sont entrés en réelle connivence ; bref à s'octroyer (à leur niveau) un statut de lecteur lettré. Cette représentation valorisante de soi en tant que lecteur ne peut qu'être favorable à l'appropriation du domaine littéraire, un domaine qui doit être perçu comme public et non réservé, sous peine d'empêcher l'entrée de tous en littérature.

Des réseaux génériques

Les jeunes enfants s'intéressent d'abord au sujet des textes ("une histoire d'animaux, d'amitié"). Certaines collections de jeunesse choisissent d'ailleurs de s'appuyer sur des critères thématiques pour cette raison. Mais d'autres ("Chair de poule", "Souris noire", "Fantastique"...), en revanche, se fondent sur les genres. Apprendre à mieux se repérer pour choisir des livres en connaissance de cause, pourrait constituer un argument suffisant en faveur d'une approche des genres à l'école. On a vu par ailleurs que le genre se présente comme un cadre cognitif indispensable pour accéder à la compréhension des récits. Il s'agit là d'un second argument plus fort que le précédent.

Pour construire un réseau générique et conduire son exploration, le maître doit connaître les *propriétés formelles spécifiques* du genre retenu et au besoin les construire lui-même en comparant attentivement et méthodiquement les textes. Mais il lui faut faire la part entre les connaissances dont il a besoin pour enseigner, pour se rassurer ("je dois en savoir plus qu'eux sur le sujet"), et les connaissances que peuvent construire les élèves, tenir compte en particulier des capacités de conceptualisation des élèves. Plus encore que les autres réseaux, les réseaux génériques réclament la durée. On pourrait dire qu'un genre se conceptualise progressivement de la maternelle à l'université. Au sein d'une classe donnée, en tout état de cause, l'approche des genres se fait en continu sur l'année scolaire.

Avant de constituer un réseau destiné à étudier un genre précis, ou, en opposition, deux genres voisins, la notion même de genre doit avoir été abordée de manière informelle et occasionnelle : à partir des interprétations que font les élèves des indications génériques données sur les couvertures (*à quoi t'attends-tu quand tu lis... ?*), à partir de tris de textes qui vont leur permettre d'exprimer la représentation qu'ils se font spontanément des genres. Dans cette phase exploratoire, il ne faut pas craindre de laisser les élèves aborder les genres au travers de catégories larges, connues d'eux, même confusément. C'est ainsi que lorsqu'on pousse les élèves à s'intéresser à des critères autres que thématiques (animaux, amitié, bagarre), ils ont tendance, dès le CE1, à tout regrouper sous le terme d'"aventures". À l'intérieur de ce "genre très englobant", on peut très progressivement les amener à distinguer, par exemple à partir d'un simple critère spatio-temporel et en s'appuyant sur des indices autres que le titre et surtout l'illustration de première de couverture, entre "aventures de l'ancien temps", "aventures dans un monde qui n'existe pas", "aventures dans des pays lointains" et "aventures de la vie quotidienne". Toujours pour tester l'état les conceptions des élèves, on peut, à l'inverse, au CE2 ou au CM, proposer des catégories génériques existantes (sans autre commentaire) et demander aux élèves de ranger des personnages et/ou des extraits de textes dans ces catégories puis de justifier leur classement.

Par exemple :

"Voici vingt noms de personnages pris dans divers livres : Emeline – Totor – Gustave – Verdurette – Jeff – Kokakrik – Ficelle – Robinson – Etienne Beaudrier – Chien bleu – Kitty – John Sadler – Pépin Riflard – Cornin Bouchon – Arthur – Samani – Pyrrha – Pierrot – Chiquito – Ezéchiel.

Classe-les dans la liste suivante si tu penses que tu pourrais les rencontrer dans des livres qui appartiennent à ces genres : récit policier, récit d'aventure, conte, récit fantastique, récit réaliste, récit de science-fiction, récit historique. Tu peux mettre un même personnage dans plusieurs colonnes. Après tu confronteras tes réponses avec celles de tes camarades."

"Voici maintenant des extraits de textes. Fais de même :

1. *On l'appelait Hilal, ce qui veut dire "Croissant de lune". Et ses parents avaient bien choisi son nom car ses yeux ressemblaient à deux rayons de lune. Dans son village on ne l'aimait pas.* (Jocelyne Sauvard)

2. *Anne–Lise était penchée à une fenêtre. C'était l'élève la plus mystérieuse de l'école. Elle était arrivée au milieu de l'année et manquait très souvent. Elle ne paraissait pas souffrante mais était très étrange. Elle ne parlait jamais et elle portait toujours un petit miroir dans sa main.* (Joan Manuel Gisbert)

3. *Tikta'litak plongea la pointe aiguë de son harpon dans une fissure et se hissa sur la masse de glace déchiquetée.* (James Houston)

4. *Un fiacre stationnait en face. Une expression de contrariété passa sur le visage de l'Américain.* (Hyman et Fromental)

5. *Il y avait une femme dont le grand désir était d'avoir un bébé à elle. Mais ne sachant comment réaliser son rêve, elle alla trouver une sorcière.* (Andersen)

6. *La réponse maléfique arrive sous la forme de trois coups de plus en plus insistants, frappés à la porte de la maison.* (W.W. Jacobs)

7. *Il était une fois, dans un petit pays, un savetier pauvre comme Job, qui ne faisait que tirer sur sa ficelle et réparer des savates. Il se nommait Ghivan Balentou et était de petite taille. (Italo Calvino)*

8. *Se poser sur un monde nouveau était toujours impressionnant, même si pour Antodo Golrak, cela s'était déjà produit un certain nombre de fois.* (Pierre Pelot)

9. *Les deux jeunes gens sortirent, le roi de Navarre le premier, le duc de Guise le second ; mais hors de la porte chacun tourna de son côté avec une froide révérence.* (A. Dumas)"

Dans une classe précise de CE2, l'exercice a conduit les élèves à formuler les conceptions suivantes :

– Le récit réaliste comporte des noms de personnages qui existent ou ont existé. Il raconte des histoires tristes et des histoires d'animaux (proches du documentaire).

– Le récit d'aventure a des personnages dont le nom évoque un autre monde, un autre pays (Ezéchiel, Chiquito, Robinson), il se déroule ailleurs, dans les îles.

– Le récit historique comporte des noms qui font "vieux", l'histoire se passe autrefois, on y rencontre même des personnages historiques.

– Le récit fantastique a des personnages qui ont des noms bizarres (Samami), il raconte une histoire triste avec la mort.

– Le récit policier raconte des histoires policières, leurs personnages ont un nom et un prénom, ils sont détectives, policiers, voleurs ou victimes.

– Le conte : "on connaît bien ", ça raconte des choses qui n'existent pas.

– Le récit de science–fiction reste dans l'ombre : on sait seulement que ça se passe dans l'avenir, dans les planètes.

Par la suite, les livres contenant les extraits peuvent être feuilletés afin de vérifier la pertinence des classements

Le rôle du réseau est de préciser ou remettre en cause ces préconceptualisations initiales et de conduire les élèves à dégager des critères de reconnaissance de plus en plus affinés. En ce sens, le réseau a une fonction de mise au point des approches informelles. Dans un premier temps, il s'agit bien d'amener les élèves à identifier des constantes ou des normes génériques, en sachant que ces normes se dégagent d'autant mieux dans l'opposition à d'autres. Pour ce faire, le choix du corpus de textes est déterminant : il ne doit pas conduire les élèves à de fausses certitudes qu'il faudrait déconstruire par la suite (par exemple, toute histoire qui se passe dans le futur relève de la science–fiction). Ce n'est que dans un second temps qu'il convient d'introduire des textes dont l'identité générique est double, ambiguë ou subvertie et de conclure sur la complexité de l'entreprise de classification.

Ultérieurement, il deviendra possible d'interroger la classification des éditeurs : "ce que l'éditeur présente comme une nouvelle fantastique appartient–il véritablement au genre ? pourquoi ?". Les collections stéréotypées, qui affichent un genre de façon plus ou moins explicite ("policier" ou "Souris noire", "Lune noire") et prolifèrent actuellement, regroupent en effet parfois des textes hétérogènes : c'est ainsi qu'une histoire d'amitié entre un enfant et un bandit – *Il y a un bandit sous mon lit* de J.–P. Andrevon – figure dans une collection policière. De la même façon, le texte de présentation placé en 4ème de couverture peut orienter le lecteur dans une fausse direction : *La sorcière de la cantine*, de J.–L. Craipeau, présenté comme un conte et un livre d'horreurs n'est qu'un récit de vie qui renvoie aux fantasmes des enfants.

Nous choisissons ici de nous intéresser à des « genres » propres à la littérature enfantine ou traditionnellement adressés aux tout petits. On conte parmi ces genres les récits à structure répétitives, mais à l'intérieur même de la catégorie peuvent être distinguées :

Les histoires répétitives et cumulatives sans fin

– *La maison que Pierre a bâtie,* Histoires à raconter, Nathan

– *La maison que Jack a bâtie,* Folio benjamin, Gallimard

– *Une histoire sombre, très sombre*, Gallimard

– *Une toute petite bonne femme,* Didier

– *Un petit trou dans la pomme,* Nathan

Les histoires répétitives, cumulatives avec fin

– *Quel radis,* Didier

– *Le radis noir,* Milan

– *Le coq et le chat,* Milan

– *Panier cassé,* Milan

– *La petite fourmi,* Milan

Les histoires à emboîtement et désemboîtement

– *Le chevreau de mon père,* Grandir

– *Poussinet* in *Beaux contes célèbres,* Nathan

– *P'tit Pierre, le coq et la fève,* Deux coqs d'or

– *Le cochon qui ne voulait pas entrer,* Milan

– *Le rat et la rate, Contes de Gascogne,* Milan

Les histoires circulaires ou en miroir

– *La petite souris et le grand lama,* Actes Sud junior

– *Le beau ver dodu,* Kaléidoscope

– *Le roi, les souris et le fromage,* L'école des loisirs

L'approche de ces types d'histoires ayant été traité ailleurs (Boussion, J., Schottke, M., Tauveron, C., *Apprendre à lire au CP. Bâtir une culture,* Hachette, 1996), nous avons retenu ici le récit de rêve et le conte merveilleux, incontournable, dans l'un de ses tout petits aspects seulement.

1 Autour des récits de rêve de la GS au CE1

Il y a rêve et rêve

Si l'on peut avancer qu'une "histoire", quelle qu'elle soit, relève de la fiction, il existe aussi des histoires qui développent une "fiction au deuxième degré" quand jeux imaginaires, rêves éveillés et vrais rêves s'introduisent dans la "fiction au premier degré", pour éventuellement la modifier. Nous proposons un catalogue de quelques–unes de ces histoires, qui peuvent être lues dès la maternelle.

1. Représenter / se représenter

1°) Rêver à / rêver d'être :

– *Jamais content,* Bruno Munari, album animé, L'école des loisirs

2°) Représenter / inventer pour quelqu'un d'autre :

– *Le genou de Julie,* Jill Murphy, Centurion Jeunesse

2. Jouer à être, imaginer

– *L'île aux mystères,* Fulvio Testa, Gallimard Jeunesse

– *Polo capitaine,* Mireille d'Allancé, Hachette Jeunesse

– *Le carton magique,* Michael Foreman, un livre animé fantastique, Albin Michel

3. Rêveries

– *Un beau livre,* Claude Boujon, L'école des loisirs

4. Fantasmes

– *Tout change,* Anthony Browne, Kaléidoscope

5. Histoires de rêve

1°) Se représenter en rêve :

– *Je mangerais bien une souris !,* Claude Boujon, L'école des loisirs,

2°) Imaginer (en rêve ?)

– *Le Noël d'Edouard,* Ebi N. (Eberhard Naumann), L'école des loisirs, Pastel

3°) Le rêve, comme plus ou moins simple décollage de la réalité :

– *Mon Oncle,* Jenny Thorne, Albin Michel Jeunesse

– *Les animaux se sont échappés,* Piotr Wilkon, Jozef Wilkon, Nord–Sud

4)° Rêves suscités par les livres

– *Maurice et les pirates,* Dieter Wiesmüller, L'école des loisirs, Pastel

– *Edouard et les pirates,* David Mc Phail, Circonflexe

– *L'échappée belle,* Inge Sauer, Actes Sud Junior

5°) Rêve ou réalité ? :

– *Ce n'est qu'un rêve,* Chris Van Allsburg, L'école des loisirs

– *Le merveilleux voyage de Jack,* Michael Foreman, Kaléidoscope

– *Les deux goinfres,* Philippe Corentin, L'école des loisirs

Dans les quatre premières catégories, on rencontre d'abord des "**représentation de souhaits**". Le "rêve", dans *Jamais content*, n'est qu'une aspiration, l'expression d'un désir qui prend forme dans une image. Le texte dit à gauche de l'image : *L'éléphant en a assez d'être si gros et si pesant. Il rêve. À quoi rêve–t–il ?* Puis si l'on ouvre, comme on ouvre un livre, un petit volet placé sur la tête de l'animal (le siège de sa pensée et de ses représentations), on voit sur la page de droite l'image de son "rêve", un oiseau jaune, et sur la page de gauche, la formulation du contenu du rêve : *Il rêve d'être un petit oiseau pour voler et chanter.* Suivent quatre autres souhaits formulés à partir de l'état précédent, toujours sur le même principe d'animation :

– l'éléphant gris rêve ——————> d'être un oiseau jaune

– l'oiseau jaune rêve ——————> d'être un poisson rouge

– le poisson rouge rêve ——————> d'être un lézard vert

– le lézard vert rêve ——————> d'être un gros bœuf paisible

– le bœuf rêve ——————> d'être un éléphant

– "et l'éléphant ? il rêve aussi."

L'histoire symbolise la façon dont le personnage se représente l'état auquel il aspire et qu'il croit meilleur pour lui.

Figurent aussi des "**affabulations**". *Le genou de Julie* met en scène une petite fille dont le genou est écorché et qui, ne pouvant décemment pas avouer qu'elle est tout bêtement tombée de balançoire, invente pour ses camarades des situations héroïques dont elle dit s'être sortie avec succès et dont le genou n'est que la trace bénigne.

Figurent enfin des "**rêveries**" ou "**rêves éveillés**" (Dans *Un beau livre*), des "**jeux de faire comme si**" *(Le carton magique)* et des **fantasmes.**

Le carton magique appartient aux "jeux du faire comme si" : la maman de Jules vient d'avoir "un nouveau jouet" (point de vue de l'enfant), une machine à laver le linge. Pas Jules, qui toutefois trouve son bonheur grâce au grand carton d'emballage resté dans la cuisine, prétexte à une série d'aventures imaginaires. Le livre (doubles-pages avec texte à gauche et images de la cuisine à droite alternant avec d'autres doubles-pages où se déplient les différents engins empruntés par Jules) a pour particularité de "mettre en scène", grâce à l'animation, les allers-retours de la "réalité" (fiction 1 : une machine à laver déborde) à la "fiction" (fiction 2 : les représentations imaginaires du rêve ou, ici, du jeu), au moyen de situations opposées, figurées par des lieux (la cuisine familiale / les mondes de Jules), des personnages (la Maman, le chat, et Jules dans son carton / Jules et son chat dans leurs aventures) et des objets (la machine, le carton / les engins nautiques et spatiaux). Il est toutefois plus complexe qu'il n'y paraît, et c'est là tout son intérêt : à aucun moment, on ne dit que Jules *joue*, donc *imagine* les scènes qui font l'objet des animations, même si ce jeu est indiqué par l'image (Jules dans son carton à la cuisine). D'autre part, même si, avertis au bout de deux pages du fonctionnement du procédé, les enfants peuvent finir par s'habituer à l'alternance ("réalité" / "fiction") mise en scène par le livre animé, le texte en soi reste trompeur. Il ne tient pas deux discours distincts qui correspondraient chacun à l'un des deux univers : ainsi, si *des vagues énormes envahissent la pièce* (imagination de Jules), l'on nous dit aussi que la *Maman essaie de les faire entrer dans la machine,* alors qu'il s'agit bien de draps (dans la cuisine) qui ne deviendront des vagues que dans l'animation qui suit. Dans une classe de grande section, le carton est d'abord interprété comme un passage vers l'autre monde :

– *il est rentré de l'autre côté du carton*

– *il est peut-être rentré dans le carton et puis ensuite il est au Moyen Âge*

– *il va aller dans un autre monde*

Le premier degré d'interprétation correspond à la solution magique (la plus facile !) :

– c'est le carton qui s'est transformé

– c'est le carton qui est magique !

Elle entre en concurrence avec une interprétation rationnelle (si l'on peut dire)

– et la pieuvre, elle existe = elle est "réelle"

Progressivement apparaît une troisième hypothèse de lecture :

– c'est un rêve

– même la cuisine, c'était un rêve

qui se heurte à des résistances :

– j'ai remarqué quelque chose : c'est pas un rêve, puisqu'on voit le carton ici aussi ! alors ça peut pas être un rêve !

On en arrive alors à l'hypothèse du jeu. Elle est d'abord le fait de quelques enfants avant de devenir l'interprétation du groupe :

– alors c'est un jeu !

– ça doit être un jeu !

– il se passe des choses imaginaires

– en fait, c'est pas qu'il est autre part, c'est les pages où il imagine. Par exemple, avec un tuyau il a fait un tentacule ! (p. 6)

– moi je pense qu'il a peut-être tout fabriqué en imaginant

– j'ai remarqué que… on voyait chaque fois ce qu'il avait fabriqué, et après, ce qu'il imaginait ! (bilan et mise en ordre, mais aussi introduction d'une nouvelle explication qui complète les premières formules décrivant le procédé d'alternance, "il rêve de temps en temps").

Tout se passe comme s'il y avait ici des degrés de pertinence dans l'interprétation du fictif (fictif au 2ème degré). **L'interprétation par la magie est le premier stade de la différenciation fiction premier degré / fiction deuxième degré.** Le procédé de la baguette est tout à la fois simple, immédiat (quant au résultat), incontestable et efficace (quant au lecteur, d'emblée et par force, convaincu). Son lieu d'exercice est le conte. La reconnaissance de ce type de forme fictive, qui va de pair avec l'admission de la métamorphose, se base sur l'expérience des contes qu'ont les enfants, et ne pose jamais de problèmes d'interprétation. L'auditeur / le lecteur est mis devant le fait accompli, et il n'y a pas à chercher d'explication du phénomène : seule la cause importe. **L'interprétation rationnelle** peut être pertinente, dans le cas où elle provient d'une réflexion logique qui sert à construire ou à déconstruire, selon les cas, mais ne l'est plus si elle se ferme sur elle-même (on reste sur son quant à soi) sans évoluer. **L'explication par le "rêve"** provient évidemment des nombreux récits traitant de rêves simples, sous la forme de parenthèses dans un récit soigneusement balisé *(il s'endormit, et rêva que… / il se réveilla et s'écria : "ce n'était qu'un rêve !")*. Là non plus, le lecteur n'a pas de question à se poser, il ne lui reste qu'à admettre ce qui lui est proposé. Il n'y a rien à *comprendre* et *interpréter*. Les récits de rêves ne deviennent intéressants que si le rêve fait entrer le lecteur dans une autre dimension du récit : cas où le personnage va vivre en rêve l'explication de sa situation de veille ou anticiper par le rêve son futur qu'il pourra ensuite maîtriser. **L'explication par le "jeu"** est ici la plus subtile, car elle suppose que "le carton magique" du titre a été interprété non comme magique en soi mais comme support bien concret d'un jeu qui permet de se transporter dans des mondes imaginaires. Tous les enfants ne sont pas capables au même moment d'atteindre le dernier stade dans l'interprétation, mais les interactions jouent un rôle décisif dans le cheminement de chacun. Une chose n'a cependant pas été dite par les enfants, mais qu'ils ne pouvaient pas dire : c'est sans doute le comportement anormal (par rapport à la normalité des choses ordinaires) de la machine à laver qui induit le récit a–normal (fantastique) des voyages en d'autres dimensions. Autrement dit, ce n'est pas exactement le carton qui est à l'origine du jeu de Jules, mais la situation : celle d'une machine à laver qui déborde, le carton n'étant finalement qu'un accessoire du jeu. Jules n'a pas rêvé ces décors et ces actions, mais les a imaginés avec une intention qui colle, quoique décalée par rapport à celle-ci, à une réalité de départ. Et le parallèle est facile avec le travail d'écrivain ou de tout autre inventeur : on n'invente pas, par lubie, de toutes pièces et à partir de rien, mais à partir de ce que l'on ressent, interprète et transforme, selon l'expérience qu'on a du monde.

Tout change illustre la catégorie du "fantasme". Le thème du récit se résume au contenu d'une page qui n'est pas la première du livre pour des raisons de structure évidente (il faut d'emblée faire entrer le lecteur dans un univers où la surprise et le suspens sont de règle) : *Ce matin-là le père de Joseph était allé chercher la mère de Joseph. Avant de partir, il avait dit que les choses changeraient bientôt.* Joseph passe alors son temps à s'interroger sur cette phrase énigmatique : *Voulait-il dire qu'elles changeraient comme ça ? / ou comme ça ? / Joseph ne comprenait pas / Peut-être que les choses seraient normales au-dehors… / Est-ce que tout allait changer ?* Le lecteur est donc plongé dans l'univers des représentations de Joseph, et pour représenter les représentations de Joseph, l'auteur emprunte l'imagerie de Magritte. Le personnage évolue dans un décor fantastique où les "choses" n'arrêtent pas de "changer", c'est-à-dire de se transformer jusqu'à complète métamorphose. Pour avoir pris à la lettre ce qui lui a été dit, Joseph s'applique en imagination à transformer la "réalité". Il reste à envisager un deuxième niveau d'interprétation, une fois l'histoire lue en entier, et dévoilée la nature du "changement" annoncé : la naissance d'une petite sœur. Des indices, images dans l'image, sous la forme de représentations encadrées, en effet, s'ils avaient été perçus en cours de lecture, auraient peut-être permis d'en faire l'hypothèse : par exemple, présence de E.T., dans la chambre à coucher-Van Gogh ; de la *Madone à l'enfant* de Raphaël au-dessus du canapé ; d'une "photo" de la famille : père, mère, enfant (Joseph), posée sur la TV qui montre un coucou squattant un nid et se faisant nourrir par un oiseau plus petit que lui. Voilà donc exprimée sur ce qui l'attend toute l'angoisse kafkaïenne de Joseph K.

Dans la cinquième catégorie figurent des histoires dont on suppose ou dont on est sûr qu'elles racontent des rêves : dans certaines l'endormissement reste implicite, dans d'autres l'endormissement et le réveil sont clairement notifiés, dans d'autres enfin la frontière du rêve et de la réalité est rendue poreuse. Le rêve y est traité comme un décollage plus ou moins simple de la réalité, ce qui rend évidemment la lecture plus ou moins difficile. *Mon Oncle*, par exemple, épouse le schéma classique du récit de rêve (un pêcheur qui s'endort, rencontre des animaux monstrueux qui le poussent à l'eau, jusqu'à ce que le texte dise : *"Dieu merci, je crois bien que je m'étais endormi et que je rêvais / Et j'ai attrapé un poisson… / … juste de la bonne taille pour mon dîner." / Et il courut à la maison pour le faire cuire"). Les animaux se sont échappés* complexifie nettement le schéma : sommeil → réveil dans le rêve → aventure fantastique → sommeil dans le rêve → rêve dans le rêve → réveil dans la réalité → retour d'un élément du rêve dans la réalité (une petite balle jaune du rêve se retrouve dans la cage du vrai lion). De façon voisine, *Le merveilleux voyage de Jack* raconte les vacances de Jack chez son grand–père, ex-capitaine de la marine marchande. La vieille maison ressemble *"à un navire naufragé"*. À l'intérieur, le grand-père a peint ses souvenirs sur les objets et sur les meubles : *Tout autour du lit il y avait des images de la mer déchaînée et de bateaux naufragés ; à la tête du lit, un océan d'icebergs, au pied, un grand gouvernail.* Et tous les soirs le grand-père raconte les histoires que représentent ses tableaux. Jack entre si bien dans ces histoires qu'il les imagine, et qu'il y est (à l'état de veille) déjà : *il voyait de grosses baleines lancer des jets d'eau, et des dauphins nager tout autour du navire.* À cause du brouillage du sommeil, Jack finit par s'identifier *dans son rêve* au mousse de l'histoire racontée par le grand-père. La maison tout entière part à la mer. Quelques indices de "réalité" ou plus exactement, relevant de la fiction 1ère, entrent périodiquement dans la construction du rêve. Dans son rêve, Jack retrouve alors sur la mer tout ce que le grand–père a représenté dans ses peintures et maquettes. Au lever du soleil, il se réveille et tout semble normal. *Avait–il rêvé ? Jack alla à l'arrière de la maison. Grand-père était là, sur une chaise, et il enlevait du toit le dernier glaçon. Nous sommes pourtant en été...* Le récit est intéressant pour la fusion qu'il orchestre (sorte de fondu-enchaîné) entre le récit du grand-père et le rêve de l'enfant et, bien sûr, pour la contamination du "réel" retrouvé, par les scènes oniriques. En ce qu'il heurte la rationalité, il pose, comme tous les récits de ce type, des problèmes d'interprétation (voir les réactions des enfants à propos des *Deux goinfres*, p.141).

Vers une modélisation de l'histoire de rêve canonique au CE1

Le corpus étudié dans la classe est le suivant :

– *Les Deux Goinfres,* Ph. Corentin, L'école des loisirs
– *L'édredon,* A. Jonas, L'école des loisirs
– *J'ai rêvé d'une rivière,* A. Say, L'école des loisirs
– *Le voleur de rêve,* F. Crozat et G. Moncomble, Milan
– *Le rêve d'Albert,* L. Lionni, L'école des loisirs
– *Le jardin de Mérédith,* D. Sheldon et G. Blythe, L'école des loisirs
– *Un rêve à Venise,* S. Zavrel, Nathan
– *Le rêve du renard,* K. Tejima, L'école des loisirs
– *La perle,* H. Heine, Gallimard
– *Le rêve de Pierre,* Ch. Van Allsburg, Gallimard
– ***Max et les maximonstres,*** M. Sendak, L'école des loisirs
– ***Zigomar n'aime pas les légumes,*** Ph. Corentin, L'école des loisirs
– ***Snap ! Snap !*** C. et J. Hawkins, Albin Michel Jeunesse
– ***Lolotte,*** A. Mets, L'école des loisirs
– ***Le rêve de Marcellin,*** D. Falda, Éditions Nord–Sud

Les élèves de la classe ont d'abord travaillé sur un texte noyau, *Tu rêves, Lili !* de A. Boulon et Ch. Renault. Ils ont identifié les relations entre l'univers de la chambre où l'héroïne se réveille et celui de son rêve achevé. Ils appellent ces relations des "ponts entre rêve et réalité". D'autres livres (ceux du corpus) qui évoquent des phénomènes oniriques ont été disposés au cours de la lecture dans le coin bibliothèque. Tout en poursuivant donc la découverte de *Tu rêves, Lili !* les enfants découvrent par eux-mêmes ces autres livres et opèrent des rapprochements. Pour chaque rapprochement perçu, la maîtresse demande une présentation du livre. Cinq livres du corpus sont ainsi retenus (ils figurent en gras dans la liste) et commentés par les élèves qui les ont choisis. Le lendemain, la maîtresse remet aux élèves la fiche où elle s'est contentée de retranscrire les remarques faites la veille en les regroupant par titres d'album. Voici cette fiche :

Comment on a reconnu les histoires de rêve :

Dans *Zigomar n'aime pas les légumes*, le costume n'est pas le même dans le rêve et dans la réalité.

Le personnage tombe puis brusquement se retrouve dans la réalité.

Les légumes parlent. La souris vole. C'est impossible. On voit des choses impossibles dans les images de rêve.

Pipioli arrive dans le rêve à faire quelque chose qui serait impossible dans la réalité.

On voit le personnage avec des étoiles au début et à la fin. Elles nous montrent qu'il est assommé.

On retrouve au début et à la fin : "Réveille-toi ! Ne fais pas l'idiot !"

Dans *Snap ! Snap !* on voit le lit du début à la fin. On retrouve des objets dans le rêve et dans la réalité.

Le personnage tombe puis brusquement se retrouve dans son lit.

Dans Tu rêves, Lili ! on retrouve des objets dans le rêve et dans la réalité.

Le personnage tombe puis brusquement se retrouve dans son lit.

On retrouve des expressions qui disent la réalité et qui disent le rêve.

Le personnage s'endort puis il est transporté.

Dans *Lolotte*, on retrouve des objets dans le rêve et dans la réalité.

Lolotte dit : "J'ai fait un drôle de rêve."

La baleine sort du dessin et devient comme vivante.

La baleine sort du papier. C'est impossible. On voit des choses impossibles dans les images de rêve.

Dans ***Max et les Maximonstres,*** on voit la chambre au début et à la fin.

Des fois c'est écrit dans le titre. Sur la première de couverture, on voit le personnage qui dort.

La chambre se transforme en forêt. C'est impossible. On voit des choses impossibles dans les images de rêve.

Il y a un bateau qui emmène le personnage à l'île des rêves. Il s'endort puis il est transporté.

Dans ***Le rêve de Marcellin,*** le personnage veut faire quelque chose d'impossible : aller dans la lune.

Les élèves identifient rapidement l'origine du contenu de la fiche. Ils repèrent que des formules se répètent et qu'elles définissent en quelque sorte "comment on fait les histoires de rêve". Du même coup, il perçoivent que le *Rêve de Marcellin* est hétérogène.

Ils peuvent alors construire un schéma du genre "histoire de rêve" ainsi constitué :

Histoires de rêve

réalité		réalité
	Le lecteur lit les aventures du rêve	
Le lecteur apprend		Le lecteur apprend que le personnage a fait un rêve et pense
qui est le personnage, pourquoi il s'endort		qu'il s'est réveillé
	Il y a des ponts entre le rêve et la réalité	

2 *La triplication dans les contes merveilleux au CP*

La triplication (des personnages, des épreuves...) est un phénomène récurrent dans les contes merveilleux traditionnels. L'objectif de la maîtresse n'est pas, au niveau d'enseignement où elle se situe, d'aborder avec les enfants la signification symbolique du phénomène mais simplement d'en faire découvrir l'existence et les formes multiples plus ou moins apparentes pour ainsi créer une forme d'horizon d'attente culturel, favorisant l'anticipation lecturale.

Mise en place d'un répertoire commun

– Dans la bibliothèque : des albums sont prêtés et échangés, les enfants racontent ce qu'ils ont lu, la maîtresse lit des contes.

– Dans la classe, la maîtresse présente des ouvrages regroupant plusieurs contes : *Beaux contes célèbres – Un conte pour chaque jour – Livre de contes – Les contes de Grimm – Les contes d'Andersen.* Les ouvrages sont feuilletés, certains titres sont lus, parmi ces titres, on repère ceux de contes connus.

Prise de conscience de la présence du nombre 3 dans les titres

Les titres de la table des matières de *Beaux contes célèbres* sont lus. La maîtresse demande d'opérer des regroupements à partir de points communs. À côté de regroupements thématiques ou fondés sur les personnages, certains enfants repèrent la présence du mot "trois" et proposent la série : *Boucle d'or et les trois ours – Les trois petits cochons – Les trois boucs "Bougon".* Les enfants recherchent dans leur mémoire d'autres contes présentant "trois" dans leur titre.

Prise de conscience de la présence du nombre 3 dans le corps du texte

Le premier repérage, le plus simple, se fait à partir des personnages, dans les albums lus en début d'année ("La petite poule rousse a trois amis : le chat, le cochon et le renard", "dans *Quand je serai grand, je serai Père Noël,* Noël rencontre trois nains : Pomme, Pouce et Cochonnet", *"dans L'ogre, la petite fille, le loup et le gâteau,* l'ogre fait traverser la petite fille, le loup, le gâteau") ; dans les albums de la bibliothèque ("comme il est dit dans le titre, dans *Les trois brigands*, il y a trois brigands") ; dans les contes connus ("dans *Cendrillon*, il y a trois filles : une gentille et deux méchantes").

Au terme de multiples relectures des contes par la maîtresse, six catégories de triplication sont dégagées (les désignations des catégories sont de notre fait).

– *Trois tâches à accomplir pour un seul et même personnage*

TITRE ET PERSONNAGE	"ce qu'il faut faire"	BUT
Le compagnon de voyage *Jean*	Trois devinettes à résoudre	Épouser la princesse–sorcière
Les trois cheveux du diable *Un jeune homme*	Répondre à trois questions pour quitter l'enfer	Rapporter les trois cheveux d'or du diable et épouser la princesse

– *Trois personnages ayant un but commun mais accomplissant chacun une action différente*

TITRE	"ce qu'il faut faire"	BUT
Les trois fées	Chacune des fées accomplit un prodige	Sauver le village
Les trois petits cochons	Chacun des cochons essaie de bâtir une maison	Se protéger

– *Trois personnages rivaux qui accomplissent la même tâche mais un seul atteint le but*

TITRE	PERSONNAGES	BUT
Gros yeux	3 fils : 2 mauvais, 1 bon	Rapporter du bois et épouser la princesse
Les fiançailles du gel	3 filles : 2 mauvaises, une bonne	Trouver un époux riche
Le Prince Soleil	3 frères	Ramener leur sœur
Les trois fils du pêcheur	3 frères	Sauver et épouser la princesse
La belle et le monstre	3 filles (la dernière est la plus gentille)	Ne pas être mangées par le monstre qui éclate à la 3ème peau
Le pari entre Askeladd et le troll	3 fils : 2 peureux, 1 très malin	Vaincre le troll
Les trois coffrets	3 princes : 2 vaniteux, 1 simple	Épouser la princesse
Le merle blanc	3 princes : 2 méchants, 1 bon	Rapporter le merle blanc pour devenir roi

– Trois personnages rivaux qui ont chacun trois tâches à accomplir mais un seul atteint le but

TITRE ET PERSONNAGES	"ce qu'il faut faire"	BUT
Les trois pêches de mai (conte nivernais)	Trois épreuves : les trois sacs de vérité	Guérir la princesse et l'épouser
Trois garçons (2 aînés et un simplet)		

– Un seul personnage mais trois formes d'aide dans l'accomplissement de la tâche

TITRE	AIDE	BUT
Compère Louison et la Mère du vent Louison	La Mère du Vent donne une serviette qui se transforme en nourriture, un canard qui se transforme en or, un bâton qui donne des coups	La richesse
La moitié de poulet Un poulet *Le briquet* Un soldat	Trois aides se présentent : le renard, le loup, la rivière Trois chiens l'aident : un petit, un moyen, un gros	Se faire rembourser par le roi Devenir riche et épouser la princesse

– Un seul personnage mais trois opposants à l'accomplissement de la tâche

TITRE	Des oppositions	BUT
Boucle d'or et les trois ours	Boucle d'or s'oppose à trois ours : un petit, un moyen, un grand	Manger, se reposer
Les trois vagues	Au pêcheur magicien s'opposent 3 mouettes, 3 sorcières, 3 vagues	Éviter un naufrage

La lecture intégrale par les enfants d'une adaptation du conte *Le briquet* est pour eux l'occasion de voir que la triplication peut atteindre des dimensions plus grandes encore : *"alors il y a trois chiens, trois caisses et trois chambres et trois portes et trois clés"* ; que lorsque trois éléments se succèdent, leur classement est hiérarchique (du plus petit au plus grand, du plus faible au plus fort…). Ainsi, dans *Le briquet* :

– le premier chien a les yeux comme des tasses à thé ;

– le deuxième comme les roues d'un moulin ;

– le troisième comme la grosse tour ronde.

De même, plus les chiens ont les yeux grands, plus les pièces contenues dans les caisses sur lesquelles ils sont assis sont "chères".

Les autres contes connus sont alors reconsidérés pour voir *"si c'est toujours la même chose"*. On constate que, dans *Boucle d'or*, les trois ours apparaissent bien dans un ordre croissant de corpulence, que dans *Les trois petits cochons*, *"la première maison n'est pas solide"*, la deuxième *"un peu solide"* et la troisième *"très solide"*.

3 *Un autre genre : le récit de brouille en GS ou CP*

Le corpus peut comprendre :

– *La brouille* de Claude Boujon, L'école des loisirs

– *Marie-Louise et Christophe* de Nathalie Savage Calson, L'école des loisirs

– *Mangetout et Maigrelet* de Claude Boujon, L'école des loisirs

– *Cousin Ratinet* de Claude Boujon, L'école des loisirs

La comparaison des œuvres du corpus permet d'aboutir au tableau suivant :

Début de l'histoire	*Un jour*	*Sur ce, soudain, tout à coup*	*Depuis ce jour, désormais*
Ils sont amis	Ils se disputent	Un ennemi plus fort arrive Ils luttent ensemble ou l'un sauve l'autre	Ils sont à nouveau amis

Des réseaux autour d'un procédé d'écriture : exemple de la rétention d'informations ou de la figure du silence

1 *De quelques formes de la figure du silence*

Le "silence" se distingue de l'implicite. L'implicite se rétablit par inférence, le "silence" se donne à lire comme tel. Il sollicite fortement la collaboration du lecteur, le somme en quelque sorte de projeter ses propres images.

Le silence peut porter sur l'identité du narrateur

Le déménagement, M. Rosen / S. Williams, (Kaléidoscope) : la situation est vue et racontée du point de vue du chat de la maison, sans que cela soit dit de façon explicite. Mais l'illustration fait tout comprendre (le chat est toujours au 1er plan, le personnage-enfant, dont on ne connaît pas les pensées mais que l'on voit pleurer, est à l'arrière-plan). L'histoire étant facile à comprendre, le procédé permet de mener une réflexion enrichissante sur la notion de point de vue avec les jeunes enfants de maternelle.

Gare à toi, souris ! J. Waite / N. Burgin (Mijade) : un narrateur anonyme s'adresse au personnage principal de l'histoire : une souris. Qui est ce narrateur ? un autre personnage du livre ? l'auteur prenant fait et cause par rapport à la souris ? une voix supposée être celle du / des lecteur (s) ? Texte plus difficile, qui encourage à la recherche d'indices et conduit à plusieurs interprétations.

Le silence peut porter sur les antécédents de pronoms

Le lecteur ne sait pas de qui, de quoi parlent les personnages ou qui est le personnage principal.

– *Dis-moi*, May Angeli, Éditions du Sorbier

– *Ne dites rien à Dorothée*, Dawn Bentley et Yumi Heo, Albin Michel Jeunesse
– *Bon anniversaire*, Myrtille, Didier Levy et Gilles Rapaport, Circonflexe
– *Le Mur*, Angel Esteban, Syros alternative
– *Sables émouvants*, Thomas Scotto et Éric Battut, Milan

Il peut aussi porter sur l'issue (ou le but) de la quête du personnage

– *Le Mur*, Angel Esteban, Syros alternative
– *Le voyage d'Oregon*, Rascal, L'école des loisirs.

Il se peut alors que le texte invite explicitement le lecteur à meubler le silence par une série de questions finales sans réponses. C'est le parti qui est pris dans *Feudou, dragon secret*, de Marol, chez Ipomée. L'histoire (celle d'un dragon qui s'humanise peu à peu), dont on ne dira pas qu'elle est "bien" écrite, est cependant très efficace en CE2, CM1. Elle se termine ainsi :

> Sur ce qui suivit, une discrétion entière est exigée, car Feudou existe vraiment et l'a voulu ainsi. A-t-il rencontré une dragonne qui aurait connu elle–même pareille mutation ? A-t-il vécu seul, discrètement parmi les hommes, ou retiré dans son pays de montagnes et de vent ?
> Certains signes laissent à penser qu'il voyage parmi nous "incognito" et pour longtemps, longtemps encore, cherche à confier certains secrets de dragon…
> Des secrets de feu et de douceur.

Il peut porter sur l'interprétation à donner d'un comportement de personnage

Silence qui se marque souvent par des points de suspension : dans *Petit Pierre n'a pas peur des gros !* de Dominique Garros (Albin Michel jeunesse, 1991), lisible dès la petite section, un petit enfant terrasse de gros animaux à chaque double page (lion, bison, python…), mais la dernière double page présente des points de suspension pour seul texte et montre Petit Pierre terrifié par une araignée. Il faut comprendre que Petit Pierre n'a pas peur des gros, mais qu'il a peur des petits. La littérature fantastique, quant à elle fait porter son silence sur la réalité / non réalité du phénomène étrange observé (le phénomène invraisemblable a-t-il vraiment eu lieu ou n'est-il que rêve ou fruit d'un esprit dérangé ?).

Pour le cycle 2 :

– *Il neige*, Uri Shulevitz, Kaléidoscope

Un enfant veut qu'il neige, les adultes, la radio et la télévision prétendent qu'il ne neige pas. Puis la neige se met à tomber alors qu'on ne voit plus d'adultes dans l'illustration. Elle tombe de plus en plus... Puis des personnages qui ornaient une librairie pour enfants se détachent de leur devanture et viennent danser avec l'enfant. On ne saura pas si la neige est tombée sur la ville ou seulement dans l'espoir de l'enfant

– *Komodo, l'île des dragons* de Peter Sis, Grasset Jeunesse

Un jeune garçon, obsédé de dragons, est emmené par ses parents sur une île qui recèle un varan rare, dénommé Dragon de Komodo. Dans l'avion, il imagine la rencontre. Mais comme l'île s'avère envahie de touristes installés comme au spectacle, il décide d'explorer seul la forêt. La rencontre a lieu, exactement comme il l'avait imaginée. Et, alors que ses parents repartent déçus, lui s'affirme satisfait. Le livre pousse au bout l'indécidabilité du statut à donner à la seconde scène de rencontre : s'agit-il d'un fantasme ? d'un événement réel ? Une classe de Grande Section a tranché ainsi : *"c'est qu'il voit des dragons partout / nous on n'en voit pas partout – et l'auteur on sait pas mais c'est sûr qu'il aime aussi les dragons"*.

Pour de plus grands :

– *Boréal-Express,* Chris Van Allsburg, L'école des loisirs

– *Ce n'est qu'un rêve,* Chris Van Allsburg, L'école des loisirs

– *Le Merveilleux voyage de Jack,* Michael Foreman, Kaléidoscope

– *Demain les fleurs,* Thierry Lenain, Nathan

Le brouillage, figure voisine du silence, peut porter sur l'identité des personnages

– *La Chaise bleue,* Cl. Boujon (L'école des loisirs)

L'histoire comporte deux personnages principaux, Escarbille et Chabaudeau, mais les détails physiques de chacun n'étant pas formulés dans la présentation, à quoi se fier pour distinguer l'un de l'autre ? Au texte (l'ordre des mots dans la phrase qui en parlant d'eux dit : (1) "Escarbille et (2) Chabaudeau") ? À leur place dans l'image où l'on voit, de gauche à droite, Chabaudeau d'abord, puis Escarbille, tous deux se dirigeant dans le sens des pages à tourner ? Même si la situation s'éclaircit plus loin, il restera des ambiguïtés dans le texte, car les réparties dans le dialogue s'échangent parfois sans précision du locuteur. C'est en s'efforçant d'identifier le caractère de chacun des deux personnages que les enfants pourront *voir* (c'est toujours Escarbille qui "mène" par opposition à Chabaudeau qui "suit"), et apprécier les situations.

2 *Le silence sur l'origine des pronoms (cours moyen)*

Certaines histoires organisent volontairement la confusion du lecteur en celant l'identité d'un personnage central, simplement désigné sous la forme "il" ou "elle". Le "trou" orchestré peut prendre deux formes : celle du "blanc" relatif qui sera comblé par une ultime information du texte – nous sommes alors devant quelque chose qui a à voir avec la "devinette" ; celle du "blanc" absolu, que rien ne viendra jamais remplir sauf les hypothèses du lecteur – nous sommes alors devant une "énigme". La devinette est un jeu d'esprit qui s'appuie sur les connaissances encyclopédiques du lecteur. La clé de l'énigme ne se trouve pas dans la connaissance du monde mais dans le fonds propre du lecteur, dans une conscience de soi–même. Le malheur d'Œdipe, c'est d'avoir pris pour une devinette ce qui était une énigme, c'est d'avoir répondu à la Sphinge, monstre de l'imagination : "C'est l'homme", sans se reconnaître dans cette humanité-là. C'est d'avoir traité en jeu d'esprit ce qui demandait à se déployer sur toute la longueur de sa vie.

Dans le réseau, figurent d'abord deux histoires très simples, *Ne dites rien à Dorothée* (Albin Michel) et *Bon anniversaire, Myrtille* (Circonflexe) qui appartiennent à la première catégorie : des personnages animaux parlent d'un autre personnage animal, sans en préciser la nature, qui sera dévoilée à la fin… une fois que le lecteur aura échafaudé les fausses hypothèses attendues. *Le Mur* d'Esteban, déjà évoqué, est présenté en dernier lieu, comme cas de figure emblématique de la seconde catégorie : l'identité du "Il" qui cherche à franchir le mur pas plus que ce qu'"il" voit derrière le mur ne sera dit au lecteur. *Dis-moi* de May Angeli (Éditions du Sorbier) se trouve à la frontière des deux catégories et pour cette raison occupe la position centrale dans le réseau. Il s'agit d'un texte fondamentalement réticent. Aucune intervention de narrateur ne vient guider une interprétation ; le texte est constitué exclusivement des paroles de deux personnages : un jeune enfant et sa mère sur un bateau. Ils sont pêcheurs, ils posent des filets. L'enfant pousse sa mère à un jeu de questions-réponses : il l'interroge sur la venue, autrefois, de mystérieux voyageurs venus fonder une ville à l'endroit même où ils se trouvent, plus précisément sur les circonstances météorologiques qui ont pu permettre leur débarquement. Il énonce toutes les intempéries possibles, demande laquelle a pu être favorable à l'événement. La mère, après bien des atermoiements, finit par rejouer cette arrivée, avant de retourner au réel de sa pêche. L'illustration propose toujours le même paysage dans des circonstances météorologiques diverses ; seules les première et dernière images représentent les personnages du fils et de sa mère. Le mot de la fin : *"Allez, on jette les filets (…) on rentre à la maison"* ne laisse à l'enfant aucune place pour dire sa satisfaction ou sa frustration. Le lecteur ignore jusqu'au bout l'identité de ces voyageurs qui occupent la conversation. Ils ne sont désignés que par le pronom "ils", sans référent. Le texte distille quelques rares indices pour la compréhension :

> – Dis, Maman, ils sont arrivés par la mer ?
>
> – Ici, mon fils, tout le monde arrive par la mer.
>
> (…)
>
> Ils auraient poursuivi leur route vers l'ouest et construit leur ville ailleurs. Mais voilà, même si elle a été détruite, reconstruite et encore une fois détruite, elle est bien là sur la colline.
>
> (…)
>
> …ils seraient partis toutes voiles dehors vers le large dans leur gros bateau.
>
> (…)
>
> Si avec le vent du sud ils n'avaient pas vu notre montagne cornue, perdue, escamotée, disparue dans la brume de sable…
>
> (…)
>
> Ils cherchaient la terre et, n'y voyant rien, peut–être qu'ils se sont dit : "Où sont–elles ces contrées accueillantes dont on nous a tant parlé ? On a dû se tromper dans nos calculs." Ou bien ils n'avaient jamais entendu parler de quoi que ce soit, ils naviguaient vers l'ouest, c'est tout.
>
> (…)
>
> Les marins avec la brise de terre auraient humé les senteurs d'herbe mouillée, de thym, de menthe sauvage.
>
> (…)
>
> Et la reine, sur le pont du bateau, a appelé : "Capitaine ! Ordonne à tes matelots de jeter l'ancre, notre voyage est terminé." Ils se sont installés sur la colline, juste en face de la montagne à deux cornes.

C'est tout : des marins, venus de l'est, attirés par des légendes, dirigés par une reine, venus pour fonder une ville en face d'une colline à deux cornes, dans un pays susceptible de connaître des vents de sable et d'accueillir thym et menthe sauvage… Il faut une culture solide pour résoudre la devinette, culture qu'on ne peut pas raisonnablement espérer d'enfants de l'école élémentaire. Dans l'album, la solution est apportée par un autre texte, bref, placé à la fin du livre. *La légende raconte qu'au IXe siècle av. J.-C., la princesse Élissa, surnommée Didon l'errante…* Suit le récit de la fondation de Carthage. Le texte pose bien ainsi une devinette : de qui parlent l'enfant et sa mère ? Et, plus fondamentalement, une *énigme* : que veut nous faire partager l'auteur qui propose à notre lecture un pareil texte ? Avec son "blanc" vertigineux, il offre un écran vierge à la fantasmagorie de tout un chacun. Le maître peut d'abord traiter le texte comme une devinette et se fixer, pour sa résolution, un objectif d'acculturation : initier les enfants à la légende (plusieurs versions de la légende de Didon sont présentées : l'extrait de l'album, bien sûr, le récit qu'en fait Vénus à Énée au chant I de *l'Énéide* de Virgile, un extrait des *Récits et légendes de Carthage* dans la collection Folio Benjamin, le récit rapporté dans le guide touristique de la *Tunisie* chez Gallimard). Il peut aussi et ensuite le traiter comme une énigme et se fixer un objectif d'éducation de la lecture : aider les élèves à poser le problème d'interprétation, tant du jeu des personnages que de celui de l'auteur, favoriser l'investissement des élèves dans cette quête des origines et cette rêverie météorologique. Pour atteindre ce deuxième objectif, la maîtresse fabrique trois reformulations synthétiques, qui lui paraissent rendre compte chacune d'une des lectures produites par les élèves au cours des échanges. Pour refléter l'attention portée aux personnages, à la pression que l'enfant exerce sur sa mère, elle propose :

Résumé A : C'est l'histoire d'un enfant qui veut que sa mère lui raconte la légende de la fondation de Carthage dans le détail. Il veut la connaître bien exactement.

Pour tenir compte de l'entrée dans le jeu de la mère, elle propose :

Résumé B : C'est l'histoire d'un enfant qui pousse sa mère à jouer : elle serait la Reine Élissa, et ils seraient en train d'arriver pour fonder Carthage.

Pour correspondre à certaines remarques d'élèves sensibles à la déclinaison des intempéries susceptibles de retenir des voyageurs, elle propose :

Résumé C : C'est l'histoire d'une légende, celle de la fondation de Carthage dans un lieu agréable. De nos jours encore, un enfant et sa mère, qui vivent sur les lieux, s'en souviennent.

Elle leur demande alors de choisir par écrit la reformulation qui *"va le mieux avec [leur] lecture"*. Les élèves sont d'abord surpris de n'avoir pas à identifier une reformulation erronée, comme le veut la tradition scolaire, puis la discussion s'engage. Ils éliminent la reformulation A, parce que la mère ne raconte pas à proprement parler, il n'est question que de l'arrivée des Phéniciens. Du coup, ils s'intéressent au moment où la mère fait parler la reine : *"Capitaine, ordonne à tes matelots de jeter l'ancre !"*. Les élèves repèrent que la mère joue ici comme un acteur le rôle de Didon. La reformulation B paraît en convaincre plusieurs. La reformulation C les surprend. Pendant le plus long du texte, le pays est présenté comme inhospitalier, justement. Mais le retour au texte permet d'y lire : *"C'est le plus beau pays du monde."* Le retour sur le passé a donc un rôle identitaire : ce coin de la planète, avec son climat, est désirable, et la légende fabuleuse elle-même l'atteste... Par ailleurs, la reformulation C met en avant la légende qui, précisément, n'était pas mise en avant dans le livre. Les élèves prennent alors en compte les effets du procédé de rétention, ce qui est précisément l'objectif du réseau : pourquoi l'auteur ne dit-il pas de qui parlent les personnages ? C'est bien sûr pour le faire *deviner*, mais aussi parce que :

> – *comme ça / on sait pas bien ce qu'il veut l'enfant...*
>
> – *on est obligé de se mettre à sa place*

Un peu plus tard, un élève affirmera :

> – *l'auteur il fallait qu'il le dise pas / comme ça on voit bien qu'il (= l'enfant) la connaît la légende / il veut juste savoir comment eux (= les phéniciens) ils ont vu son pays /ce qu'ils ont vu de tellement bien pour y fonder leur ville*

Le procédé de la rétention est saisi comme un moyen au service d'un projet narratif et non comme une coquetterie d'expression. Les élèves sont alors prêts pour affronter une autre forme de rétention plus drastique encore, celle de *Le Mur* ou celle de *Sables émouvants.*

Partie IV

Quels comportements effectivement induits chez les élèves ?

Nous changeons ici de point de vue. Simple effet de focalisation. Après avoir fixé notre attention plus particulièrement sur le maître - ses manières de lire, son travail didactique de choix des livres et de mise en scène de la lecture, son comportement dans les échanges - nous tournons notre regard sur les élèves - leurs réactions, leurs comportements, leur évolution dans la lecture et dans les échanges autour de la lecture. Ce renversement de perspective n'a d'autre souci que d'anticiper les éventuelles réserves de nos propres lecteurs et d'y répondre : les propositions didactiques faites jusqu'en ce point ont-elles ou non des effets positifs sur la qualité de la lecture des élèves et sur leurs rapports même aux textes ? ne dépassent-elles pas les possibilités des élèves, singulièrement les possibilités des élèves dits "en difficulté" de lecture ?

"Que peuvent bien avoir à dire sur la littérature des lecteurs démunis de savoir savant, de métalangage et de méthodes ? Ont-ils seulement quelque chose à dire ? Faisons le pari de les écouter", suggère J.-C. Chabanne, dans un article intitulé. "La lecture avant la lecture", paru en 1998 dans *Le français* aujourd'hui. Il ajoute : "On s'apercevrait qu'ils ont déjà commencé. Les élèves les plus jeunes ont quelque chose à dire du littéraire". Nous les avons écoutés. Soutenus par un dispositif approprié, une représentation toute neuve de ce qu'autorise (n'autorise pas) la lecture littéraire, les enfants ont effectivement quelque chose à dire du littéraire, ils peuvent collectivement aller du partage d'émotions affectives et esthétiques spontanées vers une prise de conscience que l'écriture est susceptible de produire des effets subtils et puissants.

Des enfants d'école élémentaire sont-ils capables d'une lecture distanciée attentive au fonctionnement et à la fabrication du texte ?

1 *Exemple de* Petit Lapin rouge, *Rascal* (L'école des loisirs)

CM1-CM2

L'histoire du *Petit Lapin Rouge*, déjà rencontrée à plusieurs reprises, est une histoire complexe qui intrique plusieurs niveaux de narration et se joue des conventions réalistes pour mettre en péril l'illusion du lecteur. La mise en scène de personnages se distanciant de leur histoire pour la réécrire appelle logiquement une autre distanciation chez le lecteur. Des élèves de CM1-CM2 sont capables de cette distanciation, comme l'attestent les extraits de leurs échanges qui vont suivre.

L'histoire est présentée selon la technique du dévoilement progressif, avec le découpage exposé en partie II page 103. Dans son découpage *a priori*, le maître anticipe les réactions des élèves. Mais celles-ci peuvent court-circuiter ses attentes et l'on peut même aller jusqu'à dire que le dispositif choisi a pour fonction de précipiter la compréhension. Les élèves très tôt subodorent les pièges du texte ou, si l'on préfère, sa logique.

Ils reconnaissent dès la présentation du premier morceau le genre parodique :

Lecture du premier morceau

– *c'est comme le PCR*[1]*, le même genre à part que c'est un lapin*

– *c'est le contraire du PCR parce que c'est le lapin qui va chez sa grand-mère et c'est le chasseur qui va tuer le lapin*

---

1. Abréviation pour Petit Chaperon rouge.

Ressemblances et différences entre le texte source et le texte dérivé sont immédiatement perçues, de même que l'intention parodique

– en fait c'est une parodie du PCR

M- qu'est-ce que c'est une parodie ?

– une imitation

– comique

La parodie est définie à la fois dans ses intentions (faire rire) et dans les moyens qu'elle emploie pour donner corps à ses intentions : l'"imitation" (= la "ressemblance") et la modification de détails (la "différence"). Les premières différences perçues portent sur la nature et les attributs des personnages :

– c'est le PCR avec d'autres personnages

– c'est comique parce que euh c'est la même histoire mais il y a / euh / dans le panier il prend du sirop pour la toux au lieu du / miel / il prend des carottes

– au lieu des biscuits euh

– de la galette au beurre

– au lieu que ce soit des/ des chasseurs / normalement dans le PCR c'est un loup

M- un loup

– pour le lapin en fait le chasseur c'est un loup

– dans le PCR c'est une petite fille et un animal et dans le PLR[2] *c'est un animal et un chasseur*

M- donc des personnages qui ne sont pas les mêmes mais qui se ressemblent

– c'est le petit chaperon rouge réincarné

PLR, est vu comme un double ou un clone de PCR.

À partir de cette reconnaissance du genre les élèves anticipent le changement de rôle du PCR : "*dans le PCR il y a le petit chaperon rouge et le loup / peut-être que la fille elle est méchante aussi*", "*ça serait peut-être la fille du chasseur*". Dès le premier contact, la petite fille est objet de soupçons, ce qui veut dire que, déplacée d'une histoire à l'autre, de son histoire à celle d'un autre, fût-il son semblable, elle perd son statut de héros positif au profit de PLR.

Au moment où les deux personnages s'informent mutuellement de leur histoire, les élèves commencent à percevoir l'imbrication des niveaux de narration. Si l'on se livre à une reconstitution du cheminement des élèves dans

2. Abréviation pour Petit Lapin rouge.

la complexité du texte, en sélectionnant et en regroupant les interventions qui en traitent, il est possible de dégager les étapes suivantes, qui sont bien sûr dépendantes de la découverte progressive du texte mais montrent aussi comment une première remarque individuelle est mémorisée puis travaillée, corrigée, approfondie par la collectivité, sans sollicitation appuyée du maître.

1re étape

Les élèves prennent conscience d'un premier enchâssement : une histoire -celle du PCR, telle que nous la connaissons- dans une autre histoire, l'histoire commune du PCR et du PLR issue de leur rencontre et en train de se dérouler :

E1- la petite fille elle a entendu parler du lapin rouge et le lapin rouge il a entendu parler de la petite fille / la petite fille elle a déjà lu l'histoire du lapin rouge et le lapin rouge il a déjà lu l'histoire de la petite fille

E2- en fait / là c'est une histoire et puis dans le texte on nous raconte une autre histoire / l'histoire de quelqu'un qui est dans le texte

2e étape qui suit immédiatement la première et apporte un correctif

Il s'agit de deux histoires (celle traditionnelle du PCR **et** celle du PLR supposée aussi traditionnelle) dans une autre histoire dont ils sont les héros :

E3- il y a deux histoires l'histoire du chaperon et l'histoire du petit lapin rouge

E4- il y a deux histoires mais ils ont rajouté des mots pour faire une autre histoire

E5- en fait c'est deux histoires dans une histoire

E6- c'est deux histoires racontées dans une autre histoire

E7- c'est un peu comme s'ils se disaient "non mais, c'est pas mon histoire par hasard, là ? non mais, tu me l'as volée !" enfin / en fait ils connaissent déjà / euh / comme si / euh / ils tournaient un film / comme si ils étaient écrits dans un scénario enfin / et puis qu'ils se disaient euh "mon histoire mais c'est ça ! elle se finit bien mon histoire ou pas ?" et euh en fait elle se finit très mal / en fait c'est comme si eux ils savaient leur histoire mais ils peuvent pas faire autrement

E8- en fait ils ont lu l'histoire et puis ils le font dans l'histoire

On a là une remarquable analyse du jeu de rupture / reconstruction de l'illusion réaliste, en même temps qu'une perception tout aussi remarquable de la situation dramatique où se trouvent placés les personnages dédoublés : devenus lecteurs de leur propre histoire, ils ont théoriquement le pouvoir d'en infléchir l'issue désastreuse et matériellement ne peuvent passer à l'acte. Un des élèves – jugé "en difficulté", mais qui, pressentant qu'il n'y a pas ce jour-là de réponses scolaires attendues et que la parole est libre, joue un rôle moteur dans l'interaction - reprend la remarque de son camarade et parvient à métaphoriser la situation dramatique par l'image particulièrement juste du labyrinthe :

E9- c'est comme s'ils étaient dans un labyrinthe / ils savaient leur histoire ils savaient pas comment l'éviter / en sortir / donc en fait c'est comme dans un labyrinthe [...]c'est un vrai labyrinthe / y savent pas par quoi commencer.

3e étape (plus tard dans la découverte du texte, quand les personnages décident de prendre en main leur destin par la réécriture)

Les élèves n'avaient pas anticipé la réécriture comme seul moyen logique pour les personnages de sortir de l'aporie où ils se trouvent (pour échapper à un destin scellé dans les livres, il n'est d'autre solution que de modifier les livres). Ils avaient dans l'ensemble imaginé une transformation de l'intrigue par l'action *("si le lapin il connaît la fin du PCR et si le chaperon connaît la fin du PLR eh ben ils peuvent très bien s'en sortir vu que s'ils connaissent tous les obstacles y peuvent s'en réchapper / faudrait pas qu'ils tombent dans le panneau et oublient leurs fins").*

Dès lors que la réécriture est entreprise par les deux personnages, la classe prend conscience, d'abord de manière diffuse, de l'existence d'un nouveau niveau (celui de l'histoire réécrite par les personnages eux-mêmes) mais oublie l'existence du récit enchâssant :

– *il y a trois histoires en fait : il y a cette histoire (= celle qu'ils ont réécrite) et puis celle du petit chaperon rouge et celle du petit lapin rouge (= racontée selon la tradition)*

4e étape (plus tard encore, quand les personnages ont achevé de saborder leur histoire)

Une synthèse, lentement et collectivement construite, fait apparaître l'articulation des trois plans et découvrir que le manipulateur de textes n'est pas celui qu'on croyait :

– *ils se gênent pas parce que pour terminer leur histoire ils font ce qu'ils veulent quoi / "en décidant tous seuls de nos fins"*

– *ils sont tranquilles parce qu'ils inventent leur fin / après ils pique-niquent / ils mangent tout ce qu'ils avaient apporté à leurs grands-mères alors je pense qu'ils vont rentrer chez eux*

– *on dirait qu'ils sortent de leur histoire pour parler aux écrivains un peu*

– *en fait le narrateur raconte l'histoire et puis d'un coup à la fin le lapin et le chaperon ils en ont marre d'être dans cette histoire alors ils dégagent et ils font voir à l'auteur ce qu'ils savent faire*

– *le narrateur c'est* ***lui*** *qui a écrit l'histoire / il se donne du plaisir en les faisant sortir de leur histoire / c'est comme si c'est* ***lui*** *qui voulait leur faire faire tout ça*

– en fait c'est le narrateur qui raconte que lui dans une histoire il est en train de raconter une autre histoire

L'échange se clôt, on le voit, sur une remarquable "métalecture" ou lecture de sa lecture, en quelque sorte : *"Attention, nous, lecteurs, ne devons pas être dupes. Les personnages semblent avoir pris en main leur destin narratif mais ils n'ont que la liberté que veut bien leur donner l'auteur souverain. Tout ceci n'est qu'un jeu d'écriture auquel l'auteur, d'abord, prend plaisir".*

2 *Exemple des* Sept cochons sauvages, *Helme Heine* (Gallimard)

CP

Nous avons (p. 197) présenté l'album et montré comment, au travers de leurs résumés successifs de l'histoire, des élèves de CP glissent progressivement et collectivement d'une posture classique et naturelle de lecture attentive au destin des personnages à une autre, attentive au dessein de l'auteur. Nous reprenons ici l'exemple de classe en nous attachant au déroulement linéaire des échances.

L'album est lu sur plusieurs séances, les illustrations et le texte correspondant sont découverts successivement (l'illustration précède en principe le texte, mais stratégiquement la maîtresse inverse parfois l'ordre).

Les élèves relèvent d'abord des contradictions entre le titre et l'illustration de première de couverture :

– les cochons sont dits "sauvages" mais l'illustration montre un cochon civilisé qui boit du thé à demi couché sur un canapé,

– sept cochons sont annoncés mais l'illustration n'en montre qu'un.

Ils anticipent ainsi sur le contenu de l'histoire : ce pourrait être une histoire de jalousie entre le cochon très propre de la couverture et ses six cousins qui vont venir salir sa maison ; une histoire où le loup viendrait troubler la tranquillité de la maisonnée cochons à la manière des *Trois petits cochons* ; une histoire de cochons qui ont cru pouvoir vivre proprement mais qui retrouvent leur instinct naturel… Dans les échanges qui suivent, autour de l'album découvert en plusieurs étapes, on se contentera de souligner les particularités individuelles des enfants dans leur rapport au texte et de montrer leur cheminement collectif, soit comment ils parviennent en s'écoutant à adopter successivement plusieurs postures de lecture qui leur permettent d'entrer dans le texte par des voies complémentaires qui vont de la lecture d'identification à la lecture symbolique et à la lecture distanciée attentive au mode de fabrication de l'effet d'illusion.

• **Lecture de la première partie, les trois premières pages soit trois illustrations** (I-1-2-3) **et trois morceaux de texte** (T1, 2, 3)

Un peintre assis dans un fauteuil contemple son œuvre achevée : elle représente une forêt peuplée de sept cochons sauvages. Tout à coup, les sept cochons prennent vie et gâchent la peinture.

Illustration 1

X- c'est un tableau

X- il y a de la peinture

L- c'est un tableau à l'aquarelle

X- c'est peut-être le cochon (sous-entendu : de la couverture) *qui a dessiné les sapins et il regarde de loin pour voir si c'est bien*

T- c'est peut-être un monsieur qui l'a fait et le cochon il est assis dans son fauteuil et il recopie

K- c'est pas un cochon / il a des cheveux et des pieds // et des mains

AN- c'est un peintre qui a fait une forêt et il se repose

K- il s'admire

Texte 1

Plusieurs enfants - « Heine », on voit le nom de l'auteur.

G- est-ce que c'est déjà l'histoire ?

M- oui / c'est le début de l'histoire.

G- ben alors pourquoi il met son nom dans l'histoire ?

Pour G., qui s'est construit une représentation du fonctionnement du livre, pour qui le nom de l'auteur fait partie du paratexte et l'auteur est extérieur à l'histoire, il y a là une incongruité inexplicable. Une telle incongruité créatrice de réflexion ne peut être perçue par un enfant qui ne connaîtrait pas l'univers du livre (d'où, sans doute, des préalables à l'approche d'un tel album). Dans toute la suite, G. a une longueur d'avance sur ses camarades. Il identifie dès l'origine le texte comme texte problématique. Cependant, d'un strict point de vue didactique, ce n'est pas lui qui est intéressant. Ce qui est intéressant, c'est de voir comment les autres vont le rejoindre en suivant leur propre parcours et leur propre rythme.

Illustrations 2 et 3

K- il avait pas fini / il a rajouté des cochons

R- oui / on l'avait vu tout à l'heure qu'il y avait des cochons sauvages

N- il a pas peint les cochons ! Regardez ! Ils bougent !

S- on dirait qu'ils sont en vrai !

L- c'est pas lui qui les a peints pourtant / il en croit pas ses yeux !

H- j'en vois pas 7 / il en faudrait 7 (vient les compter)

Ant- c'est pas bien ce qu'ils font les cochons

V- oui / ils abîment tout

Textes 2 et 3

S- alors c'est vrai / c'est des vrais cochons

Ant- c'est pas possible

L- si / c'est une histoire

L., a admis une fois pour toutes que l'univers de la fiction, régi par d'autres lois que celles de notre monde, peut réserver toutes les surprises. On pourrait penser *a priori* qu'une telle représentation est plus élaborée qu'une autre et lui permet plus aisément d'entrer dans un univers fictif fantaisiste. On verra cependant qu'elle empêche de goûter au jeu de rupture du texte, car si n'importe quoi est possible dans la fiction alors plus rien n'a d'intérêt comparatif (n'importe quel n'importe quoi vaut n'importe quel n'importe quoi).

• **Lecture de la deuxième partie (4e illustration + texte, 5e illustration + texte)**

Le peintre furieux chasse les cochons et reprend ses pinceaux pour dessiner une maison de garde-chasse.

Avant de faire lire la deuxième partie, la maîtresse cherche à savoir où les enfants situent l'histoire *(Où se passe-t-elle ?)*. Trois types de réponses sont données, et argumentées, qui permettent d'évaluer le degré de compréhension : 15 enfants pensent que l'histoire se situe dans la forêt, 7 dans la maison, 1 dans un tableau. C'est G., qui s'est étonné de la présence de l'auteur dans l'histoire, qui localise l'histoire dans le tableau, montrant par là qu'il est déjà en train de se construire une image de l'histoire comme jeu sur la représentation. G. fait exception. Les réponses à une seconde question *(quel est le héros de cette histoire ?)* confirment que le jeu sur la représentation n'est pas perçu par la classe pour qui les cochons, seuls, sont les héros et pour qui le peintre "ne fait rien dans l'histoire" *("il regarde ce qui se passe" - "c'est comme si il regardait à la télé")*. Une telle réponse incite la maîtresse a adopter un dispositif spécifique pour présenter les 4e et 5e illustrations : elle les présente en partie masquées, ne laissant voir que la partie “Tableau”.

Illustration 4, *en partie masquée*

O- il y a plus les cochons

C- ils sont partis

Ant- peut-être qu'ils sont partis où ils étaient avant

R- peut-être qu'ils se cachent

L- ou bien qu'ils jouent à cache-cache

Ad- peut-être qu'ils ont vu un loup

X- oh ! mais je vois une tête

X- y a un tire-bouchon / là

Ad- (se déplaçant au tableau pour mieux voir) *j'en vois que six* (dépité)

L- attends ! j'en vois un autre / mais il est sorti du tableau !

Plusieurs élèves à M. : comment il a fait pour sortir ? pourquoi il est sorti ?

M- (silence)

Ad- ils ont peut-être eu peur du loup

T- ou du bruit

G- ils ont eu peur du peintre, ils l'ont peut-être vu

L'illustration entière est dévoilée

G- j'avais raison / ils ont peur du peintre parce qu'il leur crie dessus

Illustration 5

X- le tableau y devient de plus en plus grand

M- pourquoi à votre avis ?

C- ben, parce qu'on se rapproche

V- et aussi parce que l'histoire est dans le tableau

Lu- et pis s'il était pas plus grand le peintre y pourrait pas y entrer

G- mais c'est n'importe quoi un peintre qui marche dans son tableau

L- c'est pas n'importe quoi / c'est bien possible puisque c'est une histoire

M- et est-ce que c'est le même tableau qu'au début ?

C- c'est pas le même parce qu'avant il y avait pas de maison et pas de monsieur

O- et puis les cochons ils sont plus là

N- c'est normal qu'il y avait pas de maison / il est en train de la construire

Lu- non de la peindre / elle est pas en vrai

K- mais c'est le même chevalet

(A. vient montrer les traces de couleur laissées par les cochons, les sapins identiques sur les deux illustrations et précise que la maison est pour le garde)

G. est encore le premier à marquer son étonnement : *"C'est n'importe quoi un peintre qui marche dans son tableau"*. Certains de ses camarades, à la manière de L., sont prêts en revanche à tout voir et tout entendre du moment que *"c'est une histoire"*. D'autres enfin (V.) ne perçoivent l'histoire que *dans* le tableau.

C. et O., en disant qu'un autre tableau s'est substitué au premier, montrent qu'au-delà de la continuité du tableau, ils ne saisissent pas la continuité de l'histoire et *a fortiori* sa thématique propre, ce que d'autres élèves (N., K.) se chargent de souligner.

• Lecture de la troisième partie (Texte + 6e et 7e illustration)

Le garde apparaît sur le seuil de sa maison, un chien à ses pieds. On entend alors sept coups de feu. Le texte, à partir d'ici, se fait fortement allusif. La maîtresse inverse alors l'ordre de présentation du texte et des illustrations pour que les illustrations n'interfèrent pas dans l'explicitation de l'implicite du texte. Il convient en effet d'inférer à partir de "On entendit une trompette, des coups de feu. Un, deux, trois, quatre, cinq, six, sept : ce sont bien eux" qu'ils s'agit d'une partie de chasse (mobilisation d'un script peu courant) et que les cochons viennent d'être abattus par le garde.

Texte 6

M- où en étions-nous ?

X- ben le peintre il avait dessiné une maison

M- qui vous l'a dit ?

K- ben / l'auteur c'était écrit dans le texte !

M- et qui est l'auteur ?

Plusieurs enfants – Heine !

T- mais c'est pas le peintre qui l'a écrit, c'est l'auteur

G- mais c'est le même

M- voyons la suite

F- oh ! « sept » / c'est les cochons !

M- voyez-vous le mot « cochons » dans le texte ?

R- non mais le garde avec son fusil / il a tué les cochons

C- ça / c'est pas possible puisqu'il existe pas

A- si / c'est écrit « des coups de fusil » et il y en 7

L- c'est pas vrai hein maîtresse qu'il les a tués ?

M- nous allons voir.

A., ici et comme on le verra, tout au long de la lecture, s'investit dans sa mission de grande vérificatrice : c'est elle qui s'assure de la validité de toute hypothèse émise sur la matérialité du texte.

Illustration 6

T- on dirait qu'on n'est plus dans le tableau / qu'on est dans la vraie histoire / dans la forêt avec d'autres gens

K- d'abord comment y sont venus dans le tableau le garde son chien et même les cochons ?

S- et même Heine !

H- Heine on le sait parce qu'on a vu ses traces / on l'a vu venir dans le tableau

G- oui mais c'est pas normal quand même

V- au début les cochons existaient pas et le garde et le chien non plus

P- et c'est pas Heine qui les a peints (effectivement Heine n'a peint que la maison…)

L- ben alors où il était le chasseur avant la maison ?

A- comme c'est un vrai homme il existait avant / il était dans la forêt

G- c'est comme les cochons / ils vivent dans le tableau comme par enchantement (ton sceptique)

N- tu l'as vu toi le peintre entrer dans la maison ?

V- non mais on sait pas bien / y a des rideaux

H- en tout cas le chasseur il a déjà tué une bête / il y a sa tête en haut de la porte

K- c'est un cerf

T- c'est peut-être Heine qui l'a peint pour faire joli

H- il a un fusil c'est bien pour tuer les bêtes

A- oui il a tué les cochons / c'est écrit !

Illustration 7

G- ben voilà les cochons sont morts

V- mais non il font peut-être semblant

L- moi je dis qu'il y en a même un qui tire la langue

T- ils ont reçu des balles qui font dormir et le chasseur après il va les mettre dans la maison dans un fauteuil comme sur la couverture et ils vont devenir gentils

G- moi je crois pas j'ai bien peur qu'ils soient morts parce que Heine il cache ses pinceaux derrière son dos parce qu'il a honte d'avoir peint la maison

Les enfants n'ont aucune peine à faire les inférences attendues. Cependant, les inférences effectuées sont reçues de manière inégale : certains les acceptent sans discussion parce que telles sont les données du texte (A., conformément à sa posture habituelle de lectrice), d'autres soulignent la contradiction qu'elles introduisent dans la logique supposée de l'histoire (une image ne peut prendre vie, aux deux sens de l'expression), d'autres enfin, totalement pris par l'illusion référentielle et l'identification aux personnages cochons, les refusent viscéralement, pourrait-on dire (L).

Les inférences sont évidemment confirmées visuellement. Dès lors, la discussion se focalise nettement sur le problème logique posé par l'univers fictif représenté. L'échange d'impressions, d'arguments s'intensifie, sans que la maîtresse ait à intervenir.

La 7e illustration présente un impressionnant tableau de chasse. Mais un seul enfant (G. toujours) accepte la mort des cochons, dans la mesure où sa lecture n'a pas les cochons pour entrée mais la rupture de l'illusion réaliste. Ses camarades ne perçoivent encore que les événements circonscrits au tableau. On sait que l'investissement aide à lire. On voit aussi comment parfois, quand le ressort de l'histoire est fondé sur un autre principe, il peut entraver la lecture.

• Lecture de la quatrième partie (illustration + texte)

La scène représente le repas à l'intérieur de la maison du garde. Au mur, un tableau représentant une forêt. L'illustration est affichée sans commentaire de la maîtresse. Des réactions et des interactions librement gérées par les élèves eux-mêmes, il ressort trois avancées d'importance :

1. La découverte par un autre élève que G. d'un plan supplémentaire, celui du lecteur qui, placé derrière le peintre, observe le peintre observer le tableau, et, au moment où le peintre entre dans le tableau, l'accompagne d'un même mouvement (la salle à manger occupe tout l'espace de la page, il n'est plus possible d'avoir de recul) :

K- je vois un cochon sur la table / je vois son tire-bouchon

L- c'est pas un cochon / c'est du jambon

T- si tu veux savoir / du jambon c'est fait avec du cochon

K- et il a invité le peintre à manger du cochon

A- peut-être que c'est chez lui

N- mais c'est chez lui

M- chez lui qui ? où sommes-nous maintenant ?

Ad- on est toujours dans le tableau mais on se rapproche de plus en plus

M- on est carrément dans la maison

K- en fait ***on dirait qu'on y est aussi !***

2. L'explicitation de la mise en abyme et une première catégorisation de l'histoire en référence à une culture acquise antérieurement

M- dans la maison de qui ?

A- on sait pas / on sait plus si on est encore dans la forêt

N- si / il y a une tête et un fusil et son chapeau / tu le reconnais pas ?

A- on n'en est pas sûr

N- la tête d'os (= squelette) ça sert à quoi alors ? c'est pour te le montrer

Ana - ça doit être le monsieur du chapeau parce qu'il est dans l'image et on voit le chien / il a l'air chez lui

S- moi je sais que c'est la maison du garde parce que je vois un cerf et la forêt par la fenêtre

V- c'est pas une fenêtre / c'est une photo

K- un cadre

L- c'est peut-être le peintre qui en a fait cadeau au chasseur

V- ***et peut-être qu'il y a une maison et dans la maison / il y a un autre tableau avec une forêt et une autre maison et que dedans il y a aussi le tableau et ça s'arrête jamais***

G- c'est comme les histoires sans fin

C'est G. qui, certes, clôt l'échange par une catégorisation de l'histoire (en référence à des connaissances construites antérieurement dans la classe) mais c'est V., dont le regard ne se portait à l'origine que sur les scènes circonscrites dans le tableau, qui explicite, en prenant appui sur les remarques précédentes de ses camarades, la mise en abyme et montre par là qu'il opère un glissement d'importance.

3. La mise en évidence et la résolution du conflit du réel et du fictif

Ad- peut-être que le chasseur / il est rentré dans le tableau / il a tué le cerf et il a mis sa tête au-dessus de la porte

N- il est pas mort le cerf il souffle ! il pourrait pas souffler s'il est mort

Ma- il l'a pas tué, c'est pas le même / c'est pour faire joli dans sa maison alors il a accroché le tableau

T- c'est deux cerfs / un vrai qui est mort et il a accroché sa tête sur sa porte et l'autre c'est un faux en peinture

G- (homme de la synthèse toujours, et qui poursuit sa lecture) ***c'est tout du faux puisque c'est Heine qui a commencé à peindre***

N- alors pourquoi le chasseur il a tué les cochons / c'est du faux ça ? (c'en est effectivement d'un certain point de vue que les enfants ne peuvent encore adopter)

G- alors c'est de la magie ?

A- non c'est une histoire

Pour un certain nombre d'enfants, ceux sans doute qui ont le moins pénétré la logique de l'histoire, l'histoire est finie. Pour d'autres, en revanche, dont G., bien sûr mais désormais aussi N et V., la clôture doit rappeler l'ouverture dans le monde du peintre :

G- il va sortir du tableau peut-être

N- alors ça c'est pas fini / il va encore peindre une autre forêt et il tuera pas les cochons

V- il a qu'à pas faire la maison pour le garde

• **Lecture de la dernière partie (illustration + texte)**

Le peintre retourne près de son fauteuil : le tableau désormais transpercé de sept trous est enlevé du chevalet et déposé près d'une poubelle. Un chien-cochon vient alors l'observer.

Illustration 10

A- on se remet au début

Ma- on est sorti du tableau

Le « on » montre assez que les enfants ont le sentiment de participer d'une façon ou d'une autre à l'histoire et d'être des « voyeurs »

Ant- Heine aussi il est sorti / il est revenu dans sa maison

K- en fait il est jamais parti de sa maison / le tableau il y est bien

Puissante lecture : le voyage n'est qu'un voyage en chambre…

Ad- à mon avis il a repeint la forêt parce que c'est propre

N- il faut pas dire peut-être parce que ça se voit qu'il a repeint

A- il neige / il y a des boules blanches !

L- il y a plus la maison

N- c'est normal qu'il a plus la maison / il a repeint dessus pour faire propre

A- il a peut-être changé de saison / il neige

C- c'est peut-être les cochons qui lancent des boules de neige il y en a sept

Plus on avance dans l'album et plus les enfants développent des compétences argumentatives : ils savent reprendre spontanément l'argument d'un pair pour le contester preuves à l'appui…

T- et ils l'ont trouvé où la neige ? y en a pas par terre

*V- **alors c'est quoi ces ronds blancs / ils y étaient pas au début***

et pour expliquer au pair dans l'erreur le pourquoi de son erreur…

K- c'est les remords !

(silence ébahi des autres)

K. a-t-il compris exactement le sens du mot « remords » ? Qu'il ait compris exactement ou non importe finalement peu. L'essentiel est qu'il voie dans les ronds blancs les marques des coups de fusil (ce qu'il ne dit pas expressément) et que, dépassant le plan du réel, il se livre à une interprétation symbolique forte des traces, de fait ineffaçables, du forfait du peintre.

La force de son interprétation est sans doute plus ou moins confusément perçue par ses camarades qui restent sans voix. Sous l'influence de K., c'est G. qui modifie à son tour son hypothèse initiale.

V- en tout cas les 7 ronds blancs il y a les cochons là-dessous

T- et puis le peintre maintenant il nous regarde / il regarde plus le tableau

G- en tout cas c'est pas une histoire sans fin parce qu'il referait pas la maison du garde / il a trop honte

Texte 10

X- oh ! tous ces points d'interrogation et d'exclamation

M- qui se pose des questions ? qui s'exclame ?

V- c'est peut-être Heine parce qu'il est tout seul

T- mais on voit pas de guillemets et pas de tirets / c'est pas quelqu'un qui parle

G- il parle pas à quelqu'un, il pense dans sa tête / on le voit sur l'image / il réfléchit

K- oui il croit qu'il a rêvé (il vient montrer *"Était-ce un rêve ?"* qu'il lit *"C'est un rêve"*)

M- (pointe le point d'interrogation)

D'autres élèves que G. repèrent en ce point l'adoption du point de vue de personnage quand ce point de vue ne se marque par aucun indicateur précis (comme les guillemets). G se contente de valider l'hypothèse mais c'est K qui en donne l'explication profonde.

K- oui et il y a « mais » alors il a pas rêvé

N- il a même peut-être pas repeint

K- alors les taches auraient disparu toutes seules ?

L- et la maison aussi

K- c'est n'importe quoi !

On notera le débat très nourri autour de la question de l'ambiguïté des faits : réalité ou rêve ?

M- pourquoi dis-tu ça ?

K- parce que des gens qui entrent et qui sortent du tableau c'est pas possible

Lu- et des maisons qui disparaissent non plus

K- (revenant à son interprétation première) *en fait il a dormi devant son tableau et il a rêvé tout ça*

T- c'est pas un rêve parce que nous aussi on l'a vu dans le tableau ce qui s'est passé

K- mais c'est Heine qui a écrit alors s'il a rêvé / il nous raconte son rêve comme si c'était du vrai

N- et les 7 trous ils les a pas rêvés…

C- c'est dans l'histoire/ on peut faire qu'est ce qu'on veut

F- on peut raconter n'importe quoi / on fait bien parler les animaux

N- oui mais les 7 trous c'est quoi ?

L'observation de la dernière illustration conduit à une sorte de synthèse des débats, à une nouvelle catégorisation de l'histoire et à la prise de conscience de l'existence et du projet de l'auteur, grand manipulateur, grand spécialiste de l'embrouille.

O- il a mis le tableau à la poubelle

V- même ses pinceaux c'est tout foutu / il veut plus peindre

K- il y a un cochon qui regarde le tableau

H- c'est pas un cochon c'est un chien

K- t'as déjà vu un chien avec une queue en tire-bouchon ?

F- il y en a peut-être / en tout cas il a un collier

[débat argumenté sur chien ou cochon]

G- c'est un chien – cochon /, c'est dans l'histoire qui nous embrouille

K- c'est une histoire de fou

T- on sait jamais si c'est vrai ou si c'est pas vrai

S- c'est l'auteur qui le fait exprès */ même sur la couverture il a fait un autre dessin.*

Le parcours est clos : de la couverture à la couverture… L'histoire est re-catégorisée. Le projet de l'auteur enfin identifié. Mais ce n'est pas G. qui a le mot de la fin synthétique. Il a sans doute eu sa part dans la maturation collective mais il reste qu'il a longtemps été peu entendu faute d'être compris. Plus déterminante dans la saisie du projet de l'auteur nous semble la constante négociation des autres élèves autour des zones repérées progressivement comme problématiques.

Un mois plus tard, ce sont ces mêmes élèves qui, lisant du même Helme Heine, *Benjamin ou une action héroïque*, plus précisément ce passage :

"Benjamin en avait assez. Toute sa vie il avait tremblé devant Lucas, s'était enfui, s'était caché. Mais on allait bien voir !"

se montrent capables de lire un discours indirect libre comme la manifestation, dans le discours du narrateur, d'un point de vue de personnage :

M- et qui dit "on allait bien voir" ?

Ma- ben c'est la souris

V- ben non il y a pas de guillemets

M- alors c'est lui Heine qui l'a écrit / c'est lui qui l'a inventée la souris alors il sait ce qu'elle pense

L- et il le dit à nous

M- il le dit à tout le monde qui lit l'histoire.

3 *Exemple de* Papa ! *Philippe Corentin*

(L'école des loisirs)

CE1

Des élèves aux prises avec le traitement de l'espace et du temps

L'album met en scène deux histoires en parallèle, celle du petit monstre et celle du petit garçon qui vivent la même aventure (un cauchemar causé par la présence de l'autre…) et déclenchent les mêmes événements (on appelle le père - la mère rassure l'enfant qui se rendort). Il ne s'agit nullement d'un effet de miroir car les deux histoires ne sont pas étanches : le petit monstre désigne le petit garçon comme étant le monstre et inversement. Dans une sorte de mise en abyme, l'un rêve de l'autre qui rêve de l'un... Dans le texte comme dans l'illustration, de nombreuses ellipses gomment la frontière entre le rêve et la réalité. Si bien que le lecteur pressé se demande dans un premier temps s'il se trouve dans la chambre d'un petit garçon qui rêve d'un monstre qui n'existe pas ou dans la chambre d'un monstre qui rêve d'un jeune enfant qui n'existe pas avant de constater que les deux chambres ne font qu'une. Des indices viennent en effet conforter le trouble : le petit monstre crée une connivence avec le lecteur (il se cache, il s'adresse à lui, il sort du cadre du rêve en changeant de côté...); il se présente comme une sorte de porte-parole de l'auteur et il devient difficile de ne voir en lui que la matérialisation d'un cauchemar.

Le maître propose à ses élèves, à l'occasion d'une relecture, d'afficher toutes les pages de l'album au fur et à mesure de la lecture. L'opération va devenir un outil très pertinent pour problématiser la lecture. Il faut d'abord penser l'ordre des images or les élèves se rendent compte qu'ils peuvent présenter les photocopies sur 2 rangées de façon *à mettre ensemble les images qui vont ensemble*. Ils matérialisent en quelque sorte la quasi symétrie des deux récits (et les limites de cette symétrie). L'affichage devient ensuite une occasion d'investigation. Les élèves constatent ainsi que :

- le monstre est toujours à gauche du lit et le petit garçon à droite (sauf à la fin où le monstre change de côté) ;

- le monstre et le petit garçon n'apparaissent pas ensemble sur toutes les illustrations (il y a donc des moments où on ne voit qu'un seul côté de la maison et qu'un seul côté du lit) ;

- (en conséquence) si l'on rapproche certaines illustrations, on peut obtenir un lit entier abritant les deux personnages simultanément ;

- on ne voit pas tous les invités en même temps (car ils sont différents d'une page à l'autre).

À partir de ces constats, les élèves prennent conscience qu'"*il y a des choses qu'on sait dans les images et pas dans le texte*" et inversement, que Corentin ne "*dit pas tout, qu'il cache des choses*". Ils se lancent alors dans une nouvelle recherche pour traquer ce qui est tenu caché et en mesurer la portée :

– on sait pas si le garçon il est dans le lit quand on voit le dinosaure

– et on sait pas s'il y a le monstre dans le lit du petit garçon

– peut-être qu'il y est dedans mais c'est pas sûr

– et là sur la première page/ il est là

– non il y a rien/ on sait pas

– le petit dinosaure il est caché derrière la porte (à la fin) / mais quand on le voit avant / c'est pas là qu'il est / il était de l'autre côté

– on sait pas non plus comment il a fait

– pourquoi il est de l'autre côté maintenant

– on ne sait pas /Ph. Corentin il nous dit pas qu'il fait un rêve

M- et vous quand comprenez-vous qu'il fait peut-être un rêve ?

– quand on voit le dinosaure / sinon il y a pas de problèmes/ s'il y a pas de dinosaure

– s'il y a pas de cauchemar il y a pas de mystère !

M- et si Ph. Corentin nous disait que c'est un cauchemar ?

– ben il y aurait pas de problème et voilà!

– c'est comme dans Les Deux goinfres/ on sait pas si c'est un rêve/ il a trop mangé de gâteau et il est malade

Des élèves pris par le jeu interprétatif

On vient de voir comment les enfants ont su dépasser le stade de la lecture découverte d'une histoire pour aller vers la lecture découverte d'une écriture. Mais leur cheminement ne s'arrête pas là. On va voir comment ils s'autoprescrivent la tâche de creuser toujours plus profondément. Conscients qu'ils sont qu'un texte recèle toujours des trésors de sens cachés. L'investigation, décidée par eux seuls, se poursuit donc.

C'est ainsi qu'après avoir relu pour la quatrième fois *Papa !*, les enfants s'emparent d'une nouvelle piste interprétative… où il est question d'une autre mise en abyme, celle du livre dans le livre, ou du personnage se lisant lui-même :

– il y a autre chose // quand le petit garçon il lit son livre et ben/ il se rend même pas compte qu'il est dans l'histoire

– comment qu'on le sait qu'il est dans l'histoire ?

M- veux-tu nous expliquer ?

– ben il lit son livre de Papa ! et puis il se rendort/ il voit même pas que c'est lui

– c'est pas obligé que c'est le livre de Papa !

– comment on le sait que c'est Papa ! ?

– au début il y a le livre sur le lit et puis après/ le livre il est sur la table de nuit

– ah oui ! il lit / en fait une histoire / l'histoire de Papa !

M- qu'en pensez-vous les autres ?

– on peut pas savoir

M- mais est-ce que ça vous paraît intéressant ?

– c'est possible parce que le livre rouge/ il est là toujours/ sur toutes les pages de la chambre

– oui il lit Papa ! peut-être

M- et nous ?

– on lit Papa ! aussi !

On a là, nous semble-t-il, une illustration de ce que nous avons appelé la quête inlassable de l'orpailleur guettant le filon.

Une lecture distanciée, attentive au fonctionnement du texte, est-elle incompatible avec une lecture fusionnelle ?

Une erreur grave serait de croire que la lecture littéraire n'est faite que d'une lecture de lettré attentive au fonctionnement du texte, en conséquence de prescrire ou de censurer telle ou telle posture. La jouissance de la lecture littéraire telle que nous la concevons est une jouissance polymorphe : les réactions affectivo-identitaires y ont leur part, non négligeable. La jouissance que tire le lecteur de son identification aux personnages, ou de la projection de sa fantasmatique personnelle sur leur univers, n'empêche pas nécessairement la jouissance qu'il peut tirer de la découverte d'un mode de fabrication inédit et particulièrement ingénieux, pour peu que le maître sache accorder à l'une et à l'autre droit de cité, voire sache les faire jouer l'une contre l'autre, l'une avec l'autre.

1 *Retour sur* Les sept cochons sauvages, *Helme Heine* (Gallimard)

CP

Nous avons montré le lent cheminement d'élèves de cours préparatoire vers une lecture attentive à la construction formelle du texte. Nous voudrions en ce point souligner que les moments de réflexion métanarrative et de projection fantasmatique alternent tout naturellement dans la classe. À titre d'exemple, nous choisirons un moment de projection fantasmatique collective déclenché par la découverte, en fin d'album, de la maison du chasseur vue de l'extérieur sous un ciel nocturne très sombre, hanté de figures de cochons. On remarquera que la maîtresse, loin de censurer les réactions intimes des élèves, les encourage :

Illustration 9

A- il fait noir et il y a la lune

L- mais c'est pas la vraie lune / c'est un cochon sauvage

N- il est pas mort et il s'est sauvé dans la lune

L'enfant prend ici son désir pour la réalité

K- ça se peut pas

Ad- il y en a un autre dans un nuage

[Les enfants cherchent et voient ou croient voir ou disent voir les cochons dans les formes nuancées violacées du ciel]

P- c'est normal y sont morts et y sont dans le ciel

S- ils ont fini de manger et Heine s'en va chez lui

L- moi j'aurais peur

Première manifestation d'une identification au personnage du peintre et d'une projection de ses propres sentiments de lecteur sur le personnage.

A- non il y a de la lumière / c'est tout jaune par terre

K- en fait c'est la lune qui fait de la lumière / en plus c'est la pleine lune

An- et même que ça fait de l'ombre aux gens

Les explications rationnelles fournies par certains élèves qui gardent leurs distances ne suffisent à rassurer les plus engagés dans l'histoire qui se retrouvent dans une communauté de souffrance.

T- moi, je suis comme L. / ça me fait peur

M- essayez de me dire pourquoi vous auriez peur

L- moi j'ai peur du noir

T- c'est grand et on est tout petits et on est dans la nuit et pis / il y a les cochons qui sont morts…

M- oui, les cochons qui me regarderaient ça me fait peur

An- c'est le tout qui fait peur

Dans ce cas de figure, deux postures de lecture cohabitent sans se gêner. Dans les exemples qui vont suivre, le maître cherche à les mettre en interaction dynamique : au bout du compte, on y verra comment la lecture distanciée renforce la lecture fusionnelle spontanée et comment, à l'inverse, l'attention aux détails du texte peut permettre l'enrôlement.

2 La Revanche des trois ours, *Alan Mac Donald,* (Mijade)

GS

Dans l'exemple précédent, nous avons vu comment lecture fusionnelle et lecture distanciée pouvaient simplement cohabiter. Dans le présent exemple, la passion avec laquelle les élèves s'emparent de l'histoire, épousent le rythme et la logique des personnages, anticipent leurs actions et paroles, est le fruit même de leur culture. C'est cette culture (du livre mais aussi de la cour de récréation, au besoin), qu'ils savent mobiliser à bon escient, qui leur permet *simultanément* d'entrer avec une étonnante facilité dans le projet narratif de l'auteur, au point d'en anticiper le déroulement, et de vivre avec intensité et empathie les aventures de ses personnages. L'attention au texte, bien loin d'y faire obstacle, alimente l'adhésion au texte.

L'histoire est une suite parodique de *Boucle d'or*. On y voit les trois ours planifier une vengeance, qui tourne provisoirement court, pour cause de méprise sur le propriétaire de la maison qu'ils saccagent.

Pour approcher le texte, les élèves disposent d'une *culture livresque* : ils connaissent sur le bout du doigt le texte source. Ils disposent également d'une *culture du livre* : ils savent qu'une même histoire peut avoir plusieurs versions, peut être illustrée différemment selon les collections ; ils savent aussi qu'une histoire donnée peut être reprise et transformée ou encore continuée. C'est cette culture-là qui leur permet de saisir et d'épouser immédiatement le parti pris de l'album qu'ils découvrent, tout d'abord au travers de sa couverture et de son titre :

– *oh / je sais / c'est Boucle d'or et les trois ours*

– *peut-être que c'est la même collection*

– *c'est pas le même dessin que dans Boucle d'or*

– *ça peut faire partie du livre*

– *c'est la suite*

En ce point deux hypothèses sont envisagées : celle du calque ou celle de la suite.

M- on va voir

– *il y a trois oursons / le grand le moyen le petit*

Deux images précèdent la page de titre : dans la première, on voit à l'extérieur, derrière la fenêtre, une fillette blonde qui fait des signes ; sur la suivante, les trois ours semblent se lamenter devant le désordre de la cuisine.

– et c'est Boucle d'or / il y a Boucle d'or ici / il y a la chaise cassée / elle est derrière la fenêtre

– peut-être que c'est la suite

– elle s'était jetée par la fenêtre

– elle a peut-être oublié quelque chose et doit venir le demander

– peut-être qu'elle se serait cachée

– non elle est repartie à sa maison

– oui le père Ours lui a dit "prends le chemin, ça te fera sortir du bois"

M- est-ce qu'on la voit arriver chez elle ?

– peut-être que c'est eux qui sont entrés dans la maison de Boucle d'or

– mais non

– mais non parce que dans l'histoire de Boucle d'or il y avait la maman et si c'était dans sa maison la maman elle dirait "partez les ours !"

– il y a trois bols

– alors c'est pas dans la maison de Boucle d'or

– oui puisqu'ils sont trois c'est pas comme Boucle d'or et sa mère

– peut-être la petite fille elle peut revenir.

L'hypothèse du calque s'estompe. On voit comment les enfants ont conscience du rapport entre les deux albums en même temps que de leurs différences. La réminiscence du texte premier, le souvenir de sa langue même est un solide support pour comparer les deux histoires et construire la seconde. Un enfant en tire même une étrange prescience de l'intrigue (*"peut-être que c'est eux qui sont entrés dans la maison de Boucle d'or"*) mais il s'attire pour l'heure une réplique d'une logique sans faille appuyée sur une réalité incontestable (la présence dissuasive de la mère) prouvée par le calcul comparatif des partenaires en présence dans les deux camps. L'anticipation n'est pas ici, comme souvent en maternelle, simple jeu d'hypothèses gratuites, mais raisonnement à partir de données contextuelles.

M- on va voir de quelle maison il s'agit

Lecture de la première page après la page de titre qui indique que les trois ours étaient fâchés.

M- pourquoi ?

– quelqu'un a mangé la soupe du petit

– une petite fille a dormi dans son lit

– quelqu'un a touché à la chaise du grand

– quelqu'un est monté sur le lit du moyen

On voit comment l'enseignante provoque la remémoration et la reformulation du texte de l'histoire source pour permettre aux élèves, par la comparaison, de mieux pénétrer dans l'histoire dérivée et de mieux se l'approprier.

Lecture du début du texte qui résume les dégâts causés par Boucle d'or. Papa Ours ordonne à son fils de courir derrière la petite fille pour voir où elle habite.

– *c'est bien la suite*

– *puisque le papa dit "Allons voir"*

– *ça peut être que la suite puisqu'on n'a pas entendu ça dans l'autre livre*

L'hypothèse de la suite est validée. Dès lors, l'horizon d'attente est en place.

M- pourquoi ce papa dit-il "Je veux voir où elle habite" ?

– *peut-être que ça lui plaît pas qu'on soit venu comme des voleurs dans sa maison*

– *pour parler à sa maman*

– *peut-être qu'elle aura une punition*

– *peut-être qu'il veut faire la même chose que Boucle d'or*

– *entrer dans la maison de Boucle d'or comme elle a fait*

M- comment ça s'appelle quand on veut faire à quelqu'un ce qu'on vous a fait ?

– *elle voulait pas voler*

M- quand on vous a tapé et qu'on veut faire la même chose à celui qui vous a tapé ?

– *on lui rend*

M- on se…

– *venge*

– *on lui rend sa bêtise*

– *par exemple il y a un garçon qui va me secouer et ben moi aussi je vais le secouer*

Lecture de la page suivante. Petit ours revient et informe ses parents que Boucle d'or habite à l'autre bout de la forêt. Il l'a vu ressortir de chez elle sans fermer la porte. Les parents se disposent à lui rendre visite, sans être invités.

– *mais si sa maman les voit ?*

Tout en opérant un travail cognitif distancié d'identification et de justification du genre de l'histoire, un travail cognitif distancié de comparaison et d'anticipation, arguments à l'appui, les élèves, singulièrement le dernier cité, manifestent qu'ils sont aussi totalement immergés et impliqués dans l'histoire des personnages, au point de frissonner d'avance à l'idée d'un contretemps ou de saliver quand vient la description du petit déjeuner qui s'offre aux regards des trois ours :

M- et quelle va être la vengeance de papa ours ?

– visiter sa maison

– monter sur les lits

Lecture de la suite. La famille se rend dans la maison indiquée par petit Ours. La porte est ouverte. Le petit déjeuner est prêt ("Blédinos, Soufflettes et Croc-Miam"). Le papa invite à tout vider.

– cette histoire me donne faim

– ils mangent tout

Au point aussi de trembler pour Boucle d'or dont il apparaît clairement qu'elle a des circonstances atténuantes et qu'on n'aimerait pas voir punie :

M- Boucle d'or avait fait pareil ?

– non / peut-être ils veulent une vengeance plus dure

– ils veulent lui faire savoir bien une chose

– manger une soupe c'est rien / au lieu de faire une chose de rien du tout ils vont faire quelque chose qui sera plus remarqué

M- non seulement ils les mangent

– mais ils les jettent

– c'est une vengeance dure

Lecture de la suite. Les Blédinos sont trop sucrés, les Croc-Miam craquent trop sous la dent mais les soufflettes sont, selon petit Ours, "juste bien". Il s'en suit une bataille de nourriture qui macule tous les murs.

M- Avez-vous remarqué ce qu'ils ont dit avant de tout jeter ? chacun a dit quelque chose

– le petit a dit "c'est juste bon"

– le papa a dit "c'est trop sucré"

– la maman qu'ils font trop de bruit

– le petit "c'est parfait"

– c'est un peu comme chez Boucle d'or / elle a dit "cette soupe est parfaite" [en réalité la version du Père Castor dit : "elle était tout à fait à point"]

– elle a dit "cette chaise est trop grande"

– "cette chaise est trop légère"

– "cette chaise est parfaite"

M- ce qui lui convenait c'était pour…

– le petit ours

M- et ici qu'est-ce qu'on remarque ?

– petit Ours est content

– et les autres sont pas contents

Lecture de la suite. Papa et maman Ours dansent le tango et le rock-and-roll, sur la table, se prennent les pieds dans les tentures puis avisent le canapé. M. lit “Alors ils sautèrent tous dessus et dansèrent avec tant d’entrain…”

– que le canapé est cassé

M- “qu’ils passèrent au travers” / il se passe des choses tout de même…

– terribles

M- je crois qu’ils ont vraiment

– exagéré

– ils vont très loin

– Boucle d’or a que goûté la soupe

– elle a cassé la chaise mais elle l’a pas fait exprès

M- tandis qu’eux ils se sont mis

– à dépasser les limites

Lecture de la suite. La scène se passe dans la salle de bains. La famille essaye tous les produits de toilette puis prend un bain moussant et éclaboussant. Comme le prévoit un enfant : *“ça va encore dépasser les limites”.*

[…]

Pour chaque scène, M. lit les réparties des personnages mais ne donne pas le locuteur. Systématiquement et avec plaisir, les enfants complètent, sans se tromper par “dit le papa” ou “dit la maman” ou “dit petit Ours”, tant ils ont compris dès le départ les réactions spécifiques de chaque personnage, notamment le “juste bien “ de petit Ours. En de tels moments, sollicitées par l’enseignante, les enfants confondent leur voix avec celle du narrateur. C’est dire que leur identification aux personnages s’accompagne d’un investissement jouissif dans la narration même de leur histoire.

[…]

M- à votre avis / où vont-ils aller maintenant ?

– dans la chambre

– parce qu’ils sont pas encore allés dans la chambre

– et comme elle a monté sur le lit ben ils vont faire pareil

– je parie que dans l’histoire il y a un loup

Lecture de la suite. Les ours font une bataille de polochons destructrice jusqu’à ce que papa Ours entende un bruit.

M- c'est peut-être ?

– peut-être Boucle d'or qui arrive

– si c'est la maman il faudrait pas gronder Boucle d'or

– elle pourra pas tout ranger avant que sa maman revienne

À nouveau, la classe s'inquiète du destin de Boucle d'or, investie, depuis la lecture de sa vraie histoire, de valeurs positives.

Lecture de la suite. Les trois ours descendent l'escalier sans faire de bruit et aperçoivent Boucle d'or dans la cuisine. La petite fille contemple, étonnée, le désastre.

M- que pense la pauvre Boucle d'or ?

– elle va penser que c'est les ours

M- et que va-t-il se passer ?

– peut-être qu'elle va les voir et qu'elle va appeler sa maman pour les chasser

– peut-être pas parce qu'elles sont que deux et eux trois

M- je lis "elle resta bouche bée quand elle entra dans la chambre à coucher où volaient encore..."

– quelques plumes

M - "et qu'elle vit le matelas..."

– cassé

M- "éventré"

Dans la suite, les trois ours sortent de leur cachette.

M- que va-t-elle leur dire ?

– moi j'avais rien fait de mal

M- écoutez ce qu'elle fait [M. lit : le texte dit que Boucle d'or se met à rire] / que peuvent penser les trois ours ?

– les ours devraient lui dire qu'ils ont pas fait exprès

– elle devrait pas rire

M- si quelqu'un est extrêmement malin dans la classe il va peut-être deviner pourquoi elle rit

– eh ben peut-être que c'est pas grave

– elle trouve que c'est pas une bêtise

– moi je pense que pendant ce temps elle est allée faire une autre bêtise chez les trois ours

– peut-être que c'était pas sa maison

– peut-être que c'est la maison d'un invité

Le basculement de l'histoire, son changement facétieux d'aiguillage, est anticipé. Cette anticipation s'appuie sur une analyse implicite des possibles narratifs menée à partir des données contextuelles et sur une connaissance implicite du fonctionnement des suites parodiques.

Lecture de la suite. Boucle d'or explique qu'il ne s'agit pas de sa maison mais d'une maison où elle est entrée comme à son habitude parce que la porte était ouverte.

M- mais alors c'est la maison de qui ?

– ben d'un loup

La page tournée, on voit effectivement un loup qui se dirige vers la maison. Les ours, suivis de Boucle d'or, filent à l'anglaise par une porte latérale.

– cette fois ça va être encore plus terrible

– parce que les loups c'est méchant

– ça dévore

L'anticipation s'appuie ici sur une connaissance du rôle thématique du loup.

À l'extrême droite de la double page finale, on peut voir une bulle et, dans cette bulle, le commentaire d'un lapin à son voisin, tous deux ayant été témoins de la scène.

M- que remarquez-vous là ?

– il y a une bulle

M- et d'où vient -elle ?

– du lapin

M- qui est en train de faire quoi ?

– il est en train d'imaginer

– il imagine une question [le lapin pose effectivement une question]

M- lit : “Prochain épisode”

– c'est encore la suite

– oui dans les films il y a des épisodes

Pour anticiper, les enfants s'appuient ici sur leur connaissance (livresque et télévisuelle) d'enchaînements narratifs prototypiques, dans le cas présent, une connaissance de la structure par épisodes.

M- et comment va s'appeler le prochain épisode ?

- la vengeance du loup

- parce qu'il va voir sa maison en désordre comme les trois ours

M- lit : “La revanche du grand méchant loup”

– le loup va aller dans la maison de Boucle d'or

– mais non / c'est les trois ours qui ont fait le bordel dans la maison du loup

M- je ne veux pas entendre ce mot-là [remise au clair impérative !]

On ne saurait trop dire à quel point la culture partagée est une condition de la connivence intellective et affective. À quel point aussi, la connivence intellective alimente la connivence affective.

3 *Retour sur* Le Chat *in* Le Rêveur, *Ian Mac Ewan,* (Gallimard-jeunesse)

CE2 - CM1 - CM2

La lecture de la nouvelle est ici conduite dans un CE2-CM1-CM2 sur deux séances. Rappelons que dans la nouvelle, le problème de compréhension vient de ce que, à un certain moment, l'histoire bascule, avec particulièrement de discrétion, dans le récit de rêve et que, faute de saisir ce basculement, le lecteur est conduit à croire à la réalité de l'échange des esprits entre Peter et le chat.

Première séance : une douce plongée affective dans l'univers feutré d'une famille avec chat

Au cours de la première séance, le texte est lu de la page 38 jusqu'à la page 46. Ni le titre du recueil, *Le Rêveur,* ni le nom de l'auteur ne figurent sur le document afin que les élèves n'aient aucun indice quant à la nature du texte. La lecture s'opère par séquences successives, en alternant lecture silencieuse et lecture oralisée, par les élèves ou le maître, selon les cas.

Nous en indiquons ici le déroulement chronologique, en notant au passage les événements les plus marquants ou les plus ténus qui prendront de l'importance par la suite :

pages 38 à 40

Présentation du héros et de la famille (lecture silencieuse, suivie de quelques échanges à partir de la question, volontairement plate : "qu'apprend-on dans le passage ?")

pages 38 et 39

Une précieuse erreur de lecture est commise par un élève et constitue un point d'appui dans le parcours de compréhension et d'interprétation pour tout le groupe. Si les enfants comprennent dans l'ensemble que Peter est un jeune garçon de leur âge, l'un d'entre eux (Jean-Baptiste, un des plus fins lecteurs de la classe) pense d'abord qu'il s'agit d'un chat, trompé (dit-il ensuite) par la petite illustration (un chat), disposée au début du texte comme une enluminure par l'illustrateur. L'erreur est également induite par la question *"qui suis-je ?"*, par l'attitude paresseuse de Peter à son réveil, attitude effectivement très proche de celle des chats. Précieuse méprise, relevée et corrigée par l'ensemble du groupe, mais sur laquelle, bien entendu, l'occasion sera donnée de revenir…

pages 39 et 40

"La cuisine était une sorte de maison… Je vais être en retard pour la troisième fois cette semaine." Le passage ne pose aucun problème de compréhension. Les enfants s'identifient aux personnages. Marion fait une remarque d'un air entendu : *"c'est la vie de famille !…hum, hum !…"*, remarque approuvée par ses pairs.

pages 40 à 42

"Mais il y avait un cinquième membre de la famille…aucun chat ayant un peu de jugeote n'aurait osé poser une patte sur la pelouse."

Les élèves entrent immédiatement en sympathie avec le chat, Guillaume, le vieux compagnon de toute la famille, et surtout l'ami de Peter. On s'apitoie sur sa faiblesse face au jeune matou voisin. Quelques réflexions sont échangées à propos des prénoms : "Peter", "Kate" renvoient à l'idée d'Angleterre, ce que confirme le "bacon" servi au petit déjeuner. "Guillaume" paraît en revanche un peu étonnant pour un chat, mais *"peut-être les Anglais donnent-ils des prénoms d'humain étrangers à leur chat : on appelle parfois nos chiens par des prénoms étrangers…"*,… *"en tout cas l'erreur de J.-B n'était pas bête…"*.

pages 42 à 43

"La perte de ses facultés avait sans doute dû attrister Guillaume… Vous saviez alors qu'il disait quelque chose d'important et de sage, quelque chose que vous ne comprendriez jamais." Le texte, devenant plus dense et plus subtil en informations, est oralisé par un élève, ce qui permet à tous d'entendre, en même temps, des termes importants comme ceux de la dernière phrase du passage. *"Il avait à dire quelque chose (…) de* ***sage****"*. On s'arrête un instant sur le mot. "Le chat est **sage**" : les élèves, qui ne saisissent pas immédiatement la portée du terme finissent par en appréhender le sens, à partir du contexte. Le chat apparaît alors comme un chat quelque peu philosophe, à la manière des personnes âgées.

Jusqu'à la page 44, le régime de lecture est assez fluide, sans grand accroc, le texte ne suscitant pas précisément de débats interprétatifs et se satisfaisant du ronron d'une relation fusionnelle avec le lecteur, qu'on s'est bien gardé de perturber afin de ménager la surprise à venir.

pages 44 à 46

"C'était justement un de ces après-midi, un mardi… Peter sentit l'air frais de la pièce chatouiller la chaleur de ses entrailles." (L'illustration de la page 47 représentant Peter, la lueur de Guillaume sur l'épaule, a été occultée délibérément, afin de laisser aux élèves la liberté de se construire une représentation mentale - certainement très floue et parcellaire- du phénomène). Le maître choisit de lire le passage (mais sans sur-jeu) de façon que la classe (y compris les CE2, moins rapides en lecture) découvrent ensemble l'étrange phénomène de l'échange des esprits. Les yeux s'allument et les réactions surgissent quand la lecture cesse.

– *qu'est-ce que c'est que cette histoire ?*

– *qu'est-ce que c'est cette lueur ?*

– *c'est l'essence du chat l'essence / l'essentiel…*

– *c'est son âme*

Les élèves sont émus mais partagent dans l'ensemble la sérénité de Peter : *"Peter n'était nullement effrayé."* Après reformulation par les uns et les autres du phénomène, les élèves sont invités à imaginer la suite. Les textes produits font apparaître des divergences d'interprétation. Pour certains (nombreux), le chat Guillaume meurt, doucement, comme dans son sommeil et son âme s'envole, Peter, quant à lui, reste identique à lui-même et son esprit ne quitte pas son corps :

> "L'âme de l'enfant, elle va rester. Mais par contre celle du chat va s'envoler en haut. Et lui l'enfant va donc s'endormir. Les parents rentrent et le réveillent. Et se disent "Mais que s'est-il donc passé avec le chat." Alors l'enfant leur explique tout. Les parents se mettent à pleurer." (Dorothée CM2)

> "Peter venait de comprendre que Guillaume âgé de dix sept ans avait rejoint le paradis des chats et que son esprit resterait (à ?) jamais avec Peter. Guillaume a eu une très longue vie heureuse dans sa famille." (Benjamin CE2)

Très clairement ces élèves révèlent sans le vouloir qu'ils ont omis de prendre en compte des données explicites du texte : d'où vient l'absence de traitement de la séquence montrant l'esprit du chat entrouvrant le corps de Peter ? Pure inattention ou recul un peu angoissé par rapport à l'évidence du texte ? Ceux qui envisagent que l'âme de Peter passe dans le corps du chat Guillaume sont souvent les plus âgés et généralement des garçons :

"La lumière du chat va sans le cou de Peter. La lumière de Peter va dans le cou du chat." (Tony, CM2, en difficulté de lecture)

"L'âme du chat va entrer dans le corps de Peter et l'âme de Guillaume va entrer dans le corps du garçon. Et Guillaume va devenir Peter et Peter va devenir Guillaume. Et malgré que Peter est devenu Guillaume, il fut bien content de se reposer près du feu. Et, comme Guillaume est devenu Peter, il fut bien content d'être plus jeune qu'avant. Pendant une semaine ils sont restés tout les deux transformés, et une semaine plus tard, l'âme du chat retourna dans le corps du chat et l'âme de Peter dans le corps de Peter." (Maxime, CM1)

"L'âme de Guillaume est dans le corps de Peter qui s'en va dans le cœur de Guillaume. Peter passe son âme dans le corps de Guillaume." (Élodie, CM2)

Seul Jérémy envisage une transformation univoque de Peter en chat :

"Peter sentit deux oreilles lui pousser à la tête. Une queue longue et fine sortit de sa peau, le bas du dos. Peter se transforma en chat. Tous les matins, Guillaume et Peter, allongés sur la planche du radiateur, regardaient les autres membres de la famille se préparer à aller travailler et à sortir dehors." (expression de son rêve personnel d'un confortable compagnonnage qui lui permettrait d'échapper, lui aussi, à l'école ? peut-être…)

Deuxième séance : un parcours de révision progressive de la première réception du texte

"L'inversion" des esprits, pour reprendre le terme d'une élève de CE2 (toute fière de sa trouvaille) est découverte p. 48 à 49. On convient qu'on se trouve dans une histoire fantastique, que le phénomène, certes non conforme à la logique de notre monde, a bien eu lieu. Arrivés aux pages 54 et 55, les élèves constatent que le texte présente de façon détaillée le bonheur de la journée de repos qui suit la nuit de bagarre en ce qui concerne Peter le Chat mais reste très laconique sur la journée à l'école de Guillaume le Garçon. Ils conviennent que le récit *"est raconté du point de vue du chat"* et qu'il est donc normal qu'on dise peu de choses sur ce qui s'est passé à l'école. L'idée d'un "blanc textuel" installé par l'auteur est parfaitement admise. Le maître en profitera pour leur demander d'imaginer ce que fut l'expérience scolaire de Guillaume le Garçon. La transposition qu'ils imaginent est en général cohérente, et ne manque parfois pas d'humour : *"à la cantine, ce jour-là, Guillaume le garçon était le seul qui était content qu'on serve du poisson."*

Pour l'instant, aucun élève ne fait de remarque particulière sur le parallèle entre les séquences : *"Il était tellement dépourvu de poils et de moustaches, il était tellement rose, avec des yeux si ronds, qu'il était impossible de savoir ce qu'ils pouvaient bien dire."* (p. 55) et *"la tête féline... était si réellement merveilleusement non humaine tout ébouriffée de poils noirs encadrant un minuscule visage enfoui sous la fourrure... les yeux vert malachite fendus en amande, fenêtres entrouvertes sur le monde dans lequel Peter ne pourrait jamais pénétrer."* (p. 43), tout simplement parce que ce parallèle ne fait pas encore sens pour eux à ce moment de la lecture. Il sera redécouvert par la suite, quand l'économie générale du texte (Peter a sombré un instant dans le rêve) aura était perçue. La dernière page est lue par le maître pour que les élèves soient disponibles à sa réception et plongent ensemble dans une authentique émotion tout en commençant - au moins pour certains - d'entrevoir la "clé" du récit : il ne s'agit pas d'un récit fantastique, Peter a rêvé, un court instant, qu'il prenait place dans le corps de son vieux chat sur le point de mourir.

Parce que tous les élèves se projettent complètement dans la fiction, la lecture provoque un réel émoi dans la classe, émoi qu'il convient de respecter et qu'il n'est pas question de balayer brutalement : la rencontre avec ce texte met en jeu bien plus que de pures satisfactions intellectuelles à comprendre le fonctionnement textuel, elle renvoie d'abord à l'affection de beaucoup pour un animal familier réel ou rêvé, et il faut en tenir compte. Cependant, il convient aussi de lire le texte et ce qu'il dit.

Une question finit par émerger : "que s'est-il passé exactement, réellement ?". Le maître propose alors aux élèves de remplir, individuellement, un questionnaire écrit :

1. *Combien de temps dure l'histoire qui nous est racontée ?*
2. *Pourquoi Peter est-il le seul à voir une lumière s'élever de la tombe de Guillaume le Chat ?*
3. *Quel est le sens de cette lumière ?*
4. *Cette histoire est-elle vraiment une histoire fantastique ?*
5. *Qu'est-ce que vous avez aimé dans cette histoire ?*

Les élèves échangent oralement à partir de leurs premières réponses, et disposent ensuite d'un temps pour réviser ces réponses individuellement à la lumière du dialogue entre pairs, s'ils le jugent nécessaire. Il leur est demandé d'utiliser deux couleurs différentes pour permettre de percevoir leurs révisions interprétatives. Il ne s'agit donc pas de se soumettre à une correction dictée par le maître.

À la première question, beaucoup n'envisagent que le temps de la transformation rêvée : *"cette histoire dure deux jours, un jour..."*. Seul, un enfant, qui a déjà un peu compris, est formel : *"cette histoire dure quelques minutes"*, appui précieux pour conduire la relecture du texte et retrouver les passages justifiant sa réponse. Pour la plupart des élèves, c'est le déclic : Peter a rêvé. À partir de là, ils sont en état de réviser leurs réponses aux questions posées, sauf la dernière, qu'ils peuvent effectivement conserver telle quelle.

Prenons la fiche de Tiphanie, dont nous avons déjà cité un écrit :

> *Question 2 :* Il est le seul à voir une lumière parce qu'il était seul car ses parents et sa sœur étaient partis (ce qui contredit radicalement les données factuelles du texte) est repris en "il est seul à voir une lumière car Peter poursuit son rêve".
>
> *Question 4 :* "Cette histoire est-elle vraiment une nouvelle fantastique ?" Le "oui" est révisé en "non".
>
> Le "non" est ainsi justifié : "Cette histoire est exactement un rêve, Peter s'était endormi car dans le texte c'est écrit que Peter ne pouvait jamais pénétrer (sic) et parce que la bûche n'avait pas fini de brûler."
>
> L'intuition que Tiphanie avait, dès le départ, de la fin du récit l'a certainement aidée à prendre facilement une distance par rapport à une interprétation fantastique dans laquelle l'auteur avait volontairement fourvoyé son lecteur. Sa clairvoyance ne l'empêche pas de maintenir sa première réponse à la question 6 :
>
> "Dans cette histoire, j'ai aimé quand Peter a pris la place de Guillaume le Chat et quand le Chat est devenu Peter le garçon. *(sic)*"

Citons encore Juliette (CM1) qui passe d'une l'interprétation des intentions d'auteur à une compréhension du système textuel :

> *Question 2 :* "Peter est le seul à voir la lumière parce qu'il est le seul à aimer très fort Guillaume" (interprétation juste) devient "Parce qu'il rêve encore", qui manifeste une compréhension exacte du texte : on voit là que le rapport entre compréhension et interprétation est beaucoup plus dialectique qu'il n'y paraît souvent.
>
> *Question 5 :* Elle ne juge pas nécessaire de revenir sur sa première réponse (et elle a raison) :
>
> "c'est une histoire irréelle et à la fois réelle"
>
> *Question 6:* La réponse demeure là aussi inchangée : "j'aime quand Peter est devenu chat et qu'il se bat contre l'ennemi de Guillaume."

Que tirer comme leçon de cette histoire de lecture ?

On soulignera à nouveau le rapport complexe entre compréhension et interprétation, la première ne précédant pas forcément la seconde : certains élèves ont l'intuition des intentions d'auteur en ce qui concerne la portée sentimentale, voire philosophique du texte avant de comprendre clairement le procédé narratif reposant sur la mise en place d'un leurre narratif. Pour désamorcer ce leurre, il faut parvenir à sortir de sa relation fusionnelle -ici particulièrement forte- au texte, et disposer de compétences d'analyse des procédés textuels. En amont, il faut avoir l'idée qu'un texte (surtout un texte littéraire) est généré par des procédés d'écriture. Un tel savoir se construit progressivement, au fil des expériences de lecture. Ainsi, Charlotte (CM2) s'écrie à la relecture du passage : *"il aimait se mettre exactement à la hauteur de Guillaume… [des] yeux vert malachite fendus en amandes, fenêtres entrouvertes sur un monde dans lequel Peter ne pourrait jamais pénétrer"*, qui précède immédiatement l'enclenchement (discret) du rêve et qu'elle perçoit maintenant comme une pure fiction à l'intérieur du récit : *"Ah, oui ! c'est comme dans* L'œil du loup*, qu'on a lu l'an dernier."* Le rapprochement intertextuel est parfaitement pertinent : chez Pennac, le récit (illusoire) du loup (en fait imaginé par Afrique) s'enclenche de la même manière, à partir du regard que le jeune héros Afrique plonge dans l'unique pupille du loup prisonnier dans sa cage. Il paraît donc possible d'éveiller les jeunes élèves aux fines ruses narratives et de dépasser avec eux la machinerie narratologique particulièrement basique et rarement pertinente dont ils doivent se contenter trop souvent à l'école, et même plus tard.

Cependant, se détacher de la relation fusionnelle au texte ne va pas sans quelques réticences, même parfois chez les adultes. Alors qu'on analysait le fonctionnement de l'histoire en formation continue, une institutrice, qui avait pourtant bien compris, à déclaré : *"moi, je préfère en rester à l'idée d'un échange d'âme entre Peter et son chat"*. Cette réaction, revendiquée explicitement par un adulte, est probablement aussi partagée -de manière plus inconsciente- par la plupart des enfants. Faire tomber trop brutalement l'illusion de l'échange entre Peter et Guillaume (et certains CE2 s'y refuseront carrément, ne parvenant pas ainsi à réviser leur compréhension - par manque de maturité intellectuelle ou affective ? -) risquerait d'aboutir à une réelle frustration -d'ordre sentimental- pour beaucoup d'élèves de la classe. Il convient donc de traiter avec un certain respect cette charge émotive qu'on a laissé se développer. C'est pourquoi, après les échanges autour des réponses écrites révisées, les élèves ont été invités à réfléchir à nouveau sur la portée du rêve que fait Peter, juste avant la mort de son ami, une mort qu'il paraît ainsi avoir pressentie. D'une véritable vengeance contre l'arrogant matou, on glisse ainsi vers l'idée d'une vengeance rêvée, mais rêvée -de façon ultime- par amour. À la question 2, Élodie (CE2) révise ainsi une première fois sa réponse : "Peter poursuit son rêve, les yeux ouverts", puis une seconde fois : "pour que Guillaume reste dans son cœur."

Loin de rejeter hors des murs de l'école la relation fusionnelle aux fictions littéraires, il est donc possible, dans la dernière phase interprétative (après analyse du procédé narratif), de récupérer la charge émotive nourrie chez tous au cours de la lecture, de la légitimer en lui donnant un sens clair et satisfaisant (nul autre que Peter, n'aurait pu rêver cette dernière page d'amour ; s'il a fait ce rêve juste avant la mort de son chat, c'est parce qu'il l'aime encore plus que tous les autres membres de la famille, qu'il a eu le pressentiment de sa mort…). **Ici, on le voit, c'est la conjugaison des deux postures, fusionnelle et analytique, qui permet une réelle appropriation du texte. La réception d'un récit littéraire, y compris à l'école, devrait pouvoir passer par un accommodement à cette double posture.**

Des enfants d'école élémentaire peuvent-ils accéder à une interprétation symbolique ?

Le commentaire des séquences dialoguées autour de l'œuvre de Rascal (cf. p. 152) ou du motif du mur, qui ne peuvent se comprendre que sur le mode symbolique, a, nous semble-t-il, déjà apporté une réponse positive à la question. On trouvera dans ce qui suit d'autres exemples qui le confirment. Les enfants ne se contentent pas d'une compréhension simple de l'intrigue : "on n'y comprend rien", disent-ils quand ils ont saisi l'intrigue mais ne parviennent pas à en percevoir l'intention pragmatique. Mais, pour pouvoir franchir l'obstacle, il ne suffit pas qu'ils aient construit des outils d'interprétation. **Il convient aussi que, parallèlement, ils se soient forgé une représentation explicite de la lecture comme acte d'interprétation symbolique.** C'est cette représentation, construite au travers de remarques méta-lexiques encouragées par le maître, qui leur permet de détecter le texte ne pouvant se satisfaire d'un traitement littéral et d'adopter ensuite le régime de lecture adéquat.

1 *Retour sur* Le Tunnel, *A. Browne* (Kaléidoscope)

CM2

Le Tunnel (déjà présenté p. 135) est un album qui a permis à des élèves de CM2 d'exercer des compétences interprétatives subtiles. Rappelons que le principal intérêt de ce récit court (dactylographié, il tient sur une simple page) est sa dimension symbolique. Les élèves, en s'appuyant d'abord sur la lecture des illustrations comme nous l'avons vu p. 137, puis sur le texte même, vont en particulier comprendre que la pétrification du frère est l'expression métaphorique du conflit qui l'oppose à sa sœur. L'expérience prouve qu'un lecteur adulte un peu hâtif n'est pas toujours capable de cette performance… Les trois extraits de dialogue retenus illustrent ce cheminement interprétatif qui mène, malgré quelques échappées, au sens profond de l'histoire.

Premier extrait : la pétrification comme châtiment du garçon au cœur de pierre

Le dialogue porte sur un passage-clef, celui où la petite sœur délivre son frère du maléfice qui l'a transformé en statue de pierre.

Les quatre illustrations, qui occupent dans l'album une double page, sont agrandies puis affichées : on y voit dans quatre cadres, pareils aux images successives de la pellicule d'un film, comment la petite sœur redonne vie à son frère en le serrant dans ses bras. Le ciel s'éclaircit peu à peu, l'herbe redevient verte et, sur la dernière vignette, le frère enfin libéré de sa gangue de pierre, se retourne vers sa sœur pour la prendre dans ses bras. Le texte dit :

> *Elle jeta ses bras autour de la forme froide et dure et elle pleura. Très lentement, la silhouette changea de couleur, s'adoucit et se réchauffa. Puis, progressivement, la forme se mit à bouger. Son frère était là.*
>
> *– Rose ! Je savais que tu viendrais, dit-il. Ils rentrèrent en courant, traversèrent la forêt, le bois, le tunnel, et se retrouvèrent à l'air libre. Ensemble.*

Il suffit donc d'un simple geste… et de quelques lignes pour dénouer le drame ! Les remarques des élèves montrent alors comment s'élabore la lecture de la métaphore.

– alors le ciel il est tout gris / plus elle le tient longtemps plus il retrouve sa forme normale et plus le ciel devient clair

– là ils se sont retrouvés / il y a le ciel qui est tout bleu l'herbe verte et comme ils se détestaient ben à la fin…

L'évolution de la couleur du ciel, tout comme la métamorphose des cailloux en pâquerettes est immédiatement comprise comme une symbolisation de la réconciliation.

> *– les pierres qui sont autour de lui elles deviennent des fleurs*
>
> ***– ça fait un peu comme dans la Belle et la Bête parce que quand la jeune fille l'a serré il est redevenu un prince***
>
> M- oui qu'est-ce qui se passe dans La Belle et la Bête ?
>
> ***– elle lui dit qu'elle l'aime***
>
> M- oui et du coup il retrouve sa forme première de prince

La Belle est la bête, dans la version de Madame Leprince de Beaumont, avait été lu l'année précédente et le film de Jean Cocteau avait été l'objet d'une analyse comparative. À travers ce rapprochement, l'élève interprète justement le geste de la sœur comme une déclaration d'amour qui est en même temps exercice d'un pouvoir magique, ici de délivrance.

> *– tout devient clair*

M- je vais vous relire le texte/ écoutez bien chaque mot/ le texte est très court mais chaque mot a son importance. (Relecture du texte)

– on a le nom de la petite fille

M- est-ce qu'on l'avait déjà entendu ?

– en fait ses larmes elles l'ont réchauffé/ comme disait A., dans La Belle et la Bête c'est quand la fille se met à pleurer sur la Bête qu'elle se réveille

– aussi son frère il l'appelle Rose / au début c'était "bébé"

Les liens établis par les élèves mettent toujours l'accent sur la relation affective : rôle des larmes, rôle du prénom. Ces remarques préparent en quelque sorte la découverte ultérieure de la métaphore.

M- voilà... alors qu'est-ce qui se passe ?

– au début ils se détestaient maintenant ils s'aiment bien

– ils deviennent amis

– ils sont amis

– comme ils sont réconciliés à la fin peut-être qu'ils vont s'échanger des jeux

L'anticipation prouve que l'enjeu principal de l'histoire a été perçu : la péripétie fantastique est secondaire ; c'est sa fonction qui importe.

– aussi il y a plein de choses qui sont pas résumées / pourquoi le garçon il s'est transformé en pierre/ la maison qu'on a vue derrière/ tout ça c'est pas expliqué

Cette remarque qui porte indirectement sur le point de vue, aura été très fructueuse puisqu'elle amènera presque aussitôt une autre élève à exprimer le sens symbolique du maléfice qui apparaît comme la manifestation d'un châtiment.

M- oui ça c'est intéressant cette remarque /en effet est-ce qu'on connaît l'origine de ce maléfice dont le frère est victime ?

– on peut supposer que c'est sa méchanceté envers sa sœur qui l'a puni

Cette fois c'est la pétrification elle-même qui est interprétée comme un signe.

M- Lucie nous dit "qu'on peut supposer que c'est sa méchanceté envers sa sœur qui l'a puni" / alors je vais vous relire le texte et vous allez me dire si ça fait pas un peu tilt (Relecture de "Elle jeta ses bras autour de la forme froide et dure et elle pleura. Très lentement, la silhouette changea de couleur, s'adoucit et se réchauffa")

– en fait ils disent « s'adoucit » « froide »... le caractère

– on voit bien ça s'éclaircit et donc on peut penser qu'ils s'aiment bien

– au début il est froid il a un caractère glacial pas gentil / à la fin il se réchauffe il devient gentil

– avant il avait un cœur de pierre / ensuite un cœur chaud on a chaud au cœur

Les élèves font ici preuve de véritables compétences de lecteurs littéraires : à partir de leurs intuitions de l'ordre du sensible, ils argumentent leur interprétation dans un premier temps par la saisie du sens figuré des termes employés puis par la remarquable explicitation de l'expression métaphorique "avoir un cœur de pierre" (précisons, puisqu'il s'agit d'une traduction, que la langue anglaise dispose de la même expression, *heart of stone*. Cette association est donc également possible dans le texte d'origine).

M- oui vous connaissez cette expression « il a un cœur de pierre » ? alors l'origine de ce maléfice ?

– peut-être qu'au début il la détestait mais ***peut-être qu'au fond de son cœur il l'aimait bien parce que à la fin il lui dit « Je savais que tu viendrais »*** */ ça veut dire / moi j'ai une sœur / je sais comment c'est / parfois ils sont pas sympas et tout / peut-être qu'au fond ils s'aiment bien*

Attention ! Ne simplifions pas ! semble nous dire cette élève. Le frère n'est pas un monstre ! La réflexion s'organise autour des sentiments qu'éprouvent le frère et la sœur et non autour de l'anecdote. L'essentiel a été compris : l'ambivalence, le besoin de s'affirmer n'empêche pas l'amour. L'expérience affective est ici convoquée ainsi **que les mots du texte**. C'est la première fois qu'une interprétation vise à saisir les sentiments du frère à l'égard de sa petite sœur, ce qui est compréhensible étant donné le point de vue adopté jusque là dans le texte. Cette remarque en est d'autant plus remarquable. L'élève s'appuie sur la seule indication qui nous informe à ce sujet. Indication qui demandait, encore une fois, à être interprétée.

M- vous vous souvenez la dernière fois on avait terminé avec cette question : Est-ce que c'est le frère qui rejette sa sœur ou bien en fait est-ce que les deux, frère et sœur, s'aiment bien quand même ? **et là tu viens de nous donner une preuve dans le texte** / c'est quoi la preuve ? tu peux nous la redire ?

– *"Rose ! Je savais que tu viendrais"*

On voit dans cet extrait comment les élèves ont recours à la lecture conjointe du texte et des illustrations pour construire leur interprétation. Le rôle symbolique des couleurs, du sombre et du clair, de l'inerte et du vivant (cailloux/pâquerettes) vient confirmer l'interprétation du texte. Le point culminant de cette lecture étant sans doute le rapprochement avec l'expression pourtant absente dans le texte, "cœur de pierre"…

Un peu plus tard les élèves vont sentir que malgré les nombreuses allusions aux contes merveilleux, en particulier à travers le personnage de la petite sœur, cette histoire n'en possède pas toutes les caractéristiques. On ne sait rien du trajet du frère dans le tunnel, des causes de sa métamorphose. D'ailleurs, après discussion, les élèves tomberont d'accord pour considérer la sœur comme l'héroïne, ce qui ne les empêche pas de se heurter à un nouveau problème.

Deuxième extrait : la peur comme ennemi intérieur

Dans les contes, le héros rencontre des opposants, que les élèves ne retrouvent pas dans l'histoire en cours de lecture.

– là il y a personne pour empêcher la sœur de délivrer son frère

– si il y a la peur et pour sauver son frère elle a dû affronter sa peur

Il est intéressant de noter ici que l'élève a suffisamment compris la fonction d'opposant pour admettre qu'elle revête une forme abstraite (la peur de la petite fille).

– ce qui a sauvé son frère c'est qu'elle a surmonté sa peur ou sinon l'amitié

– la force de l'amour

En comprenant que l'opposant n'est pas extérieur mais "intérieur", cet élève accède à une lecture symbolique du texte.

M- dites-moi au fond qu'est-ce que la petite sœur a appris dans cette histoire ?

– à surmonter sa peur

– que son frère l'aimait

– qu'elle avait besoin de lui

– qu'elle pouvait jouer au ballon et pas seulement lire

M- et le frère qu'a-t-il appris ?

– que lui aussi il aimait sa sœur

– qu'il fallait pas être méchant avec elle

– pareil que la sœur / qu'il avait besoin d'elle

– à partager tous les deux / par exemple quand elle avait envie de lire chacun son tour

M- il y avait quelque chose au début de l'histoire qu'il ne connaissait pas du tout et qu'il n'aimait pas.

– les contes ils n'aimaient pas toutes ces histoires / il disait que c'était des histoires de bébé

M- et alors maintenant ?

– il a appris qu'il ne fallait pas mettre en doute les contes

– les contes se sont vengés de lui

– alors c'est quoi la morale de cette histoire ?

Soulignons que c'est une élève (particulièrement perspicace) qui pose la question et non l'enseignante !

M- et bien je t'écoute

– faut pas toujours être dans son truc

La formulation familière est ici gage d'authenticité.

La traduction métaphorique et symbolique du conflit affectif ayant été saisie par l'ensemble des élèves, reste la question de la symbolique du lieu de réconciliation, le tunnel

Troisième extrait : le tunnel comme symbole du lien retrouvé

M- une dernière question : pourquoi à votre avis cet album s'appelle Le tunnel ?

– le livre s'appelle Le tunnel parce qu'il faut qu'ils franchissent le tunnel pour apprendre à s'aimer / ***ça les relie et s'ils le franchissent pas ils n'apprendront jamais à s'aimer***

Le tunnel est perçu dans sa double valeur de lieu initiatique propice aux métamorphoses et de lien affectif

M- alors finalement c'est plutôt le lieu du frère de la sœur ou des deux ?

– des deux

– en fait c'est plutôt le lieu des deux parce qu'au début c'est le frère qui trouve le tunnel à l'extérieur et après la fille elle rentre et c'est un lieu de contes

L'élève reprend ici le jeu d'opposition mis en évidence lors des précédentes séances (extérieur pour le garçon / intérieur pour la fille…)

– aussi le tunnel c'est passage de la vérité jusqu'à l'imaginaire / c'est les deux

"Vérité" est sans doute ici employé au sens de "réalité" mais c'est le mot "passage" qui traduit à nouveau la notion d'épreuve.

– moi je pense que pour la fille c'est comme un univers / elle va rencontrer des fées et pour le garçon ça peut être une aventure / il va se dire "ouais je vais vivre plein d'aventures" et la fille "ouais je vais peut-être rencontrer des fées"

Il est très intéressant de noter comment cette élève a compris que la valeur d'un mot ou d'un lieu dépend de nos projections, par définition subjectives et singulières.

M- vous savez j'ai envie de vous donner une interprétation / la mienne / parce que vous m'avez donné vos interprétations que je trouve très intéressantes et très justes / moi quand j'ai vu que le frère et la sœur rentraient comme ça dans un tunnel et que au fond à l'intérieur de ce tunnel ils se retrouvaient / ça m'a fait penser à quelque chose... pour un frère et une sœur je me suis dit qu'ils avaient bien un tunnel en commun / qu'ils avaient quelque chose en commun, qu'on a entre frères et sœurs.

– *ils sont de la même famille / ils ont les mêmes parents*

M- oui, et puis...

– *le tunnel ça les relie*

– *on peut dire que c'est leur univers commun*

M- mais c'est quoi l'origine commune du frère et de la sœur ? le lieu de l'origine ?

– *leur maison*

M- oui leur maison et bien avant ?

– ***le ventre de leur mère***

Devant la richesse des remarques des élèves et leur grande réceptivité, l'enseignante s'est autorisée à donner une interprétation plus “psychanalytique”. Ce n'est pas tant la valeur de l'interprétation elle-même qui importe, que l'ouverture sur le monde de l'inconscient (par ailleurs l'illustration qui montre la petite fille s'engageant dans le tunnel ainsi que le texte qui l'accompagne, pourrait justifier cette lecture) et surtout la sensibilisation à la diversité des interprétations, à condition qu'elles ne trahissent pas le texte bien sûr.

M- oui voilà j'avais pensé à ça / mais vous savez tout ce que vous avez dit est tout à fait juste / oui vous voyez le ventre de la maman / on peut dire que d'une certaine façon passer dans un tunnel pour revenir dans un lieu commun c'est revenir à leur origine

– *à leurs racines*

Si l'enseignante a induit cette réponse, la formulation en revient cependant à l'élève, ce qui prouve qu'elle a fait écho. Cette lecture n'a pas non plus déstabilisé les élèves manifestement entrés dans le jeu de l'interprétation symbolique pluriel et ouverte.

2 *Retour sur le motif du mur*

CM

Les élèves qui ont travaillé autour du motif du mur (voir p. 153) ont abordé à plusieurs reprises le thème de l'âge. Dès leur première fréquentation de *Tillie et le mur,* ils ont envisagé que la jeune héroïne veuille "être chef" puisque sa curiosité la singularise. La suite n'a pas apporté de réponse mais la lecture du *Jardin de Max et Gardénia* les a conduit à penser que tous les jeunes sont audacieux. C'est *Volubilis et les trois jardins* qui va apporter une véritable réponse à leur questionnement : le récit aligne en effet les explorations successives sur l'âge grandissant de l'héroïne et la décrépitude progressive de la grand-mère qui l'élève. Devant l'énigme de ses rencontres successives, un enfant conclut, effet de l'entreprise de comparaison :

"c'est normal / quand on est petit on a peur des gens qu'on connaît pas / on sait pas leur parler / alors le monde c'est les gens / quand on est plus grand on voudrait bouger alors le monde c'est ce qu'il y a de loin / et quand on est adulte le monde c'est ce qu'on pense."

À la fin de l'étude de *Volubilis,* des élèves se sont interrogés sur la raison pour laquelle l'arbre où Volubilis va s'asseoir est un arbre "sans nom" alors que le reste du texte n'est pas avare de dénominations botaniques. Ils ne parviennent pas à une réponse claire mais grâce à leur relative maîtrise du motif du mur, ils explorent les liens possibles entre absence de dénomination et mur à franchir : *"maintenant avec tous les savants on a tout découvert" - "il y a plus qu'à découvrir des choses / des choses qui n'ont pas encore de nom" - "quand on est grand le monde c'est ça / donner un nom à quelque chose".* Une façon de dire qu'on a aperçu comment le texte invite à se déprendre des paroles établies pour chercher sa propre voix (e).

Soit une autre classe de CM, lisant *Le Mur,* d'Angel Esteban. Le texte ne pose pas de problème de compréhension sur le plan littéral : "Il", personnage jamais défini, éprouve un jour le besoin de voir ce qu'occulte le mur (sans limite) que l'on peut voir du village situé dans un lieu calme et agréable. Pour cela, « Il » passera sa vie à faire pousser un arbre, et quand il percevra le signe, il grimpera à la cime… *On ignore ce qu'il découvrit… Le mur était en quelque sorte détruit par Lui. Des années de labeur, d'amour et de persévérance prodigués à l'arbre lui valaient la récompense suprême : la liberté.* Le récit, sans ancrage temporel ni géographique précis, et surtout sans définition du héros (un "Il" qui reste anonyme) a la transparence d'une parabole, une parabole sur la question de l'au-delà du mur (l'au-delà de l'apparence, de la vie ?).

La première réaction des élèves, après lecture silencieuse est nette : *on n'a rien compris !* Ils le sentent bien, le texte ne peut se contenter d'une "lecture compréhensive", il appelle autre chose, une lecture interprétative : quel(s) sens attribuer aux éléments hautement symboliques qui le constituent, cette figure du "il", ce mur, cet arbre ? Ce constat premier d'incompréhension ne provoque pas le découragement, loin de là : la classe est habituée à une pédagogie de la "résolution de problème", c'est même devenu un jeu entre le maître et eux. L'objectif que se fixe le maître et que la classe va progressivement s'approprier est donc d'élaborer, au sein de la communauté intellectuelle (et spirituelle) constitué par le groupe, une cohérence interprétative acceptable pour tous, tout en se gardant de figer un semblant de traduction unique et définitive.

Après une relecture magistrale, la consigne est passée : "Souligne les deux phrases qui te *paraissent essentielles.*"

Dans leur grande majorité, les élèves ont retenu la dernière phrase : *Des années de labeur (...) la liberté.* Pris un à un, les mots ne leur posent pas problème, le terme persévérance ne leur est pas inconnu : ils le rattachent à l'idée de sport et plus précisément de sport d'endurance. Mais le sens global de la phrase leur échappe encore largement. Ils en comprennent cependant le caractère sentencieux :

– *c'est un récit de morale*

M- oui en quelque sorte/ et c'est quoi la morale ici ?

– *il gagne la liberté*

M- c'est-à-dire ?

Toujours pas de réponse claire...

M- on va reprendre le texte pour noter les éléments essentiels et ceux qui ont retenu une phrase dans le paragraphe que l'on sera en train de lire le signaleront et diront pourquoi

On identifie ainsi les éléments constitutifs qu'on liste au tableau : le village, le mur, Il (Lui), l'arbre, la liberté ; on précise ce que le texte en dit, le sens à leur attribuer.

M- le mur où est-il par rapport au village ?

Les réponses fusent, sans qu'on parvienne à s'entendre trop et finalement on convient d'un schéma au tableau (en partie arbitraire, mais peu importe en l'occurrence : il s'agit de situer les éléments spatiaux les uns par rapports aux autres) : le village à gauche, c'est le monde connu, "Il" s'y trouve ; au milieu le mur, représenté par un trait vertical ; à droite ce que cache le mur, et qu'on ne connaît pas...

Ce schéma servira de référence tangible au cours de la discussion, il aidera à la représentation mentale du récit peu concret sur le plan descriptif.

M- alors qu'est-ce que c'est que ce mur, dans le texte ? à quoi sert un mur en général ?

– *à se protéger.*

– *à enfermer*

– *Dans un mur, il y a une porte.*

M- et là il y a une porte ?

– *non*

M- un mur, ça sert encore à quoi, pensez à vos maisons, vos jardins…

- *ça sert à séparer…*

M- oui, regardez le schéma…

– *le mur sépare le village et l'autre monde.*

Si pour l'enseignant le mur représente l'écran qui occulte, comme le dit littéralement le texte, pour les élèves, c'est *a priori* ce qui protège (de l'inconnu ?).

M- et ce "Il" qui est-il ?

– silence… *on ne sait pas son nom / il est dans le village / il y a une majuscule.*

M- oui qui cela peut-il être ? (silence) que fait-il dans l'histoire ?

– *il plante une graine… pour faire pousser un arbre… il en prend soin… il est persévérant.*

M- mais que dit encore le texte ?

– *il vieillit*

M- oui mais alors comment il peut monter à l'arbre s'il est vieux ?

– *il y a des vieux de quatre-vingts ans qui montent encore aux arbres.*

– *lui il met beaucoup de jours pour grimper !… ben, vraiment !* (on oscille encore entre traitement réaliste et traitement symbolique du texte)

M- voyons quand décide-t-il de monter ? qu'est-ce que c'est que ce jour ? revenons sur la phrase : "Lorsque le moment serait venu, d'une façon ou d'une autre, il percevrait le signe"

– (Soudain une élève, Marion, semble avoir une illumination) *: ah, oui… il est vieux et il va mourir… on dit "il allait vers sa fin".*

M- et alors le mur ?

– (poursuivant son idée) c'est peut-être le mur qui sépare… (silence) *oui c'est le mur qui sépare la vie et après… la mort…*

M- effectivement c'est une idée intéressante (un silence méditatif dans la classe, un instant de gravité…) et l'arbre alors ?

– (un autre) *il a planté cet arbre pour laisser quelque chose de lui aux autres pour quand il ne sera plus là…*

Les élèves continuent d'échanger quelques propositions interprétatives. La plupart entrent dans le système d'interprétation de Marion et le complètent : le mur sépare la vie de la mort et la liberté, et permet peut-être de (sa) voir ce qu'il y a de l'autre côté de la vie.

M- finalement comprendre ce texte c'est donner chacun son avis sur ce que peuvent être le mur/ l'arbre / "il" dans l'histoire… c'est à nous de trouver des sens / des sens à ces symboles (le mot est lâché, mais presqu'en fin de séance, quand les élèves ont déjà largement entamé leur traitement symbolique du texte) au fait qu'est-ce que c'est qu'un symbole ?

L'enseignant, un instant embarrassé, cherche un exemple de symbole à la portée de tous, mais une élève le tire de ce mauvais pas.

– *ben oui un symbole c'est par exemple comme la statue de Marianne / Marianne c'est une statue pour représenter la République française*

M- c'est ça un symbole / c'est par exemple un objet / une statue qui représente une idée / quelque chose de beaucoup plus vaste

Suivent de nouveaux échanges sur la portée possible des éléments symboliques du texte (le mur, Il, son arbre…) mais il faut bien conclure.

M- alors qu'est-ce que c'est que ce texte ? à quoi sert-il ?

– *à nous faire réfléchir…*

– *à donner notre avis…*

– *oui ce n'est pas un texte pour lire tout seul / comme par exemple Panique à la télé / c'est un texte à lire ensemble pour échanger nos idées.* (Charlotte)

M- oui c'est vrai / ce texte nous donne une leçon de morale ou plutôt de réflexion / il nous apprend à devenir des « sages » (référence à une lecture précédente) des philosophes / on dira donc que c'est un texte philosophique et on reprendra la définition de Charlotte.

Ce qui a commencé (ou plutôt continué) de se construire ce jour-là, c'est une représentation de la lecture comme acte d'interprétation d'un ensemble textuel constitué d'éléments essentiellement symboliques. Ici les symboles ne fonctionnent pas comme des clés culturellement codées parce que leur portée est suffisamment universelle pour être saisie par tous les enfants, pour peu qu'on les amène à relier ces images symboliques avec leur propre expérience de la vie et du monde. La conclusion de Charlotte montre bien qu'il est tout à fait possible de traiter une classe de CM comme une communauté interprétative, élaborant progressivement la notion même d'interprétation en même temps que ses outils d'interprétation au fil des lectures. L'apprentissage de la lecture littéraire passe ainsi par des moments de clarification métalexiques conduites de façon pragmatique au cours même de la lecture des textes.

Des enfants d'école élémentaire peuvent-ils faire preuve d'un jugement esthétique et critique sur les œuvres ?

1 À propos de La Belle au bois dormant *de Perrault et de ses adaptations*

CM1 - CM2

Au terme de la comparaison du conte d'origine et de ses adaptations, telle qu'elle a été relatée page 219 en partie III, les élèves ont été invités à porter par écrit un jugement esthétique personnel sur les différentes versions proposées à l'étude, à partir de la consigne suivante : *"Au bout du compte, quelle est la version qui vous plaît le plus et pourquoi ?"*. La classe sélectionne pour moitié la version de Perrault. Les raisons, individuelles, de la choisir sont de plusieurs ordres :

1. la qualité de l'écriture principalement (élégance du style, choix du vocabulaire, charme des mots anciens, implication du narrateur)

– Parce que c'est la plus longue, la plus intéressante et les mots sont beaux par exemple : "de n'avoir point d'enfant", "un couteau d'or fin".

– Parce qu'il y a du charme, de l'élégance et de l'amour.

– Parce que ça me passionne. Une fois qu'on lit, on s'aperçoit que l'auteur parle, qu'il est caché derrière le rideau. On dirait qu'il espionne.

– Parce que l'auteur donne des commentaires. Il raconte bien l'histoire car on croirait qu'il y était.

2. la richesse des détails, qui ne simplifie pas la lecture mais se révèle finalement gratifiante

– Parce qu'il y a plein de petits détails qui m'aident à imaginer l'histoire mais elle est difficile à comprendre.

– Parce qu'elle est merveilleuse et elle a plus de détails. Je trouve agréable de lire quelque chose de magique car il n'y a aucun intérêt à lire quelque chose que de

simples images peuvent exprimer, un livre doit être plus complexe.

3. l'authenticité, qui confère automatiquement à l'œuvre une valeur supérieure à la copie

– *Parce que c'est le texte original et c'est Monsieur Charles Perrault qui a écrit le premier.*

– *Parce qu'il sort des mains de l'auteur.*

Pour autant, et le fait mérite d'être souligné, la version plus abordable mais relativement fidèle de *Au temps jadis* est appréciée par un nombre significatif d'élèves. Ces élèves, qui reconnaissent une valeur supérieure au texte-source, jugent cependant ce texte-source inadapté à leurs compétences de lecteurs, autrement dit le plaisir potentiel qu'il peut procurer est annulé par la difficulté, parfaitement consciente et pesée, qu'il y a à le conquérir. Il ne va plus de soi désormais que l'œuvre donnée à lire par le maître soit nécessairement lisible. Les élèves sont ici mis dans la situation de prendre en charge leur responsabilité de lecteur :

– *Je préfère la version Au temps jadis car c'est celle qui ressemble le plus au texte de Perrault mais aussi elle est plus simple que la version originale.*

– *C'est la même histoire que Charles Perrault mais plus facile à comprendre.*

Parmi les signes qui attestent d'un gain de sécurité lecturale, il faut compter l'évaluation raisonnable et dépassionnée, chez certains élèves, de leurs propres limites :

– *Nathan c'est pour les plus petits mais Mango s'adapte bien pour moi, c'est différent de ce qu'a écrit Charles Perrault mais quand même moins compliqué.*

Alors que l'habituelle question rétrospective sur l'intérêt du texte lu suppose un point de vue unanimiste, l'effort demandé ici pour distinguer entre lecteur ciblé et lecteurs concrets, entre lecteurs attestés et tout nouveaux lecteurs, entre lecteurs contraints et lecteurs de rencontre, donne du jeu et ouvre un espace symbolique où chacun peut trouver sa place.

2 *À propos de* Comment Wang-Fô fut sauvé des eaux, *une auto-adaptation de Marguerite Yourcenar*

CM1

La nouvelle "orientale" de Marguerite Yourcenar, *Comment Wang-Fô* fut sauvé, a fait l'objet de trois séances de lecture dans une classe de CM1. Dans une quatrième et dernière séance, la version "adulte" de la nouvelle, écrite antérieurement à la version pour enfant, est présentée. L'objectif consiste à faire comparer les deux textes et à faire réfléchir les enfants sur les motivations qui peuvent pousser un écrivain à donner une nouvelle version d'un texte déjà produit.

La version pour adultes est lue intégralement par l'enseignante. Dès leurs premières réactions, les enfants font des observations fines concernant l'écriture du texte (*"il y a plus de descriptions dans la version adulte ; il y a des mots plus compliqués, par exemple "eunuque" ; dans la version adulte c'est aussi beaucoup plus des comparaisons"*). Ils prouvent aussi qu'ils sont capables d'un jugement esthétique :

– dans la version adulte, au début il y a toute l'explication de comment Wang-Fô et Ling se sont rencontrés et le début de la vie de Ling / moi j'aime mieux la version adulte / c'est plus expliqué / c'est mieux écrit que l'autre

capables aussi de comprendre les intentions didactiques du maître :

– comme on connaît mieux la version enfant / qu'on l'a plus étudiée / on va mieux pouvoir voir les différences avec l'autre.

comme les intentions esthétiques et pragmatiques de l'auteur :

– *c'est* [tous ces changements opérés par l'auteur] *pour que les enfants comprennent mieux l'histoire*

– elle a enlevé des morceaux / remis plus simplement / adapté au langage des enfants / au langage de tous les jours.

Et le mot de la fin peut paraître particulièrement pertinent :

– c'est comme si elle avait écrit un deuxième livre

– elle a voulu que les enfants et les adultes comprennent pas de la même manière

Les enfants confrontés à un travail exigeant parviennent fort bien à sortir des sentiers battus du simple jugement de valeur impressionniste. Les arguments d'ordre critique et esthétique ne leur font pas défaut.

3 *À propos de* Petit Lapin rouge, *Rascal* (Pastel)

CM1-CM2

Lisant *Petit Lapin Rouge*, les élèves de CM1-CM2, précédemment évoqués pour leur capacité à comprendre le principe de rupture de l'illusion réaliste, se montrent aussi capables de réfléchir sur la notion d'originalité en littérature. Le dialogue suivant prend place au moment où le Chaperon et le lapin ont achevé leur réécriture sur le ciel bleu et les oiseaux qui chantent, fin qu'ils ne trouvent certes pas originale mais qui leur convient parfaitement :

M- que répond le petit lapin ?

– *"pas très original"*

M- mais…

– *ça lui convient*

M- pourquoi ? qu'est-ce que ça veut dire "original" ?

– *pas très chouette*

L'originalité est ici associée à la beauté.

– *parce qu'il y en a beaucoup des fins comme ça*

– *ils auraient voulu la voir autrement*

– *on peut en voir tous les jours*

Elle est associée à la rareté et négativement à l'idée de stéréotype.

– *un génie qui sort de la terre c'est original / là au contraire c'est banal / pique-niquer ça peut se faire toutes les semaines et puis "le ciel est bleu" + c'est une phrase qu'on dit tous les jours / enfin je sais pas*

Elle est enfin mise en rapport avec l'extraordinaire (dans le monde : "le génie" vs "le pique-nique", et dans le langage : "le ciel était caché par une brume" vs "le ciel est bleu")

– *c'est comme "cool Raoul"*

– *c'est vrai que "le ciel est bleu, les oiseaux chantent" c'est pas original / on pourrait dire "mais ce jour-là le ciel était caché par une brume" quelque chose de plus triste*

– *j'ai envie de savoir ce que vont devenir les parents / les grands-mères / on sait pas bien qu'est-ce qu'ils deviennent*

– *peut-être que ce qu'ils disent / qu'il y a plus de loups : peut-être que ça se réalise pas*

– oui parce que / en fait / dans cette histoire tout se passe très bien / il se passe rien du tout / il y a même pas eu un chasseur / donc peut-être qu'il y a une autre suite où ils vont être capturés

Les élèves ont l'intuition que l'histoire réécrite ne satisfait pas aux attentes du lecteur et même qu'il n'y a pas d'histoire; Cette intuition prend une réalité objective lorsque le maître réclame un résumé :

M- est-ce que quelqu'un peut dire tout ce que nous avons dit en quelques phrases / si d'autres élèves vous demandent ce que vous avez fait / vous dites "on a lu le PLR" et s'ils vous disent "c'est quoi le PLR ?" vous leur répondez en deux ou trois phrases

– c'est un PLR qui est tombé dans un pot de peinture rouge et un jour il rencontre le PCR

M- ça fait déjà deux phrases

– ils se parlent et tout d'un coup le PCR ne veut pas avoir la même fin que d'habitude et ils décident de faire une farce à l'écrivain et puis ils pique-niquent

M- encore plus ramassé / un vrai résumé

– c'est un petit lapin qui est tombé dans un pot de peinture rouge il rencontre le PCR / ils se causent et comme leurs histoires ne leur plaisent pas ils l'inventent eux-mêmes

– ils assemblent leurs deux histoires pour faire une autre histoire qui est marrante

– il y a un moment où la parodie s'arrête / c'est déjà une autre histoire

M- je vous propose un résumé : "un PLR rencontre un PCR / ils discutent tous les deux et s'assoient sur l'herbe pour pique-niquer" / j'ai bien résumé toute l'histoire ?

– oui

M- et est-ce que c'est intéressant ?

– non

M- et pourtant j'ai bien résumé toute l'histoire ? donc finalement c'est le résumé d'une histoire qui n'est pas intéressante

– il n'y a aucune histoire là-dedans / c'est pas vraiment une histoire

L'on découvre que ce qui est bon pour le personnage ne l'est pas forcément pour le lecteur.

Des enfants en difficulté de lecture peuvent-ils tirer profit d'une initiation à la lecture littéraire ?

Pour apporter des éléments de réponse, nous prendrons deux cas qui nous paraissent emblématiques, celui de Charles-Henri et celui de Lofti, élèves de deux classes différentes.

1 *Cas de Charles-Henri*

Charles-Henri est en CM1. C'est un enfant en décalage, voire en conflit avec les exigences de l'école et probablement aussi avec celles de son entourage. Il n'a jamais terminé son travail en même temps que les autres, parfois il n'a même pas commencé. Son rapport à l'écriture est difficile, sans doute empreint de souffrance. Sorte de naufragé, seul à sa table dans cet espace particulier qu'est la classe et terriblement absent, Charles-Henri est un élève en difficulté. Sans nous aventurer dans des explications qui dépassent notre compétence, nous pouvons penser que sa situation familiale douloureuse y est pour beaucoup. On le sent tendu entre désir de grandir et besoin de rester petit. Et, comme toute personne, Charles-Henri est conscient : il a une représentation de lui-même et de son rapport aux autres comme en témoigne son attitude quand il feint de ne pas entendre les remarques humiliantes faites à son propos. Dans un cas comme celui-ci, il n'est pas permis de penser que les difficultés scolaires sont des manques à combler qu'un supplément de pédagogie pourrait régler. Le rôle du maître est à inscrire ailleurs. C'est dans une relation d'aide que le maître doit s'engager s'il veut être efficace, ce qui signifie qu'il doit chercher à instaurer le dialogue, tout en acceptant le refus de celui qui ne veut pas être aidé. Cette relation d'aide n'est pas celle du thérapeute et le dialogue n'est pas simple conversation. **Comme le texte littéraire est avant tout une parole qui ne devient telle que grâce à la parole même du lecteur, comme il ne peut exister que dans la rencontre et l'échange, on**

peut faire le pari que, dans la classe, les écrits littéraires sont propices (indispensables) à la prise de conscience de l'importance de sa parole (pour pouvoir entendre celle de l'autre) et de la nécessité du dialogue.

Nous saisissons Charles-Henri au moment où commencent à circuler dans la classe les histoires de Peter, le rêveur, ce jeune garçon qui est, lui aussi, en décalage avec son entourage, comme le souligne l'incipit du recueil *(Lorsque Peter Fortune avait dix ans, les grandes personnes lui disaient qu'il était un enfant "difficile"* ou encore *À l'école, il lui arrivait souvent de laisser son corps assis à son pupitre pendant que son esprit partait vagabonder.)* Aussi, lorsque le maître propose la nouvelle intitulée *Le chat* (largement évoquée), Charles-Henri accepte d'entrer en dialogue avec le texte et avec les autres. Quand il s'agit de chercher, un peu à la manière des archéologues, qui est Guillaume, l'un des deux personnages, Charles-Henri chuchote à plusieurs reprises le mot *"féline"*. Ce mot, qu'il ne sait réellement expliquer mais qu'il est le premier à relever, opère comme un sésame quand il se rend compte qu'il a raison de le citer puisque Guillaume est un chat. C'est ainsi que, pendant toute l'activité, il fait des remarques pertinentes, est le seul à repérer une erreur commise par un groupe dans l'attribution de paroles de personnages. Il dit avec un bonheur non dissimulable, au moment des essais de mise en voix d'un passage de la nouvelle : *"Moi, je **suis** le chat Peter"*. C'est lui enfin qui s'écrie : *"Peter, ses rêves, c'est la réalité : on dit qu'il rêve les yeux ouverts. C'est pour pas être triste."*

La réussite de Charles-Henri ne relève ni de la magie ni du hasard. Elle est due en grande partie à la qualité littéraire du texte choisi et au dispositif proposé, conçu pour accueillir les paroles de chacun et étayer la lecture d'un texte dense. Parce qu'il a pu dire sa rencontre avec le texte, Charles-Henri a ainsi fait l'expérience qu'un texte pouvait le concerner.

2 *Cas de Lofti*

Lofti est issu d'un milieu où l'on ne lit guère. Il entre en classe de CE1 sans avoir automatisé les procédures d'identification des mots. Il est capable d'utiliser des stratégies de décodage et des stratégies qui s'appuient sur le contexte mais les mots qu'il a pu mémoriser se limitent aux seuls "petits" mots-outils : articles, prépositions, conjonctions les plus fréquentes, en bref, les "petits" mots qui sont souvent mémorisés dès le début du cours préparatoire. Lors des découvertes de textes, il manifeste une réelle désinvolture (identification aléatoire sur la base d'une reconnaissance des premières lettres, devinette sans contrôle par le décodage…). Quand on lui demande une oralisation, il s'exécute de mauvaise grâce et ne dépasse pas une lecture ânonnante. Quand on lui soumet des questions de compréhension, il développe des stratégies d'évitement. S'il n'est pas encore désinvesti des tâches scolaires, il compte beaucoup sur le travail collectif pour comprendre ce qui lui sera demandé dans les consignes individuelles. Il n'apparaît pas encore comme un "mauvais élève" mais il ne conçoit pas l'intérêt pour lui-même d'apprendre à lire.

Lofti appartient à la classe qui a travaillé sur *Tu rêves, Lili* et le réseau construit autour des "histoires de rêve". Son intérêt s'éveille à mesure qu'il perçoit le contrat où le maître place les enfants. D'une séance à l'autre sa participation s'accroît par étapes. Pendant la séance où le maître demande de mettre dans l'ordre les illustrations de la première moitié de l'album, il élabore une hypothèse peu vraisemblable, à laquelle peu d'enfants adhèrent mais à laquelle le maître fait droit en l'affichant parmi trois autres au tableau. Lofti aura du mal ultérieurement à renoncer à sa construction intellectuelle et s'efforcera d'en conserver le dynamisme. Celui-ci repose essentiellement sur la valeur accordée à la figure du cheval dans la configuration imaginaire, au détriment de celle de l'anneau. Son propos ne dépasse pas la revendication sans arguments.

Cependant, pendant la séance où les enfants sont confrontés au problème de rupture de cohérence, Lofti prend l'initiative d'une argumentation construite qui s'avérera pertinente : il sollicite une référence à un dessin animé (une version d'*Alice au pays des merveilles*) pour donner un statut onirique à l'illustration des ciseaux qui dansent. À la fin du travail, quand la consigne est de rechercher les mots qui font un pont entre les scènes réalistes et les scènes oniriques, il est très impliqué. Sa lenteur à déchiffrer les mots l'amène à conduire le travail au-delà du temps imparti, bien au-delà du moment où le bilan collectif a déjà été établi. Le maître lui a laissé la possibilité d'effectuer la tâche à son rythme. Il est entré ainsi dans une succession de relectures multiples, faites avec un plaisir manifeste, et qui finissent par enrichir le bilan collectif. Dès lors, il progresse avec constance en lecture et termine son CP en "bon compreneur".

Une telle évolution a été rendue possible pour plusieurs raisons :

Lofti a peu à peu assumé la position dévolue par le maître, celle qui consiste à questionner le texte à partir de sa propre problématique.

Il a pu investir quelque chose de lui-même dans sa lecture tout en accomplissant avec l'aide du maître le travail de sacrifice nécessaire devant les exigences du texte.

Le maître a donné libre carrière, dans l'espace de la classe - le seul où Lofti rencontrait régulièrement des livres -, à son activité de relecture indispensable pour asseoir ses compétences, même s'il se trouvait pendant ce temps en dehors des autres activités collectives. C'est une sorte de privilège que Lofti prend à cœur de justifier en devenant une sorte d'"expert" du texte en cours de lecture.

3 Au-delà des cas de Charles-Henri et Lofti

Au-delà de ces deux cas particuliers, et en guise de conclusion, nous voudrions pointer à nouveau, mais sous une autre forme, ce qui, à nos yeux, dans la démarche que nous proposons, est susceptible d'aider les élèves en difficulté à entrer en lecture, si ce n'est en littérature :

– L'espace de parole (et de pensée) dessiné autour du texte littéraire est un espace libre où l'on échappe au regard évaluatif et au couperet du vrai et du faux traditionnellement détenu par le maître. Les remarques angoissées, comme celle-ci recueillie au tout début de la recherche : "je ne sais pas si j'ai bon", disparaissent. Seul a cours le plus ou moins acceptable, étant entendu que le degré d'acceptabilité du dit est étroitement dépendant de l'argumentaire et de la force de conviction du locuteur, donc placé sous sa seule responsabilité. Dans cet espace, il est possible de réinvestir sa culture personnelle quel que soit son degré de légitimité institutionnelle.

– En lieu et place du dialogue inégal entre maître et élèves qui se déroule usuellement *par-dessus* le livre, le dialogue que nous cherchons à engager est un dialogue privé (quand bien même il se déroule aussi en partie sur la place publique, avec la médiation des autres élèves et du maître) entre un enfant-lecteur unique et l'auteur du livre.

– En mettant les élèves en position d'enfants-chercheurs, nous leur confions des responsabilités intellectuelles. Les enfants dits mauvais lecteurs ne sont pas nécessairement de mauvais interprètes : ils ont accès comme les autres à l'intelligence et à la complexité du texte. Encore faut-il qu'ils soient mis en état de le prouver. En libérant certains d'entre eux des activités techniques à certains moments de la classe, c'est-à-dire en lisant lui-même le texte, le maître leur permet d'exercer et de montrer leurs capacités, autrement cachées.

– La règle du jeu de la lecture varie bien souvent de la maternelle au CM2 : la lecture affectivo-identitaire est tolérée et même encouragée en maternelle ; il est de règle au CP de s'en tenir aux données littérales du texte sans plus exprimer ses réactions de lecteur ; au CM, enfin, on encourage, dans le meilleur des cas, la lecture entre les lignes. Autant d'injonctions contradictoires, "de lectures "naturalisées", prescrites ou proscrites en fonction du niveau des élèves, sans explicitation des attentes et des raisons de ces attentes"[3], qui créent chez le sujet scolaire une succession de ruptures déstabilisantes aussi arbitraires que radicales. En assurant la continuité des postures de lecture proscrites / prescrites de la maternelle au CM2, en incitant les maîtres à expliciter avec l'aide des élèves la règle du jeu de la lecture (mais qui autorise de nombreux coups), nous pensons placer les élèves en situation de "sécurité lecturale".

L'hypothèse mérite, bien entendu, vérification sur une grande échelle. Nous y nous employons en pensant bien que l'introduction de la lecture littéraire à l'école ne saurait pour autant être une panacée pour toutes les sortes de difficultés que peuvent rencontrer les élèves en lecture. Elle nous semble toutefois particulièrement efficace pour les élèves :

– qui ont à l'origine des rapports indifférents au livre,

– qui perçoivent l'institution scolaire comme un lieu où on ne leur reconnaît pas le droit à la parole,

– qui sont mal à l'aise dans la communication scolaire classique parce qu'ils n'en comprennent pas les règles, gardent leur quant-à-soi parce qu'ils ne peuvent ou ne veulent jouer le jeu ou encore n'en voient pas les enjeux, souvent de fait peu perceptibles,

– qui, enfin, sont des enfants blessés : la littérature de jeunesse, parce qu'elle symbolise avec constance l'affectif, leur donne la possibilité en retour d'exprimer de l'affectif au travers de la symbolisation.

3. Yves Reuter, "Comprendre et interpréter en situation scolaire. Retour sur quelques problèmes", in C. Tauveron (dir.) *Comprendre et interpréter la littérature à l'école et au delà*, Paris, INRP, 2001, pp. 69-79.

Suggestion de lectures complémentaires

Sur la lecture en réseaux :

– Devanne, B., *Lire & Écrire, des apprentissages culturels*, Paris, A. Colin, 1992.

– Corbenois, M., Devanne, B., Dupuy, E., Martel, M., *Apprentissages de la langue et conduites culturelles, Maternelle,* Paris, Bordas, 2000.

Sur les échanges autour du livre :

– Lafontaine, A. Terwagne, S., Vanhulle, S., *Les cercles de lecture. Interagir pour développer ensemble des compétences de lecteurs,* Bruxelles, De Boeck, 2001.

Sur la résolution de problèmes de compréhension relatifs aux reprises anaphoriques et à l'identification du narrateur :

– Lartigue, R. (sous la direction de), *Vers la lecture littéraire*, Cycle III, CRDP de l'Académie de Créteil, 2001.

Bibliographie des albums et romans cités

Allancé, Mireille d'	*Polo capitaine*	Hachette Jeunesse, 1996
Andersen, Hans Ch.	*Contes d'Andersen*	Lito, 1997
Andrevon, J.-P. et **Kailhen**, Ph.	*Il y a un bandit sous mon lit*	Syros Souris noire, 1992
Angeli, May	*Dis-moi*	Sorbier, 1999
Anno, Mitsumasa et **Ésope**	*Les Fables d'Esope lues par Maître Renard*	Circonflexe, 1990
Argilli, Marcello	*Nouvelles d'aujourd'hui*	Flammarion Père Castor,1998
Arrou-Vignod, J.-P.	*Le Professeur a disparu*	Gallimard-Jeunesse, 1998
Bantock, Nick	*Sabine et Griffon*	Abbeville, 1993
Baumann, K. et **Eidrigevicius**, S.	*Goulu, le meurt-de-faim*	Nord-Sud, 1993
Baur, Gilles-Marie	*La Lettre d'amour*	Scandéditions - La Farandole, 1992
Begag, Azouz	*La Force du berger*	La joie de lire, 1991
Begag, Azouz	*Le Temps des villages*	La joie de lire, 1994
Bentley, D. et **Heo**, Y.	*Ne dites rien à Dorothée*	Albin Michel-Jeunesse, 2000
Bernard, F. et **Roca**, F.	*Le Jardin de Max et Gardénia*	Albin Michel-Jeunesse, 1998
Bernos, Claude **Cesari**, Aura	*Volubilis et les trois jardins*	Ipomée Albin-Michel-et Jeunesse, 1986
Binder, Jean	*À ce moment précis*	Archimède, 2000
Blythe, G. et **Sheldon**, D.	*Le Jardin de Mérédith*	L'école des loisirs, 1995
Blythe, G. et **Sheldon**, D.	*Le Chant des baleines*	L'école des loisirs, 1994
Bosco, Henri	*L'Enfant et la rivière*	Gallimard-Jeunesse, 1998
Boujon, Claude	*Bon appétit, Monsieur Renard*	L'école des loisirs, 1996
Boujon, Claude	*La Chaise bleue*	L'école des loisirs, 2000
Boujon, Claude	*Cousin Ratinet*	L'école des loisirs, 1994
Boujon, Claude	*Dents d'acier*	L'école des loisirs, 1990
Boujon, Claude	*Je mangerais bien une souris*	L'école des loisirs, 1989
Boujon, Claude	*Les Escargots n'ont pas d'histoires*	L'école des loisirs, 1988

Boujon, Claude	*Mangetout et Maigrelet*	L'école des loisirs, 1992
Boujon, Claude	*On a volé Jeannot Lapin*	L'école des loisirs, 1995
Boujon, Claude	*Pauvre Verdurette*	L'école des loisirs, 1994
Boujon, Claude	*Un Beau Livre*	L'école des loisirs, 1990
Renauld, Ch. et **Aristophane** (pseud.)	*Tu rêves, Lili*	Casterman, 1993
Brighton, Catherine	*Ma chère Grand-Mère*	Albin Michel-Jeunesse, 1991
Brouillard, Anne	*Il va neiger*	Syros, 1994
Brown, Ruth	*Une Histoire sombre, très sombre*	Gallimard-Jeunesse, 2001
Browne, Anthony	*Le Tunnel*	Kaléidoscope, 1989
Browne, Anthony	*Une Histoire à quatre voix*	Kaléidoscope, 1998
Browne, Anthony	*Tout change*	Kaléidoscope, 1990
Burningham, John	*Ne te mouille pas les pieds, Marcelle*	Flammarion-Père Castor, 1995
Buzzati, Dino	*La Fameuse Invasion de la Sicile par les ours*	Gallimard-Jeunesse 1998
Caban, G. et **Modiano**, Z.	*Je t'écris*	Gallimard-Jeunesse, 1995
Carlson, Nathalie Savage	*Marie-Louise et Christophe*	L'école des loisirs, 1989
Clément, Cl. et **Howe**.	*L'Homme qui allumait les étoiles*	Duculot, 1992
Clément, Claude	*Le Luthier de Venise*	Pastel, 1988
Clément, Claude	*Le Masque de brumes*	Milan, 1998
Clément, Claude	*Le Musicien de l'ombre*	Duculot, 1989
Clément, Claude	*Le Peintre et les Cygnes sauvages : un conte*	Duculot, 1986
Clément, Cl. et **Prunier**, J.	*Longtemps…*	Casterman, 1997
Corentin, Philippe	*Zigomar n'aime pas les légumes*	L'école des loisirs, 1992
Corentin, Philippe	*L'Afrique de Zigomar*	L'école des loisirs, 2001
Corentin, Philippe	*Les Deux Goinfres*	L'école des loisirs, 1997
Corentin, Philippe	*Biplan le rabat-joie*	L'école des loisirs, 1992
Corentin, Philippe	*L'Ogre, le loup, la petite fille et le gâteau*	L'école des loisirs, 1997
Corentin, Philippe	*L'Ogrionne*	L'école des loisirs, 1995
Corentin, Philippe	*Mademoiselle Sauve-qui-peut !*	L'école des loisirs, 1996

Corentin, Philippe	*Papa !*	L'école des loisirs, 1999
Corentin, Philippe	*Patatras*	L'école des loisirs, 1994
Corentin, Philippe	*Plouf !*	l'école des loisirs, 1992
Couprie, K. et **Dedieu**, Th.	*Cocottes perchées*	Le sourire qui mord-Gallimard, 1992
Cox, Paul	*Les Aventures d'Archibald le Koala sur l'île de Rastepappe,* vol.3 : *L'Affaire du livre à taches*	Albin Michel Jeunesse, 1991
Craipeau, Jean-Loup.	*La Sorcière des cantines*	Père Castor-Flammarion, 1997
Dahl, Roald	*Histoires de fantômes*	Hachette-Jeunesse, 1985
Dahl, R. et **Blake**, Q.	*Un conte peut en cacher un autre*	Gallimard-Jeunesse, 1998
Dedieu, Thierry	*Feng*	Seuil, 1995
Desailly, Thierry	*Ohé capitaine !*	Milan, 1997
Desplechin, Marie	*Verte*	L'école des loisirs, 1996
Dorin, Pierre	*Cœur de pierre*	À vue d'œil, 2001
Douzou, Olivier	*Jojo la Mâche*	Éditions du Rouergue, 1993
Douzou, Olivier	*L'Explosion du têtard*	Éditions du Rouergue, 1998
Douzou, Olivier	*Les Quarante Coups*	Éditions du Rouergue, 1995
Douzou, Olivier	*Yoyo l'Ascenseur*	Éditions du Rouergue, 1994
Dumas, Ph. et **Moissard**, M.	*Contes à l'envers*	L'école des loisirs, 1977
Dumas, Philippe	*Victor Hugo s'est égaré*	L'école des loisirs, 1986
Dumas, Philippe	*Ce changement-là*	L'école des loisirs, 1981
Ebi N.	*Le Noël d'Edouard*	Pastel, 1991
Emberley, Ed	*Va-t'en, Grand Monstre Vert !*	Kaléidoscope, 1992
Espinassous, L. et **Routiaux**, Cl.	*Petit renard perdu*	Milan, 1999
Esteban, Angel	*Le Mur*	Syros, 1991
Falda, Dominique	*Le Rêve de Marcellin*	Nord-Sud, 1994
Fine, Anne	*Journal d'un chat assassin*	L'école des loisirs, 1997
Foreman, Michael	*Le Carton magique*	Albin Michel-Jeunesse, 1987
Foreman, Michael	*Le Merveilleux Voyage de Jack*	Kaléidoscope, 1996
Frattini, Stéphane	*Nos Amis les hommes : Plus de cinquante animaux témoignent*	Milan, 1999
Friot, Bernard	*Histoires pressées*	Milan, 1999
Fromental, Jean-Luc	*La Main coupée*	Nathan, 1990

Futamata, E. et **Kishida**, E.	*Les Trois Petits Cochons*	L'école des loisirs, 1992
Garros, Dominique	*Petit Pierre n'a pas peur des gros !*	Albin Michel-Jeunesse, 1991
Hargreaves, Roger	*Monsieur Avare*	Hachette-Jeunesse, 1999
Hartley, P. H	*W. S., in Histoires de fantômes*	Hachette, 1985
Hawkins, Colin et **Hawkins**, Jacqui	*Snap ! Snap !*	Albin Michel-Jeunesse, 1986
Heine, Helme	*Sept Cochons sauvages*	Gallimard-Jeunesse, 1986
Heine, Helme	*La Perle*	Gallimard-Jeunesse, 1992
Hoestland, Jo	*Mémé, t'as du courrier*	Nathan, 1999
Jonas, Ann	*Le Safari*	L'école des loisirs, 1986
Jonas, Ann	*L'Édredon*	L'école des loisirs, 1985
Jonas, A. et **Croza**t, F.	*Tibert et Romuald*	Milan, 1998
Kasza, Keiko	*Un loup trop gourmand*	Flammarion-Jeunesse, 1987
Noble, Trinka Hakes	*Un boa à la ferme*	L'école des loisirs, 1984
Kerisel, F. et **Bourguignon**	*Peau de loup*	Ipomée Albin-Michel DidierJeunesse, 1985
Kolebka, Georges	*L'Épicier rose et autres contes de la même couleur*	Hachette Jeunesse, 1999
Lenain, Th. et **Bouillard**, A.	*Demain les fleurs…*	Nathan, 2000
Levy, D. et **Rapaport**, G.	*Bon anniversaire, Myrtille !*	Circonflexe, 2000
Lionni, Léo	*Le Rêve d'Albert*	L'école des loisirs,1992
Lionni, Léo	*Tillie et le Mur*	L'école des loisirs, 1989
Lionni, Léo	*Pilotin*	L'école des loisirs, 1973
Mc Donald, Alan	*La Revanche des trois ours*	Mijade, 1998
Mc Ewan, Ian	*Le Rêveur*	Gallimard-Jeunesse, 1999 © Ian Mc Ewan, 1994
Mc Hargue, Georges et **Foreman**, Michaël	*Drôle de zoo*	Gallimard-Jeunesse, 1991
Mc Phail, David	*Edouard et les Pirates*	Circonflexe, 1998
Maggi, Sabrina	*Les Trois Petits Cochons*	SAEP, 1989
Marol, Jean-Claude	*Feudou, dragon secret*	Ipomée Albin-Michel Jeunesse, 1983
Meter, Léo	*Lettres à Barbara*	Scandéditions-La Farandole, 1990
Mets, Alan	*Lolotte*	L'école des loisirs, 1992

Moncomble, Gérard	*Voleurs de rêves*	Milan, 1995
Moncomble Gérard	*L'Annonce*	Albin Michel, 1996 et Piquemal M.
Mourlevat, Jean-Claude	*L'Enfant océan*	Pocket Junior, 2000
Munari, Bruno	*Jamais content*	L'école des loisirs, 1983
Murphy, Jill	*Le Genou de Julie*	Bayard Éditions-Centurion, 1982
Oster, Christian	*L'Abominable Histoire de la poule*	L'école des loisirs, 1999
Oster, Christian	*Le Colonel des petits pois*	L'école des loisirs, 1999
Oster, Christian	*Les Lèvres et la tortue*	L'école des loisirs, 2001
Pef	*Zappe la guerre*	Rue du monde, 1998
Pennart, Geoffroy de	*Balthazar*	L'école des loisirs
Pennart, Geoffroy de	*Je suis revenu*	Kaleidoscope, 2000
Pennart, Geoffroy de	*Le Loup est revenu*	L'école des loisirs, 1994
Perrault, Charles	*Contes*	Flammarion, 1997
Place, François	*L'Ombre du chasseur*	Albin Michel-Jeunesse, 1998
Poncelet, Béatrice	*Je reviendrai le dimanche 39*	Albin Michel Jeunesse, 1989
Ponti, Claude	*L'Arbre sans fin*	L'école des loisirs, 1992
Ponti, Claude	*La Colère de M. Dubois*	Gallimard-Jeunesse, 1987
Ponti, Claude	*Okilélé*	L'école des loisirs, 1993
Ponti, Claude	*Sur l'île des Zertes*	L'école des loisirs, 1999
Poslaniec, Christian	*Le Roman de Renart adapté par C. Poslaniec*	Milan, 1997
Quesemand, Anne	*La Mort marraine*	Ipomée Albin Michel, 1987
Rascal et **Grécy**, N. de	*C'est l'histoire d'un loup et d'un cochon*	L'école des loisirs, 2000
Rascal et **Sophie**	*La Nuit du grand méchant loup*	Pastel, 1998
Rascal	*Moun*	Pastel, 1994
Rascal	*Petit lapin rouge*	Pastel, 1994
Rascal	*Pied d'or*	Pastel, 1997
Rascal	*Poussin noir*	Pastel, 1997
Rascal	*Le Voyage d'Oregon*	L'école des loisirs, 1996
Rascal	*Fanchon*	Pastel, 1997
Rosen, Michaël et **Williams**, Sophy	*Le Déménagement*	Kaléidoscope, 1993
Ross, T. et **Willis**, J.	*Docteur Xorgol*	L'école des loisirs, 1994
Sauer, Inge	*L'Échappée belle*	Actes Sud Junior, 1998

Say, Allen	*J'ai rêvé d'une rivière*	L'école des loisirs, 1994
Scieszka, Jon	*Petit Homme de fromage et autres contes*	Seuil-Jeunesse, 1995
Scieszka, Jon	*Le Prince Grenouille, suite …*	Circonflexe, 1996
Scotto, Th. et **Battut**, É.	*Les Sables émouvants*	Milan, 2001
Sendak, Maurice	*Max et les maximonstres*	L'école des loisirs,1988
Serres, Alain	*Le Petit Humain*	Gallimard-Jeunesse, 1990
Sheldon, Dyan	*Le Chant des baleines*	Pastel, 1992
Shulevitz, Uri	*Il neige !*	Kaléidoscope, 1998
Solotareff, Grégoire	*Le Petit Chaperon vert*	L'école des loisirs, 1989
Solotareff, Grégoire	*Loulou*	L'école des loisirs, 2001
Solotareff, Grégoire	*Moi, Fifi*	l'école des loisirs, 1992
Stehr, Frédéric	*Les Trois Petites Cochonnes*	L'école des loisirs, 1997
Stine, Robert-Lawrence	*La Malédiction de la momie*	Bayard-Jeunesse, 2001
Tejima, Keizaburo	*Le Vol du cygne*	L'école des loisirs, 1989
Testa, Fulvio	*L'Ile aux mystères*	Gallimard-Jeunesse, 1993
Teulade, Pascal	*Agathe*	L'école des loisirs, 1999
Thompson, Colin	*Le Livre disparu*	Circonflexe, 1996
Thorne, Jenny	*Mon Oncle*	Albin Michel-Jeunesse, 1981
Van Allsburg, Chris	*Boréal-express*	L'école des loisirs, 1986
Van Allsburg, Chris	*Ce n'est qu'un rêve*	L'école des loisirs, 1991
Van Allsburg, Chris	*Jumanji*	l'école des loisirs, 1993
Van Alsburg, Chris	*Deux Fourmis*	L'école des loisirs, 1990
Van Allsburg, Chris	*Le Rêve de Pierre*	L'école des loisirs, 1984
Waite, J. et **Burgin**, N.	*Gare à toi, souris !*	Mijade, 1999
Wiesmüller, Dieter	*Maurice et les Pirates*	Pastel, 1989
Wilkon, P. et **Wilkon**, J.	*Les Animaux se sont échappés*	Nord-Sud, 1993
Witschger, Anne-Laure	*Tiens-toi bien !*	Casterman, 199
Yourcenar, Marguerite	*Comment Wang-Fô fut sauvé*	Gallimard-Jeunesse, 1998

Achevé d'imprimer par Clerc s.a.s.
18200 Saint-Amand-Montrond
Dépot légal n° 20626 - Mars 2006
N° d'imprimeur : 9126